KB252987

한반도 블루오션,
선진통일

5년 준비, 10년 완성

한반도 블루오션, 선진통일

5년 준비, 10년 완성

한반도선진화재단 편

2012년 동북아의 권력지형이 급변하고 있습니다. 가히 '전환의 시기'라고 할 수 있습니다. '전환의 시기'는 기존의 질서가 새로운 질서로 바뀌는 시기입니다. 그래서 '전환의 시기'는 모두가 불안정한 상태입니다. 분단된 한반도의 앞날에도 불안정의 파고는 더욱 거칠게 몰아칠 것 같습니다. 이 '전환의 시기'에 우리에게도 하나의 결단이 강요되고 있습니다. 바로 "영구분단인가, 선진통일인가" 하는 결단입니다. 두 가지 갈림길에 선 우리들은 역사적 결단을 강요받고 있습니다.

역사 발전의 과정을 되돌아보면 매 시기마다 해결하여야 할 시대적 과제가 있었습니다. 배고픈 시절에는 배고픔을 극복하는 산업화가 시대적 과제였습니다. 또한 독재시절에는 억압으로부터의 자유를 쟁취하는 민주화가 시대적 과제였습니다. 우리들은 산업화와 민주화를 성공시켰습니다. 그러나 한반도 분단을 극복하지 못하고 60여 년의 세월이 흘렀습니다. 이제 우리들 앞에 놓인 시대적 과제는 산업화와 민주화를 발판으로 '완전한 한반도'를 완성하는 것입니다. 따라서 한반도 통일과 그를 통한 한반도 선진화는 우리 모두가 역사로부터 부여받은 시대적 소명이 아닐 수 없습니다.

한반도의 선진화를 향한 한반도의 통일, 즉 '선진통일'은 우리 모두가 반드시 완성하여야 할 시대적·민족적 책무입니다. '선진통일'은 하늘에서 공짜로 떨어지는 선물이 아니라 모두가 함께 만들어 가야 하는 노력과 합심의 결과물입니다. 항해하는 선박이 같은 바다, 같은 파도에도 불구하고 도착되는 항구가 다르듯이, 우리가 어떤 목표와 각오를 가지고 '선진통일'을 준비하는가에 따라 통일된 선진 한반도의 모습이 달라질 것입니다. 이는 우리에게 올바른 통일정신과 올바른 통일준비가 절실한 과제라는 것을 의미합니다.

한반도의 '선진통일'의 의미는 같은 언어, 같은 역사, 같은 문화를 가지고 5,000년을 함께 살아온 같은 민족이 단절된 역사를 복원하는 '역사성'뿐만 아니라, 북한동포 2,400만 명에 대한 수령 독재체제의 폭압을 하루빨리 종식시켜야 하는 '시급성'도 있습니다. 또한 한반도의 선진통일은 동북아에서 갈등과 분쟁을 끝내고 평화와 발전을 담보하는 '미래지향성'이 있습니다. 그래서 한반도의 선진통일은 단순히 남북한이 하나가 되는 고토 회복의 재통일(re-unification)을 지향하는 '우리들만의 통일'이 아니라, 동북아의 평화를 다지고 발전을 가져오는 새로운 통일(new-unification)을 지향하는 동아시아인 '모두의 통일'입니다. 그래서 한반도의 통일은 더욱 시급하고 소중하고 위대한 것입니다.

그동안 우리 사회의 통일논의는 이념적 편견이나 정파적 이해관계에 매몰되어 온 것을 부인할 수 없습니다. 또한 통일논의는 늘 극단적 좌우 이념대립의 장으로 변질되어 국론을 분열시키고 국력을 낭비해왔습니다. 해방과 6·25전쟁을 경험하지 못한 세대가 급증하면서 한반도의 분단 자체를 당연시하는 풍조도 생겨나고 있습니다. 참으로 안타까운 일이 아닐 수 없습니다. 이는 우리 사회를 이끌어 온 역사 주도세력이 통일철학과 비전을 세우지 못했기 때문입니다. 그 결과 특히 젊은 층의 통일에 대한 관심과 통일의지가 점점 약해지는 것이 현실입니다.

북한은 6·25라는 민족상잔의 전쟁을 도발한 이후에도 수많은 대남도발을 자행하고 있습니다. 북한은 수백만 명의 굶주림을 외면하면서, 또한 국민의 기본인권을 무차별 탄압하면서, 오로지 핵과 장거리미사일 개발에만 몰두하여 왔습니다. 국제적 약속과 규범은 수시로 파기하고 무시하여 왔습니다. 이처럼 북한은 지속적으로 非정상국가의 길을 걸어 왔습니다. 또한 2011년 12월 김정은으로의 3대 권력세습이라는 시대역행적인 일을 자행했습니다. 참 부끄러운 일입니다. 분단된 한반도는 늘 동북아의 평화를 위협해 왔고 한반도가 분단된 상태에서의 평화는 항구적인 지속가능한 평화가 아니라 일시적인 위장평화라는 사실이 명백해졌습니다. 이는 한반도 통일만이 한반도와 동북아의 평화의 보장과 담보가 될 수 있다는 것을 의미합니다.

해외 전문가들 사이에서는 한반도 분단의 긴 터널의 끝을 예견하고 있습니다. 통일의 기회가 가까이 다가오고 있다고 봅니다. 그러나 국내의 상황은 이러한 변화를 전혀 읽지 못하고 있습니다. 통일에 대한 희망도, 통일에의 의지도, 통일에의 열정도, 잘 보이지 않습니다. 정치권은 정쟁의 수단으로, 시민사회단체는 이념투쟁의 도구로 악용하고, 국민들은 이기적 개인주의에 매몰되어 민족통일을 민족도약의 희망과 기회로 보지 않고, 경제적 사회적 부담으로 인식하는 경향이 있습니다. 이것은 크게 잘못된 견해입니다. 통일은 우리 민족에게 큰 축복이고 민족웅비의 기회가 될 것입니다. 뿐만 아니라, 통일의 기회는 머지않아 반드시 우리 앞에 다가올 것입니다. 도둑처럼 찾아오든, 산사태처럼 찾아오든, 통일을 맞아들여야 할 사람은 바로 우리들입니다. 그래서 우리는 모든 가능성을 준비하고 대비해야 합니다.

한반도선진화재단은 2009년부터 매년 '한반도의 선진화와 통일'이라는 화두를 확산시키기 위해 수차의 국제세미나와 국내세미나를 개최하여 왔습니다. 또한 한반도선진화재단은 일반 사회인들을 대상으로 통일학교를 개설하여 통일철학과 통일정신을 고양시키고 통일전략과 통일정책을 토론하는 교육활동도 하여 왔습니다. 이런 재단의 노력이 국민들에게 통일에 대한 관심을 높이고 인식을 전환시키는 데 일조하였다고 생각합니다. 그리고 재단은 앞으로도 한반도 선진통일의 시대를 열기 위한 정신적·정책적 통일준비와 통일 이후의 새로운 동북아 시대를 열기 위한 모든 준비를 위해 혼신의 노력을 기울일 것을 약속드립니다.

한반도선진화재단은 한반도 선진통일을 준비하고 통일 이후를 대비하기 위해 전문가를 중심으로 '선진통일포럼'을 조직화하여 운영하여 왔습니다. 이미 수차에 걸쳐 연구보고서가 나왔습니다. 이 책자는 '선진통일포럼'이 그동안의 논의와 연구를 총정리하면서 한 단계 더 발전시키기 위하여 지난 8월부터 기획해서 내놓은 결과물입니다. 여러 가지로 미흡한 연구환경 속에서도 열과 성을 가지고 책자 집필에 동참하여 주신 조영기 교수(고려대), 홍성기 교수(아주대), 박상봉 박사(전 통일교육원장), 손광주 소장(데일리NK 통일전략연구소) 등 참여자들의 헌신적 노고에 깊은 존경과 치하의 뜻을 드립니다. 그리고 끝으로 이 책자가 한반도 선진통일에 하나의 밑거름이 되어, 통일을 앞당기는 작지만 의미 있는 촉진제가 되기를 간절히 기원합니다.

2013년 1월
한반도선진화재단 이사장 박세일

책머리에

　북한을 연구한 지도 꽤 오래됐다. 지인들을 만나면 자주 듣는 질문 중의 하나는 '언제쯤 남북통일이 될 것인가?'라는 질문이다. 물론 정확한 답을 기대하지 않았을 것이지만 연구자로서 당황스러운 질문임에는 틀림이 없다. 그러나 3대 세습을 완성하고 독재체제를 강고하게 다지는 북한 상황은 외견상 안정적인 것으로 보인다. 하지만 고립을 자초하는 돌출행동을 보면 분단의 끝자락도 그리 머지않아 보인다. 그래서 통일은 내일의 일이 아니라 오늘의 일(Korea Unification is not tomorrow's issue, but today's issue)이 되었다.

　분단터널의 끝자락이 보이지만 우리의 현실은 분단 상황에 안주하려는 분위기가 역력하다. 물론 분단과 6·25전쟁을 체험한 세대가 격감하고 있는 현실도 무시할 수는 없지만 통일 관련 각종 여론조사에서 나타난 것처럼 우리의 통일의지가 식어 가고 있는 것만은 부인할 수 없다. 이런 상황에서 통일이 찾아온다면 우리는 어떻게 통일을 맞이할 것인가? 참으로 안타까울 뿐이다. '도둑처럼 찾아온 해방'을 보고 아무런 준비도 하지 않은 민족의 무능과 예지력의 결핍을 질타한 함석헌 선생님의 말씀을 다시 되새겨야 할 시점이다. 도둑처럼 오는 통일이든, 산사태처럼 몰려오는 통일이든, 통일의 기회를 잡지 않으면 영원히 통일의 기회를 잡을 수 없기 때문이다.

이 시기에 우리는 왜 한반도 통일을 이야기하여야 하는가? 통일은 분단고착화의 사슬을 끊어야 하는 당위론만이 아니라 동북아의 새로운 질서 재편 과정에서 통일의 기회가 차단되는 것을 막고 도약의 발판을 마련하여야 하기 때문이다. 우리가 통일을 준비하고 대비할 때 한반도 통일이 남의 손에 좌지우지되는 어리석음을 피할 수 있을 뿐만 아니라 우리 주도로 통일한국의 미래를 설계할 수 있다. 그래서 통일이 시대적 과제가 아닐 수 없다.

분단 이후 우리는 통일을 이야기했지만 구호에 머물렀다. 우리의 국력이 북한의 국력을 넘어선 1970년대 초반부터 통일전략을 수립하여 국민들의 통일정신과 통일의지를 함양하는 데 진력했어야 했다. 하지만 30여 년간 통일전략이 부재하였기 때문에 국민들의 통일의지와 정신은 희박해질 수밖에 없었다. 반면 북한은 '고려민주련방제통일방안'이라는 확고한 통일방안을 대남통일전략전술로 악용하면서 한국 사회에 갈등을 부추겨 왔다. 특히 최근 북한이 '민족의 이름'으로 선동하는 감성적 통일은 무조건적 통일지상주의를 확산시키고 있다. 이런 감성적 통일은 통일철학과 가치는 실종되고 통일의 의미를 왜곡시킨다는 문제가 있다.

우리는 세계화와 정보화라는 새로운 시대를 살고 있다. 세계화와 정보화는 보편적 규범이 일반화되고 확산되는 시대이다. 이런 시대적 환경에서 '민족의 이름'으로 선동되는 민족 중심의 감성적 통일론은 시대착오적이다. 혈통과 언어를 기반으로 한 민족이 통일국가를 완성하는 것은 통일의 가치가 실종되었다는 측면에서는 비합리적이다. 우리가 통일을 하고자 하는 이유는 '통일 이전보다 통일 이후의 구성원의 삶의 질이 높아질 수 있다'는 점이다. 그래서 우리의 통일은 '민족 중심의 감성적 통일'이 아니라 '인간 중심의 가치지향 통일'이어야 한다. 왜냐하면 '인간 중심의 가치지향 통일'이 개인의 자유를 신장하고 인간의 존엄성을 높이며 이웃국가와 공영공존의 기반을 다지기 때문이다. 이런 의미에서 '인간 중심의 가치지향 통일'은 자유민주주의의 가치를 실현하고, 21세기 세계시민과 함께하는 공동체의 발전을 도모하는 통일이다. 또한 '인간 중심의 가치지향 통일'은 북한의 근대화―산업화와 민주화―와 선진화를 달성하여 한반도 통일을 이룩한다는 측면에서 '선진통일'과 그 맥을 같이한다. 따라서 한반도 통일, 즉 '선진통일'은 단순히 미수복지구인 북한 영토를 다시 되찾는 재통일(re-unification)이 아니라 인간의 가치를 중시하고 이웃나라들과의 공존공영의 기반을 마련하는 새로운 통일(new-unification)이다.

어떻게 하면 한반도에서 새로운 통일, 즉 '선진통일'을 이룩할 수 있는가? 이 주제는 관심의 무게가 다를 뿐이지 북한 연구자들만의 관심거리가 아닌 것은 분명하다. 그런데 '어떻게'라는 구체적 해답이 없는 것도 문제이지만 어떤 가치를 한반도 통일의 바구니에 담을 것인가에 대한 고민도 논의도 없었다. 물론 '우리 민족끼리'에 동조하여 통일을 이야기하는 세력이 있었지만 이들의 주장은 통일 이후 구성원의 삶의 질에 대해서는 묵묵부답이었다.

한반도선진화재단에서는 집단지성을 찾고 전문가의 편견을 없애기 위한 의도로 "선진통일포럼"을 구성하여 '어떤 가치'와 '어떻게'에 대해 고민을 했다. '어떤 가치'여야 하는가? 물론 헌법에 따라 자유민주주의라고 주장한다. 그러나 왜 자유민주주의인가에 대한 대답은 없다. 그래서 본서에서는 왜 자유민주주의로의 통일이 되어야만 하는지와 평화통일과 로드맵 통일론의 문제점과 한계를 지적하고 가치지향적 통일의 필요성에 대해 철학적 근거를 제시했다. 그리고 대선후보들의 대북·통일정책을 점검하여 문제점을 도출하고, 북한의 대남통일전략의 실체를 해부하고 6·15 공동선언과 평화협정의 문제점을 도출하였다. 그리고 '어떻게' 하여야 하는가에 대한 고민의 출발은 대북정책과 통일정책과의 상관성에서 출발했다. 그래서 대북정책은 북한의 정상국가화를 지향하고, 종국적으로 자유민주주의 통일을 지향할 수 있는 대북정책의 기조와 원칙, 기본 전략방향을 제시했다. 끝으로 통일정책은 대내정책과 대외정책(통일외교)으로 구분하고 단계별 목표로 분단의 평화적 관리, 강요된 개혁개방, 북한의 자유선거를 통한 정권 창출을 제시했다. 미·중·일·러의 4강 중심의 통일외교와 동남아 외교를 강조했다. 통일 후 자유민주주의의 정치적 재건과 시장경제를 구축하는 경제재건을 위한 방안을 제시했다.

본서는 '선진통일포럼'의 첫 결실물이다. 역사적 소명을 다하겠다는 결의로 출발했지만 미흡한 점이 많을 것이다. 다만, 한반도의 선진통일을 앞당기는 데 일조하였으면 하는 것이 솔직한 심경이다. 그리고 집필과정에 참여한 저자들은 필요한 경우에만 각주를 달고 생략하기로 했기 때문에 인용을 제대로 하지 못했다는 점을 밝힌다. 끝으로 어려운 출판환경에서도 기꺼이 출판을 허락해준 한국학술정보㈜에 감사드린다.

2013년 1월
저자 일동

목 차

제1장

들어가면서

세인들은 한국의 산업화와 민주화의 성공을 '성공의 역사'라고 부러워한다. 그러나 분단의 한쪽인 북한의 실패 때문에 '성공의 역사'는 항상 절반의 성공일 수밖에 없었다. 바로 한반도 통일은 절반의 성공을 넘어 완전한 성공의 역사로 나아가기 위한 첫걸음이며, 분단으로 인해 유보된 완전한 자주독립의 기회를 회복하는 장도이다. 그래서 우리에게 통일은 더욱 절실한 과제이며, 반드시 완수하여야 할 시대적 과제이다. 그러나 통일은 단순히 분단 이전의 고토를 회복하는 '재통일(re-unification)'이 되어서는 안 된다. 통일은 새로운 국가를 창조하여 새로운 국민이 자유와 창의, 행복과 사랑으로 함께 더불어 살아갈 수 있는 터전을 마련할 수 있는 기반이 되어야 한다. 또한 통일은 동북아의 평화와 번영에도 기여하여야 한다. 따라서 한반도 통일은 재통일이 아니라 '새로운 통일(new unification)'이 되어야 한다.

한반도 분단은 우리 스스로 선택한 결과물이 아니라 냉전의 산물이다. 외세에 의해 재단된 분단이 우리 민족에게 준 고통과 아픔은 헤아릴 수 없다. 분단은 자주독립의 기회를 유보시켰고 이로 인해 국가의 자존과 자긍에 큰 상처도 받았다. 또한 분단은 전쟁과 반목, 이념 갈등 등 유·무형의 고통과 아픔이 아직도 지속되고 있고, 그 폐해도 지속되고 있다. 특히 지금도 북한동포들은 폭정과 폭압 때문에 자유의 박탈과 빈곤의 고통에 신음하고 있다. 따라서 통일은 민족의 고통과 아픔을 치유하여 인간존엄성을 회복시켜 주고 당당한 국가의 초석을 다지는 출발점이다. 그래서 통일은 민족의 고통을 없애고 자존을 높이는 절실한 시대적 과제가 아닐 수 없다.

3대 세습을 강행하고 인권을 유린하며 자유를 억압하는 북한체제는 분명 시대착오적 존재이다. 폭압과 폭정, 독재는 대내적 저항에 직면할 것이며, 핵실험, 장거리미사일발사 등 보편적 국제규범을 위반하고 있는 비정상적 북한체제의 지속가능성은 희박해 보인다. 그러나 한국은 북한체제의 비정상성을 정상화시키려는 노력을 하기보다는 민족공조에 편승하여 북한의 개혁과 개방을 애써 외면해왔다. 이런 측면에서 한국의 행태도 시대착오적이었다.

한반도 통일의 혜택은 분단된 한반도에만 국한되는 것이 아니라 세계평화와 발전에도 기여한다. 즉, 한반도 통일은 남북이 다시 하나 되어 민족사적 불행을 치유할 뿐만 아니라, 한반도 통일이 동북아의 평화와 발전의 기틀이 되고 세계평화와 발전에 기여하기 때문이다. 따라서 한반도 통일은 단순히 민족 차원의 문제를 해결하는 소극적 의미가 아니라 동북아와 세계평화와 발전을 담보하는 출발점이라는 점이다. 다시 말해 한반도 통일은 북한의 정상국가화(normal state)를 유도함으로써 북한이 국제규범을 준수하고 근대국가의 기틀을 마련하는 토대되기 때문이다. 북한의 정상국가화는 당위적 차원에서 북핵문제를 해결하는 전기를 제공해줌으로써 한반도의 평화는 물론 국제평화에도 기여한다. 그리고 북한의 근대화는 북한의 민주화와 산업화를 수반하게 된다. 북한의 민주화는 주민들이 '폭압과 압제로부터 자유'를 제공해 주고, 산업화는 '기아와 결핍으로부터의 자유'를 가져다준다.

독일이 통일된 지 벌써 20년을 넘어서고 있다. 반면 한반도는 그 분단의 역사가 회갑(回甲)을 넘어선 지 오래됐다. 그래서 통일된 독일과 분단된 한반도를 대비하면 독일 통일은 마냥 부러울 뿐이다. 그러나 역사는 반복한다는 평범한 말속에서 한반도의 역사도 분단의 역사에서 통일의 역사로 바뀔 수 있고 바꾸어야 한다는 결기를 읽어 낼수 있다. 독일 통일이 성공한 통일인 것처럼 한반도의 통일도 성공한 통일로 만들 수 있다는 것이다. 독일의 통일 과정이 한반도에 주는 귀중한 메시지는 통일은 할 것인가 하지 않을 것인가의 선택의 문제가 아니라 기회가 주어지면 그 기회를 반드시 잡아야 한다는 점이다. 이는 우리의 통일 준비 부족으로 통일의 기회를 놓치는 우(愚)를 범하지 말고 통일의 기회의 창이 열리면 그 기회를 포착하고 통일을 완성해야 한다는 것이다. 이처럼 통일 현실은 한국이 철저하게 통일에 대비할 것을 요구하고 있다. 이런 의미에서 통일을 준비하고 통일을 완성하는 것은 시대가 우리에게 준 시대적 소명임이 분명하다.

동북아 지역에서 분단된 한반도는 사실상 섬으로 기능하고 있다. 그래서 북한과 중국의 동북 3성, 러시아의 극동지역은 저개발된 상태로 방치되어 평화와 발전을 기약할 수 없는 불임의 지역이었다. 이제 동북아는 21세기 세계평화와 발전을 이끌 중심지역으로 부상하고 있다. 그러나 한반도 분단을 방치하고 동북아의 평화와 발전을 기약할 수 없다는 점은 엄연한 현실이다. 바로 한반도의 분단으로 야기된 장애요인을 해결하는 것이 평화와 발전을 위한 선결과제이다. 따라서 한반도 통일은 동북아지역의 갈등 해소, 평화와 발전의 모티브를 제공하고 세계평화와 발전에도 공헌할 것이다.

이처럼 한반도 통일은 한반도의 평화와 발전에만 국한되는 것이 아니라 동북아의 평화와 발전 자유와 공영의 기틀이며, 나아가 세계 평화와 발전에도 공헌한다. 따라서 한반도 통일은 세계인 모두에게 소중한 가치이다. 이제 우리는 한반도 통일이 세계평화와 발전, 자유와 공영을 위해 한반도 통일에 모든 역량을 결집해야 한다.

시대적 소명으로서의 한반도 통일은 독일 통일이라는 역사적 선례가 있기 때문에 전인미답의 길이 아니다. 이런 측면에서 독일 통일은 대한민국에게는 정치적·역사적 선물이 아닐 수 없다. 이는 우리가 독일의 통일 과정을 면밀히 검토하여 독일 통일 과정에서 발생된 시행착오를 최대한 줄인다면 한반도 통일은 훨씬 더 성공적일 수 있다. 그러나 우리의 통일에 대한 인식은 매우 부정적이다. 이런 부정적 인식의 연원에는 독일 통일에 대한 오해와 선동적 언론매체가 한몫했고, 한반도 통일이라는 역사성을 실천하기보다는 눈앞의 이익에 매몰된 정치인의 단견도 무시할 수 없다. 특히 '흡수통일'에 대한 일부 정치지도자와 이에 편승한 일부 학자들의 편견이 국민들로 하여금 통일거부담론을 형성하게 되었다. 또한 체제와 이념이 다른 동서독이 통일국가를 형성하는 과정에서 문제점이 발생되는 것은 당연한 현상임에도 불구하고 마치 그것이 전부인 것처럼 침소봉대함으로써 통일의지와 통일정신이 체감하게 되었다.

우리가 통일문제와 관련하여 반드시 고려해야 할 문제는 '분단을 체험한 세대'와 '체험하지 못한 세대' 간의 통일에 대한 인식의 괴리가 상당하다는 것이다. 물론 분단 상태가 장기화됨에 따라 세대 간 통일에 대한 인식의 괴리가 나타나는 것은 자연스러운 현상이라 할 수 있다. 하지만 이 때문에 분단과 통일의 주체세력이 변화하고 있다는 것이다. 그동안 분단과 통일문제는 주로 '분단을 체험한 세대'의 문제였으며, 이들에게 통일은 선택이 아니라 당위의 문제였고, 이성이 아니라 감성의 문제였다. 따라서 이들에게 분단은 "원래 하나였던 것을 인위적으로 둘로 나눈 것"이었기 때문에, '분단 이전의 상태로 환원시키는 통일'을 당연시했다. 문제는 '분단을 체험한 세대'가 격감하고 있다는 데 있다. '분단을 체험하지 못한 세대'에게 통일의 문제는 가슴에 와 닿는 현실의 문제라기보다는 머리에만 의존하는 관념의 문제일 수밖에 없다. 이들에게 통일은 관념적으로 '절대성'을 지니더라도, 현실적으로는 '상대적 이슈'일 뿐이다. 따라서 이들은 분단을 체험한 세대보다 훨씬 더 감성적 차원이 아니라 이성적 차원에서 통일문제를 파악하고 있다.

독일의 동서분단과 한반도의 분단은 20세기 냉전과 분단의 상징임이 분명하다. 베를린 장벽은 붕괴되었지만 한반도의 분단은 견고해지는 듯하다. 장벽을 허물고 통일의 문을 연 것은 독일인의 피나는 노력과 준비의 결과였다. 바로 통일은 하늘에서 그냥 떨어지는 것이 아니라는 것이다. 베를린 장벽의 붕괴는 20세기 냉전과 분단의 종지부를 찍은 역사적 사건이다. 지금 우리에게 주어진 역사적 책무는 한반도 통일을 통해 21세기 냉전과 분단의 사슬을 끊는 것이다. 이런 의미에서 한반도 통일은 우리의 시대정신임이 분명하다.

회갑을 훌쩍 넘긴 한반도 분단의 시간들이 분단을 당연한 것으로 인식하는 세대가 증가하면서 통일을 거부하고 기피하는 풍조도 생겨나고 있다. 심히 우려스러운 현상이 아닐 수 없다. 물론 통일의 과정은 많은 희생이 요구되는 험난한 여정임은 분명하다. 하지만 통일의 역사성이나 시급성을 감안할 때 통일을 회피하거나 기피하는 것은 우리 스스로 책무를 무시하는 것이다. 따라서 우리의 의지와 희생, 역량과 지혜를 모아 통일시계를 앞당길 수 있는 전략과 전술이 필요하다. 이런 통일의 역사성과 시급성의 인식을 바탕으로 본 연구는 통일의 필요성, 가치, 전략, 통일 후 북한 재건에 중점을 두었다. 즉, '통일의 의미는 무엇이고, 통일 과정에서 추구하여야 할 가치는 무엇인가?' '북한의 대남통일전략은 무엇인가?' '통일을 위한 대북정책의 목표와 방향은 무엇이고 어떤 원칙에서 추진되어야 할 것인가?' '통일정책은 무엇이어야 하며, 통일 후 북한재건방안은 무엇인가?'이다. 그리고 본 연구는 한반도의 통일은 '수사(修辭)로서의 통일'이 아니라 '실천으로서의 통일'을 지향하여야 한다는 측면도 강조하고 있다. 그래야만 진정한 의미의 통일준비가 되기 때문이다.

제2장

'한반도 통일'의 의미와
지향 가치

1. 통일의 이중구조: 현실의 부정과 현실의 지속

흔히 신라에 의해 신라, 백제, 고구려의 삼국통일이 이루어졌다는 말을 하지만, 역사가들에 의하면 신라가 백제와 고구려를 멸망·정복하였을 뿐, 통일이라는 개념은 전혀 없었다고 한다. 그 이유는 분명하다. 삼국은 민족국가(nation states)를 형성한 적도 없었지만 분단국가도 아니었기 때문이다. 바꿔 말해 통일은 한 민족국가의 분단을 전제한다. 따라서 서로 독립된 국가 간에 병합은 있어도 통일은 있을 수 없다.[1] 즉, 통일이란 분단을 전제한다. 또한 통일이란 분단을 지속시킨 어떤 상황의 종식이라는 점에서 '현실의 부정'을 의미하지만, 동시에 통일의 주체가 분단의 당사자라는 전제에서는 '현실의 지속'을 의미한다. 여기서 통일을 통해 분단 상황의 무엇이 부정되어야 하고 무엇이 지속되어야 하는지는 통일의 방식과 가치, 한마디로 통일의 의미를 전적으로 결정한다. 따라서 통일의 의미에 대하여 논하려면 반드시 현실의 부정과 현실의 지속이라는 통일의 이중구조에 대한 성

---

[1] 1938년 히틀러 나치 정권은 오스트리아를 독일에 병합(annexation)하였지, 통일(unification)한 것이 아니다.

찰과 가치판단이 전제된다. 놀랍게도 한국현대사에서 통일의 필요성과 당위성은 강조되었지만, 통일의 이중구조에 대한 솔직한 담론은 회피되거나 기피되었으며, 근자에는 통일논의의 지평에서 자기검열에 의해 억제되고 있다. 그 증거가 한국정당의 강령에서 '자유민주주의로의 통일'이 거의 사라졌다는 사실이다.2)

가. 한반도 통일의 조건

만일 대한민국이 국가의 최고 기본가치로서 자유민주적 기본질서(freiheitliche demokratische Grundordnung) 혹은 자유민주주의를3) 포기할 수 없다면, 또 북한 정권이 수령주의를 김일성 조선의 골수로서 포기할 수 없다면, 통일이란 각자 남북의 현실을 부정하면서까지 실현해야 할 최우선적 가치를 의미할 수 없다. 따라서 현재의 분단 상황이란 남북의 정치체제의 차이에 기인하므로, 어느 일방이 자신의 정치체제를 포기하거나 혹은 남북이 통일을 통해 제3의 체제로 전환

---

2) 2012년 2월 13일 새누리당의 비상대책위원회는 한나라당의 당헌에 있었던 "북한의 자유민주주의 체제로의 전환을 위해 노력한다"는 구절을 "강령 18조의 일부 내용이 지나치게 북한체제를 자극할 수 있다는 지적이 있어" 삭제하고 "자유민주적 평화 통일을 위해 남북한과 한민족 전체가 동참할 수 있는 통일 방안을 수립하고 실현하는 데 총력을 기울인다"만 유지하기로 하였다. 여기에는 우리의 정치체제만을 고집하는 것은 '흡수통일'을 의미하므로 옳지 않다는 생각이 국민들에게 널리 퍼진 것에도 기인하지만, '자유민주주의'를 사상의 자유와 민주주의적 의사결정을 본질로 갖는 '정치체제'로 이해하기보다는 '사회민주주의'와 대비해서 자유시장경제를 강조하는 '정치·경제적 이념'으로 간주하는 경향이 널리 퍼진 데에도 기인한다. 체제와 관련된 개념을 명확히 정립하지 않음으로써 국내의 이념논쟁이 통일의 의미를 불투명하게 만드는 위험한 현상이다.

3) 이 글에서 우리는 '자유민주적 기본질서'와 '자유민주주의'를 정치체제를 의미하는 동의어로 사용한다. 독일의 경우. 바이마르 공화국의 민주적 헌법이 히틀러의 대중 선동으로 투표에 의해 붕괴되자, 민주주의는 단순히 의사결정과정만이 아니라 핵심가치개념을 전제해야 하며, 이 가치를 지킬 수 있는 '방어적 민주주의(wehrhafte Demokratie)'가 필요하다고 보았다. 여기서 민주주의의 기본가치로서 '자유민주적 기본질서'라는 개념이 나왔으며, 1952년 독일의 헌법재판소는 이를 다음과 같이 규정하였다. "자유민주적 기본질서는 모든 자의적 통치를 배제하며, 다수의 의지와 자유와 평등에 따른 인민의 자결권에 근거하여 법치국가의 통치질서를 형성하는 질서를 의미한다(Die freiheitliche demokratische Grundordnung stellt eine Ordnung dar, die jegliche Willkürherrschaft ausschließt und eine rechtsstaatliche Herrschaftsordnung auf der Grundlage der Selbstbestimmung des Volkes nach dem Willen der jeweiligen Mehrheit und der Freiheit und Gleichheit bildet)." 여기서 '자의적 통치'의 배제에 '사상의 자유'가 핵심임은 분명하다.

하기 전에는 평화통일이란 불가능하다. 실제로 1990년 11월 동독의회는 국가해산을 결의하여 동독의 정치·경제 체제를 포기하고 스스로 해산을 결의함으로써 서독 연방으로 편입하여 자유민주주의 체제로의 독일 통일을 가능하게 하였다. 즉, 동독의 정치체제와 경제체제는 부정되었고, 서독의 정치·경제 체제가 통일 후에 지속되었다.

다른 한편 2012년 4월 총선을 앞두고 결성된 야권연대를 주도한 백낙청 교수는 야권의 총선, 대선승리를 통해 '2013체제'로 이행함으로써 남북 국가연합을 시작하여 그가 '현재진행형 통일' 혹은 '1단계 통일'이라고 부르는 과정을 시작할 것을 제안하였다.

남측의 연합제와 북측의 '낮은 단계의 연방제'가 공통점이 있으니 그 방향으로 통일을 추구하자고 했다. (…) 사실 현 상황에서는 그 역시도 본격적으로 하기 어렵고, 우리도 지금 그걸 하자고 할 수 없다. 남북의 사이가 나빠서이기도 하고, 북미가 적대적인 관계인데 남쪽은 한미동맹을 하고 있고 북쪽은 미국에 대해 철천지원수라고 하는 상황이라면 아무리 동족 간이지만 그런 상태에서는 국가연합을 할 수가 없다. 일단 포용정책1.0의 기조가 회복되고 진전되는 가운데에서나 국가연합 얘기를 제대로 할 수 있게 된다. (…) 남북연합이란 것이 요원한 것 같지만 2013년 체제를 제대로 출범시키기만 하면, 2013년 취임하는 대통령 임기 내에도 얼마든지 가능하다. 10·4 선언을 복원해서 업그레이드하면 1단계 통일이 얼마든지 가능한 것이다. (…) 그런데 남북연합이란 장치가 생기면 그때는 제대로 된 변화가 있을 것이다. 북에서는 2012년의 '강성대국 진입'을 설정하고 있는데 그것보다 2013년 체제가 53년 체제를 쇄신하거나 허문다면 53년 이후 60년 만에 처음으로 남북이 공유하는 시대 구분법이 생길 것이다. 그렇게 되면 북에도 변화가 생길 것이다. (…)
남한 사회도 임동원 전 통일부 장관이 즐겨 쓰는 '통일지향적 평화 프로세스'가 불가역적인 단계에 들어가면서 새로운 차원의 민주사회가 나타날 것이다.4)

백 교수는 남북 국가연합을 통해서 남북이 모두 비가역적으로 체제 전환을 시작할 수 있다고 보고, 통일의 과정이 자본주의 체제의 종말과 같은 '시간표'를 갖고 있다는 평소의 그의 주장으로 보아 '제3체제 통일론'이라고 불러도 무방하지만, 통일 후의 정치·경제 체제에 대한 그 어떤 구체적 전망도 제시하지 않고 있다. 다만 통일을 통해 한국의 민주주의가 새로운 차원으로 발전할 것이라는 희망만을 피력하였다.

문재인 민주통합당 대선후보도 김대중 前 대통령 서거 3주기 행사에 참석하여, "남북 국가연합 또는 낮은 단계의 연방제를 꼭 실현해서 그분(김대중)이 6·15 선언에서 밝힌 통일의 길로 나아가고 싶다"라고 밝혔다. 조금 더 구체적으로는 다음과 같이 그의 남북통일에 대한 구상을 밝히고 있다.

> 문 후보는 기자들의 질문에 답하면서 남북경제연합에 대해 "후보 시절부터 실행해 나갈 것이다. 당선이 되면 당선자시절부터 북한과의 관계 개선에 착수할 것이다"고 말하고 "취임 첫해 6·15 기념일 즈음에는 남북정상회담을 열고, 내년도 정전협정 60주년 즈음에는 정전협정을 평화협정으로 대체하면서 평화체제를 구축해 나가고, 적당한 시기에는 중국과 대만처럼 남북 간 포괄적 경제협정을 체결하면 남북경제 공동체의 시대에 도달하게 되고 거기서 한 걸음 더 나아가면 남북경제연합에 이르는 것"이라고 구상을 좀 더 구체적으로 밝혔다. 나아가 "남북경제연합의 단계가 되어 정치적·군사적 합의가 더해진다면 정치적 면에서의 남북 국가연합의 단계로 쉽게 이행될 수 있다"며 "6·15 선언에서 밝혔던 통일방안으로 양 정상이 합의했던 국가연합이나 낮은 단계의 연방제로 통일의 길로 나아갈 수 있을 것"이라고 전망했다.5)

---

4) 백낙청, "2013 체제와 포용정책 2.0", ≪프레시안≫, 2011.11.8.http://www.pressian.com/article/article.asp?article_num=40111107174722&Section=&page=2(2012.10.26).

때가 때인 만큼 대통령 후보들은 자신의 공약을 미사여구(美辭麗句)로 수식하지 않을 수 없겠지만, 문재인 후보 역시 백 교수처럼 남북경제연합이 남북통일의 길로 이어질 것이라는 희망만을 피력할 뿐, 통일 후의 한국 사회의 모습에 대하여는 어떤 언질도 하고 있지 않다. 그 이유는 자명하다. 한국의 체제를 통일 후의 지속상황으로 그린다면 한국의 좌파가 극렬 반대하는 흡수통일을 인정하는 것이고, 북한의 수령세습체제를 통일 후의 상황으로 그린다면 한국 국민 대다수로부터 외면받기 때문이다(아마도 광인 취급을 받을 것이다). 결과적으로 이들의 통일론에는 통일의 의미에 대한 성찰이 결여되었고 통일의 과정이 무엇을 지향해야 할지 확실하지 않다. 지난 햇볕정책의 결과를 돌이켜 볼 때 작가 버나드 쇼(G. B. Shaw)와 이사도라 던컨(Isadora Duncan)과의 일화에 나오는 청혼 거절의 이유보다[6] 더 나쁜 상황이 벌어질 개연성이 높다. 즉, 백낙청 교수와 문재인 후보는 한국의 경제지원과 북한의 체제 인정이 북한체제를 변화시켜 '가치 있는 통일'의 길로 나아갈 것이라는 희망을 '공식적으로' 표방하고 있지만, 한국의 경제지원과 북한의 체제 인정이 북한체제를 굳히고 안정시켜 적화통일이라는 '가치 없는 통일'의 길로 나아가거나, 적어도 한국 내에 '극심한 이념갈등'을 불러일으키고 '통일논의에 대한 혐오증'을 높일 개연성은 전혀 고려하고 있지 않다. 그 이유는 통일의 의미, 즉 통일의 이중 구조에 대한 성찰이 결여되어 있거나 상식과 매우 다르

---

5) 김치관 기자, "문재인, '남북경제연합 시대 열겠다' 공약, (2보) '남북경제연합 구상' 발표, '한반도인프라개발기구' 설립", 《통일뉴스》, 2012.8.17. http://www.tongilnews.com/news/articleView.html?idxno=99525(2012.10.26).

6) 던컨이 버나드 쇼에게 서로 결혼하여 애를 가져야 한다고 제안했다. "생각해 보세요! 당신의 머리와 나의 육체, 얼마나 멋지겠어요!" 쇼는 잠시 생각하고는 "그렇군요. 그러나 만일 나의 육체와 당신의 머리를 갖고 태어난다면?"이라고 대답했다.

기 때문이다.

일반적으로 서로 다른 개인이나 집단이 하나의 공동체를 이루기 위해서는 이익사회(Gesellschaft/society)이거나 공동사회(Gemeinschaft/community)를 이루어야 한다는 것이 퇴니스(F. Tönnis)[7) 이래 사회학의 일반적 이해이다. 계급과 재산이 다르고 교육 정도가 다르더라도 공동의 가치관이 있다면 부부의 연(緣)이 풀리는 경우는 드물지만, 계급과 재산이 같고 교육 정도가 같더라도 가치관과 성격이 달라 이혼에 이르는 경우는 수없이 많다. 마찬가지로, 백낙청 교수가 희망하는 남북 국가연합과의 비가역성에 대한 희망과는 달리, 단일국이든 연방이든 국가연합이든 역사적으로 이해관계의 대립과 공동의 가치 상실로 인해 균열된 국가는 수없이 많았으며, 이런 균열이 강제로 봉합될 때는 예외 없이 폭력과 억압이 지배하는 사회로 돌변하여 왔다.[8) 따라서 남북의 경제적 이해관계와 함께 그것을 넘는 공동의 가치관을 지속적으로 형성하는 것이 얼마나 중요한지 알 수 있다. 지금 북한 정권과 한국의 좌파가 바로 이 남북 공동의 가치로 내세우는 것이라고는 바로 '우리 민족끼리'라는 구호와 멋없는 한반도 깃발 이외에는 없다. 그러나 '우리 민족끼리'라는 구호는 '남북이 왜 공동체를 이루어야 하는가?'라는 질문에 대하여 '남북 공동체를 이루어야 하니까'라는 대답처럼 동어반복일 뿐이다. '우리 부부끼리'라는 구호로 부부의 연을 강제할 수 없듯이, '우리 민족끼리'라는 껍데기만 남은 구호는 지극히 비지성적이고 억압적이다.

---

7) Tönnis, F. *Gemeinschaft und Gesellschaft: Grundbegriffe der reinen Soziologie*, Darmstadt, Wissenschaftliche Buchgesellschaft, 2005.

8) 몇몇 예만을 언급하자면, 오랫동안 지속되어 왔던 북아일랜드 사태와 스리랑카의 내전, 티토 사망 이후 유고연방의 분열과 티베트와 위구르 지역에 대한 인종분쟁, 아프리카 여러 국가의 내전 등을 들 수 있다.

한국 좌파 모두가 동의하는 바는 아니겠지만, 통합진보당은 물론 민주통합당 내에서도 자유민주주의(자유민주적 기본질서)와 시장경제가 통일 후에도 지속되어야 할 가치의 목록에 있는지는 확실하지 않다. 여기서 우리는 한국의 좌파가 통일 후의 정치체제를 '자유민주적 기본질서가 지배하는 현실'이라고 주장한 적이 없음에 주목하지 않을 수 없다. 바꿔 말해 북한체제의, 그것이 무엇이든, 존재가치에 대한 비판은 스스로 민주화세력이라고 자부하는 한국의 좌파에게는 금기사항이었거나 언제부터인가 금기사항이 되어 버렸다. 반면에 한국의 우파는 권위주의 시절에서조차도 자유민주주의 이외의 정치체제를 상상하지 않았다. 이 점은 통일 후의 정치체제가 과연 무엇인지, 즉 통일의 의미에 대한 가치 판단이 여러 개의 통일과정론에 함몰되어 공유되지 않고 있다는 점을 말한다. 이들의 주장은 평화와 신뢰, 남북체제 모두에 대한 존중, 통일의 점진적 실행과 같이 정상적인 상황에서는 매우 바람직한 가치를 내세움으로써 대국민 호소력이 강한 것도 사실이다. 그러나 '소녀의 기도'처럼 아름답게 들리는 단계적 통일론은 북한체제의 반인륜적 무자비성과 폭력성 그리고 무엇보다도 수령체제와 개혁개방이 물과 기름과 같은 모순관계에 놓여 있음을 의도적으로 분식(粉飾)하고 있다. 즉, 점진적이든 급진적이든 북한의 현 체제는 대외개방을 통해서는 오래 지속될 수가 없으며, 북한 정권은 바로 이 점을 잘 알고 있을뿐더러 북한 사회의 폐쇄성을 이용하여 폭압과 폭정을 유지하고 있다. 통일도 크게 보면 남쪽으로의 개방을 의미한다는 점에서 북한이 남북 국가연합을 통해서 체제 변환을 할 것이라는 믿음은 경험에 비추어 볼 때 지극히 비현실적이다. 바로 이 점이 백낙청 교수와 문재인 후보의 통일론이 순진한 희망이요, 비판하자면 탁상공론(卓上空論)과 같은 느낌이 드는 이유이다.

이런 상황에서 18대 대통령 선거를 앞에 두고 한국 좌파가 내세우고 있는 통일론은 국내 여야 지지세력의 양분화에 기여할 뿐, 가치에 대한 논증이나 성찰과는 거리가 먼 이야기가 되었다. 이 점은 문재인 후보가 NLL(서해북방한계선)과 서해평화와 관련하여 박근혜 새누리당 후보에게 "서해 해전, 천안함, 연평도 포격 사건이 되풀이되는 것이 NLL 지키기냐? 남북공동어로구역 설정보다 더 나은 방안이 있다면 제시해 보라"고 질문한 데에서도 알 수 있다.9) 문재인 후보와 한국 좌파는 북한의 서해 도발의 원인이 정당성이 없는 NLL에 있다고 생각하기 때문에 이런 질문을 할 수 있는 것이다. 이들은 오랫동안 NLL의 부당함을 내면화하여 서해의 분쟁을 보는 시각 자체가 완전히 왜곡되었다. 실제로 서해에서 분쟁의 원인은 NLL이 정당성이 없어서가 아니라 'NLL이 정당성이 없다'는 북한에 있고 이런 주장에 동조하는 한국좌파에게도 있다. 즉, 문재인 후보의 시각 자체가 바로 서해분쟁의 초대장이다. 서해의 NLL과 관련된 논쟁은 사실상 남북관계를 보는 시각의 축소판이다. 즉, 북한의 핵개발, 강제수용소의 존재와 인권유린, 북한주민 착취와 도발의 원인이 미국과 한국의 북한 위협에 있다고 보는 한국 좌파의 시각은 NLL 문제를 보는 시각과 동형이다. 이들은 한국전쟁의 원인을 남쪽과 미국으로 밀어 넘겨 오랫동안 북침설, 내폭설 및 남침유도설을 신봉하여 왔다. 그리고 이런 시각의 저변에는 해방 후 대한민국의 건국 자체를 부정적으로 보는 역사관이 깔려 있다.

---

9) "문재인의 맞불 '박근혜, NLL 나은 방안 있으면 제시해보라'", ≪한겨레신문≫, 2012.10.27, http://www.hani.co.kr/arti/politics/politics_general/557790.html(2012.10.29).

나. 한국현대사의 인식과 한반도 통일의 가치논쟁(Ⅰ)

한반도 통일에서 무엇이 지속되어야 하고 무엇이 부정되어야 할 것인가라는 질문은 모든 통일론이 대답해야 할 핵심이다. 특히 한국과 같이 좌우의 이념적 지형에 따라 대북정책과 통일정책이 다르고, 북한 정권에 대한 맹목적 지지를 의미하는 종북주의 비판이 좌파 내부에서도 터져 나오고 있는 상황에서 통일의 지향점을 설정하는 일은 매우 큰 의미를 지니고 있다. 예를 들어 한국의 우파가 자유민주주의 체제로의 '바른 통일'을 주장할 경우, 통일의 파트너 북한이 이를 받아들일 가능성이 없다는 점에서 좌파 일각에서는 '자유민주주의 통일론'을 반(反)통일주의라고 비판한다. 이런 논리의 저변에는 좌파 중심의 통일지상주의와 함께 자유민주주의의 본질에 대한 의구심, 반(反)자본주의 및 반미(反美)의식이 깔려 있고, 이것은 결국 해방 후 대한민국의 건국에 대한 부정적 평가로 이어지고 있다.10) 즉, 대한민국의 존재의미에 대한 상이한 평가는 통일의 과정에서 무엇이 부정되어야 하고 무엇이 지속되어야 하는지에 대하여 지대한 영향을 끼치고 있으며 사실상 동일하다. 즉, 해방 후 좌우익의 이념대결이 70년이 지난 21세기에 와서 통일의 가치논쟁으로 다시 등장한 것이다. 현재 지구상에서 가장 극심한 인권유린, 봉건적 수령세습체제 및 수백만의 아사자와 지속되는 기근을 해결하지 못하는 북한경제체제를 놓고, 산업화와 민주화를 통해 세계 10대 경제국이 된 대한민국이 한반도 통일에서 무엇을 버려야 하고 무엇을 취해야 하는지에 대하여 합의는커녕 심각한 체제갈등에 빠져 있다.

---

10) 이 점은 과거 민주노동당과 진보신당의 강령에서 대한민국의 건국에 대한 부정적 평가가 곧바로 북한 정권에 대한 맹목적 추종 내지는 용인으로 이어지고 있음에서 명백히 알 수 있다.

2. '한반도 통일'에서 어떤 가치를 추구할 것인가?

통일은 인간의 다른 모든 계획된 행위와 마찬가지로 가치지향적이다. 근대국가가 사회계약의 산물이라는 점과 어느 국가도 주변세계와 단절되어 존재할 수 없다는 점을 고려할 때 한반도 통일의 가치란 첫째, 남북의 인민이 지금보다 더 나은 삶을 지속적으로 기대할 수 있다. 둘째, 동북아시아의 평화와 번영 이외의 것이 될 수 없다. 다른 한편 한반도 통일은 '관념적 이상'이 아니라 '현실적 세계'에서 계획되고 실행되어야 한다. 이때 남북한 국민 간의 세계관과 이해의 차이, 한국과 주변 국가들 간에 이념 및 이해갈등, 그리고 한국의 제한적인 국력을 고려해야 한다. 따라서 통일은 분명 가치지향적이면서도 동시에 현실적으로 실현가능해야 한다는 두 개의 조건을 만족시켜야 한다.

가. 어떤 통일원칙이 요구되는가?

통일의 원칙은 당연히 한국이 통일을 통해 추구하는 가치로부터 도출되어야 한다. 왜냐하면 원칙이라 함은 일반적으로 목적 및 수단을 아우르는 경우가 많고, 이때 목적은 가치로부터, 수단은 목적으로부터 도출 가능해야 하기 때문이다. 문제는 통일이 지향하는 두 개의 가치를 모두 인정하더라도, 앞에서 언급하였듯이 해방 후 70년 가까이 체제 및 이념 대립으로 분단된 남북은 물론, 한국 내에서도 그 구체적 목적과 수단에 대하여 심한 의견차이가 있다는 점이다. 예를 들어 한국의 좌파 일부는 자본주의는 더 이상 지속가능한 경제체제가 아니라고 보고, 또 자유민주주의라는 정치체제에 시장경제적 요소가 이미 포함되어 있다고 보아 자유민주주의로의 통일을 부정하고 있다.

북한의 경우 6·15 선언에 '낮은 단계의 연방제'라는 표현을 사용하였지만, 북한 헌법에는 한반도 전체를 북한식 사회주의로 통일해야 함을 명시하고 있다. 또 상투적 협박으로 치부할 수 있지만 북한은 공개적으로 '조국통일성전'11)을 감행하겠다는 말을 지속적으로 반복하고 있다. 따라서 남북한에 존재하는 모든 상이한 이념들의 공통점을 통일의 원칙으로 삼는다면 그것은 사실상 내용이 없거나 지나치게 모호하여 자의적 해석의 대상이 될 수 있다. 따라서 한국이 통일을 통해 지향해야 할 가치는 단순히 남북의 상이한 체제를 흡수하고 변형하여 새로운 제3의 체제를 만들어 내는 것이 아니라, 인류사와 전 세계의 현실정치에서 검증된 보편적 가치를 추구해야 한다는 점이다. 특히 열강의 각축장인 한반도에서 통일은 주변 강대국의 극심한 자국이해 추구와 충돌할 것이며, 이때 한국이 주권국가로서 독립성을 지키고 동시에 주변 국가들과 평화와 번영을 나눌 수 있기 위해서는 통일의 객관적 가치가 국제사회의 동의로 이어져야만 한다. 우리는 이러한 가치를 근대국가가 지향해야 할 가치라고 보며 그것은 자유민주적 기본질서가 보장된, 즉 자유민주주의를 정치체제로 갖는 국가이고 오로지 이런 국가에서만 UN이 규정한 제 인권이 구현될 수 있음을 인정해야 한다.

---

11) "인민군군인들은 타격 대상들에 조준점을 맞추며 결전의 시각에는 사나운 호랑이가 되어 조국통일성전에서 자랑찬 군공을 세워야 한다". 강미진 기자, "김정은 '조국통일 성전서 군공(軍功) 세워야' ", 《데일리NK》, 2012.8.12, http://www.dailynk.com/korean/read.php?catald=nk00700&num=96740(2012.11.11).

나. 정치체제로서 자유주의의 보편적 정당성[12]

(1) 자유주의의 보편적 정당성

서구사상의 전통에서 자유주의(liberalism)는 '정치 이론(political theory)' 혹은 '정치철학(philosophy of politics)'의 한 명제로서 이해되어 그 정당화가 항상 문제시되어 왔다. 이때 자유의 의미[13]와 자유를 행사하는 주체인 개인의 존재론적 해명[14]이 중요시되어, '자유'와 '개인'이라는 자유주의의 핵심개념의 근거 여부에 따라 자유주의의 정당화가 좌우될 수 있다는 생각 역시 자유주의의 옹호자나 비판자들에게 널리 인정되어 왔다. 또 자유주의에 대한 철학적 해석에 난점이 생기면 자유주의를 사회구성원들의 합의에 기초한 정치이념 정도로, 즉 여러 가능성 중의 하나로 간주하려 한다거나, 자유주의가 정당화되어야 하는 것이 아니라 '자유의 제약'에 정당화가 요구된다는 주장도 제기되어 왔다.

그러나 자유주의의 정당화와 관련된 기왕의 이런 접근 방법은 근본적으로 자유주의의 이론이나 명제적 측면과 함께, 자유주의가 이론이나 명제, 주장에 대한 논의의 틀이라는 좀 더 본질적 측면을 간과하였기 때문에 일어난 것이다. 그것은 자유주의에 대한 정당화 요구 자체가 벌써 자유주의를 전제하고 있다는 점에서 극명하게 드러난다.

---

12) 홍성기, 「동양사상 속의 공동체자유주의」, 박세일 · 나성린 · 신도철 공편, 『공동체 자유주의』, 나남, 2008, 279~307쪽 참조

13) 이때 자유를 부정적 방식으로 "제약 혹은 강요의 부재 상태"로, 긍정적 방식으로 "자신의 의지에 따라 행동할 수 있음"으로 이해되고 있다.

14) 일반적으로 자유주의자들은 사회 이전에 개인의 존재를 인정하는 경향이 있으며, 반대로 지난 1980~1990년대에 미국에서 벌어진 자유주의와 공동체주의(communitarianism) 간의 논쟁에서 후자는 개인이 사회적으로 구성되거나 적어도 사회의 주요 가치들이 개인의 인격에 결정적임을 주장하였다.

즉, 자유주의란 사회적 존재로서 인간이 처한 대화 상황(dialogue situation)에서 대등한 대화의 방식을 의미하는 것이다.[15] 이때 우리는 대화의 방식에 대하여 언급하고 논의할 수 있으며 여러 대화방식 중에서 하나를 선택할 수 있다고 생각한다(이론으로서의 대화방식). 예를 들어 서로 대등한 입장에서 진행되는 대화도 있지만, 대화의 형식만을 취했지 실제로는 위협을 통하여 하나의 주장이 강요되는 상황, 일종의 독백적 대화 상황도 상상할 수 있다.[16] 그러나 여러 대화 방식 중에서 하나의 방식을 선택할 때 요구되는 정당화는 그 자체가 이미 특정한 대화방식을 선택하고 있음을 말하고 있다. 왜냐하면 강제나 협박의 경우 자신의 주장은 물론 상대방의 주장에 대해서도 정당화를 요구하지 않기 때문이다(틀로서의 대화방식). 바꿔 말해 발언권의 평등에 기초한 대화방식은 단순히 여러 대화방식 중의 하나가 아니라 특별한 지위를 갖는 보편적 대화방식인 것이다.

사회구성원들 사이의 혹은 사회와 구성원 간의 대화방식에 있어서 자유주의는 한 사회의 구성원 개인들에 대한 제약 조건을 구성원 자신들의 정치적 결단을 통해[17] 규정한 것으로서 기본적으로 가치판단

---

15) 자유주의의 근원을 인간의 본성에 내재한 자유 혹은 자유의 추구에서 찾는 방법과 함께, 사회적 인간의 근본 입장이라고 판단되는 대화 상황에서 출발하는 방법도 있다. 이때 의미 있는 대화가 요구하는 것은 대등한 발언권의 보장뿐 아니라 공통의 언어, 공통의 배경지식을 요구한다는 점에서 순전히 자유주의적 요소만을 갖는 것은 물론 아니다. 즉, 선택의 여지가 없는 전통, 언어 등을 전제하며, 때로는 대화보다 강제가 효과적인 상황도 있다(어린이의 언어 습득이나 재난의 경우). 또 대화도 생존이 전제된다는 점에서 생존의 위협이 자유로운 대화 상황을 위협할 수 있음은 명백하다. 그러나 '자유주의'와 '대화의 방식'을 동치로 간주하여 자유주의의 구조를 해명하는 것은 대화가 인간에게 매우 일상적이라는 점에서 자유주의의 개념과 구조를 명확히 하는 데에 큰 도움이 된다. '대화적 구성주의'에 대하여는 K. 로렌츠의 『현대의 철학적 인간학』(서울: 서광사, 1997) 참조.

16) 들뢰즈는 새디즘의 경우 가해자가 피해자와 대화형식을 취하지만 실은 독백이라는 점을 밝히고 있다. 새디즘이 전체주의의 성적 메타포라는 사실은 널리 인정되고 있다. 질르 들뢰즈, 이강훈 옮김, 『매저키즘』(고양: 인간사랑, 1996) 제2장 「묘사의 역할」 참조.

17) 자유주의가 구성원들의 단순한 정치적 합의로 보일지 모르지만, 대화방식으로써 자유주의가 특별한 위치를 차지하듯 자유주의는 인간의 본래적 – 역사적 의미가 아니라 논리적 의미에서 – 대화상황으로 돌아가

의 결과라고 할 수 있다. 즉, '개인의 자유의 영역은 사회의 다른 개인들에게 직접적인 위해를 가하지 않는 한 허용되는 사회'를 그렇지 않은 사회보다 선호하는 것을 의미하기 때문이다.[18] 개인 자유의 핵심 영역인 사상의 자유는 기본적으로 한 사회에 다양한 의견과 주장이 정치적으로 제약받지 않아야 한다는 것이다. 여기서 자유주의는 '한국말을 공용어로 한다'는 선택과도 같이 활동의 '틀(framework)'을 의미한다. 하나의 사상과 이상이 강요되고 다양한 의견과 주장이 통제되는 전체주의(totalitarianism)[19]로부터 자유주의가 구별된다는 점에서 이 틀은 분명히 어떤 구획, 한정을 의미하지만—마치 한국어가 영어와 구별되는 것과 같이—그 틀 안에서 어떤 행위를 할 것인지에 대하여는 전혀 특정하지 않고 있다. 그것은 한국어를 공용어로 한다고 해서 어떤 이야기를 해야 할지에 대하여는 정하지 않는 것과 흡사하다. 즉, 틀이라는 점에서 자유주의는 특정한 내용을 갖는 이론도 명제도 아니며 바로 내용적으로 비어 있다는 점에서 특유의 쓰임이 있다고 하겠다. 이것은 노장(老莊)사상에서 비어 있음, 없음의 유용성을 강조한 것과도 매우 흡사하다.

다른 한편 '자유주의'란 표현은 경제체제와 관련되어 사용되기도 한다. 일반적으로 경제적 의미에서 자유주의는 '시장경제에서 정부의

는 것이다.

18) 『자유론』의 저자 밀(J. S. Mill)이 이 주장을 근거지울 때 가치판단이 개입하였음은 물론이다.

19) 전체주의의 대표적 두 유형으로서 파시즘과 스탈린식 공산주의를 예로 들 수 있다. 북한의 정치체제 역시 전체주의적 성격을 띠고 있으며 그것이 파시즘 혹은 공산주의에 더 가까운 것인지는 논의가 필요하다. 일반적으로 파시즘은 자본주의로부터 나온 것으로 파악하지만 파시즘의 학문적 성격규정은 공산주의보다 훨씬 복잡하다. 예를 들어 이탈리아 파시즘과 독일의 나치즘의 수령격인 무솔리니와 히틀러 모두 출발은 사회주의자였고, 히틀러는 미국과 영국의 자본주의를 돈 많은 자들의 寡頭政을 의미하는 'plutocracy'라고 비난하였다. 파시즘에 대한 역사적·개념적 분석으로는 로버트 O. 팩스턴, 손명희·최희영 옮김, 『파시즘』(서울: 교양인, 2004)을 볼 것.

개입과 규제를 최소화하는 것이 경제주체들뿐 아니라 사회 전체의 복지증진에도 도움이 된다'는 주장으로서 이때 자유주의와 구별되는 여러 종류의 경제체제, 경제정책들의 스펙트럼이 존재한다. 예를 들어 사회적 시장경제, 사회주의 등이다. 여기서 중요한 점은 정치적 틀로서의 자유주의가 경제체제 혹은 경제정책으로서의 자유주의, 사회적 시장경제, 사회주의 등등을 모두 포용할 수 있다는 점에서 '행위의 틀'로서의 자유주의와 '정책(프로그램)'으로서의 자유주의는 단순히 동음이의어(同音異意語, homophony)에 불과하며 또 동일한 규범의 층위(level)에 있지 않다는 사실이다. 즉, 정치적 자유주의는 전체주의와 정치적 틀이라는 점에서 대비될 수 있고, 따라서 양자는 동일한 차원에 있지만, 구체적 경제체제, 정책들과의 관계에서는 한 층 위의 메타규범적(meta-normative) 차원에 있다.[20]

현재 자유주의, 공동체 자유주의(communitarian liberalism) 혹은 자유주의 대 공동체주의(communitarianism)와 관련된 논의에 있어서 국내외를 막론하고 끝없이 관찰되는 혼란은 '자유주의'란 표현이 한편으로는 정치적 '틀'로서, 다른 한편으로는 경제, 교육, 문화 등 구체적 '프로그램'으로서의 의미와 차원이 뒤섞여 버렸음에도 불구하고 그어떤 핵심적인 의미체를 형성하고 있다는 오해에 기인한다.[21] 예를 들어 작은 정부와 규제 축소를 주장하는 '자유주의' 경제학자와 큰 정부와 규제 확대를 주장하는 '규제주의' 경제학자가 있다고 하자. 만

---

20) "meta~"란 표현은 "~위에", "~에 대하여"라는 의미로서 독일어의 "über"의 뜻과 흡사하다. 논리학과 언어철학에서는 대상언어(object language)와 메타언어(meta-language)를 구별하는데, 메타언어는 언어적 표현에 대하여 언급(mention)할 때 사용되는 언어로서 예를 들어 "'눈은 희다' is true"라는 문장에서 대상언어는 언급의 대상인 "눈은 희다"라는 한국어의 한 문장이며 이때 언급이 일어나고 있는 전체 영어 문장이 메타언어이다. 대상언어와 메타언어를 구별하지 않을 경우 역설(paradox)이 발생함은 잘 알려진 사실이다.

21) 바로 이 오해가 자유주의가 특정한 이념과 연계되거나 더 가깝다.

일 정치적 틀로서의 자유주의가 경제프로그램으로서의 자유주의를 '논리적으로' 함축한다(imply)거나 동치(equivalent)라면 규제주의 경제학자의 주장은 그 자체가 정치적 자유주의와는 논리적 모순이며 따라서 자유민주주의 사회에서는 논의거리조차 될 수 없는, 필요에 따라서는 허용되지 않을 수도 있는 것이다. 그러나 그것은 사상의 자유를 인정하는 사회에서는 결코 현실이 아니다.

(2) 자유주의에서 사상 자유의 한계

자유주의의 핵심인 사상의 자유가 모든 종류의 사상을 허용하는 것은 아니다. 앞에서도 보았듯이 사상의 자유를 허용하는 자유주의와 그렇지 않은 전체주의는 둘 다 모두 메타규범적 차원의 정치적 틀, 대화의 틀, 정치적 가치판단이며, 이때 자유주의와 전체주의는 서로 논리적으로 모순이다. 따라서 자유주의 사회의 구성원으로서 전체주의를 주장하는 것은 논리적 모순을 선택하는 것과 동일하다. 왜냐하면 사상의 자유의 바탕에서 사상의 자유를 부정하고 있기 때문이다. 즉, '사상의 자유를 부정하는 사상'을 금지시켰을 경우, 이런 주장을 하는 사람의 반론은 자유주의 사회에서 보장하는 '사상의 자유'를 전제할 수밖에 없으며 그런 점에서 반론 자체가 자기모순이다. 자기모순에 빠진 항변이 정당한 항변이 될 수 없음은 명백하며, '자기방어적 자유주의'는 이런 항변에 대해 자신을 정당화하기 위해서는 상대방의 모순을 지적하는 것 이외에 다른 어떤 논변도 필요가 없다. 따라서 자유주의를 자신의 결단에 의해 선택하였다면 이와 모순되는 전체주의 사회를 동시에 선택할 수는 없으며, 만일 자유주의를 선택하지 않고 강요되었다고 믿는다면 원칙적으로 다른 사회를 선택해야

하는 것이다.[22]

물론 논리적으로 모순되는 주장을 한다고 해서 곧바로 그것을 법률적으로 제약해야 하는 것은 아니다. 우리 주위에는 논리적으로 오류인 수많은 주장과 사상들이 존재하나 국가가 그것을 법률적으로 통제하지는 않는다. 그러나 자유주의 사회에서 전체주의를 주장하거나 옹호하는 것은 자유주의 사회의 가치규범을 그 근본에 있어서 부정한다는 점에서 절대 다수 구성원의 결단 및 이 결단을 통해 옹호하려는 가치와 배치되는 특별한 위치를 차지하고 있다. 전체주의의 특별한 위치에 대한 제약의 필요성은 그 사회의 구체적 상황과 필요에 달려 있으며 궁극적으로는 국민의 결정에 달려 있다.[23]

그러나 자유주의 사회 내에서 전체주의를 옹호하는 경우, 현실은 훨씬 더 착잡한 상황일 수 있다. 즉, 전체주의의 옹호가 자유주의와 동일한 메타규범적 차원이 아니라—이 점을 인정할 경우에는 곧 위의 논박으로 넘어가면 된다—한 차원 아래에 있는 것으로서, 자유주의 사회의 여러 측면 중 하나를 개선, 개혁할 수 있는 사상인 듯 주장하는 것이다. 바로 그런 이유로 이들은 전체주의 자체가 아니라 전체

---

22) 역으로 "전체주의 사회 내에서 자유주의 사회를 주장할 수는 있는가?"라는 현실적인 질문이 제기될 수 있다. 여기서도 핵심은 국민들의 자발적인 결단의 유무라고 할 수 있다. 그러나 일반적으로 전체주의 국가에서는 국민주권의 원리가 현실적으로 구현될 수가 없다. 왜냐하면 사상의 자유는 출판과 언론의 자유를 통해 현실화되지만 전체주의 국가는 바로 사상의 자유를 부정하고 따라서 출판과 언론의 자유를 부정하기 때문이다. 즉, 전체주의 사회는 국민들의 지속적인 결단과 동의에 기반을 둔 사회가 아니며 따라서 자유주의 사회 내에서 전체주의의 주장 불가능성과는 전혀 다른 상황이다. 또 전체주의 사회 내에서 사상의 자유를 주장하는 경우, 전체주의를 전제하지 않는다는 점에서 논리적 모순은 없다.

23) 독일에서 나치즘에 대한 찬양을 금지하거나 남아프리카공화국에서 인종차별주의를 금지하는 것과 대한민국에서 북한이라는 전체주의 국가를 찬양하거나 옹호하는 것을 금지하는 법률이 존재하는 것은 이런 맥락에서 논리적으로 문제가 없다. 그러나 현실적으로는 이런 법률의 자의적 해석과 정치적 남용에 문제가 있을 수 있으며, 전체주의의 옹호가 다른 사회구성원에게 '직접적인 위해'에 이르는지에 대한 판단의 객관성도 의문시될 수 있다. 이런 현실적 문제를 제거하기 위해서는 한 의견의 '주장'과 그 의견을 현실로 옮기는 '행동'의 구별 등 여러 가지 보완장치가 마련될 수 있을 것이다. 물론 이런 전체주의의 옹호가 어떤 자유주의 사회 내에서 영향력이 거의 없을 경우, 이들을 제재하는 법률 자체를 폐지할 수도 있다.

주의를 함축하는 배타적 민족주의, 전체주의 사회의 인권유린의 상대적 정당화, 혹은 전체주의의 역사 해석 등을 주장하며 양심의 자유, 학문의 자유, 사상의 자유를 그 근거로 내세운다.24) 이때 각 분야의 전문가들이 사실과 해석에 있어서 반론을 제기할 수 있으나, 이런 주장을 옹호하는 또 다른 '전문가'들이 항상 존재하기 마련이다. 나아가 전체주의자의 일차 목적은 자유주의 사회에서 통용되는 자명한 기반을 일단 의문시하는 것 자체일 경우가 태반이다. 즉, 자유주의 사회에 대한 신념을 '새로운 패러다임'의 이름으로 흔들어 놓는 것이다.

전체주의 옹호의 또 다른 방식은 전체주의 사회를 다른 명칭으로 부르면서 자유주의와 전체주의 간의 양자택일의 요구를 피하는 방법이다. 예를 들어 대한민국과 북한과의 체제 차이를 '자유민주주의'와 '전체주의'가 아니라 '자본주의'와 '사회주의'로 설정하여 이 두 체제가 그 어떤 방식으로 종합 혹은 변형되어 제3의 체제가 출현할 수 있다는 듯이 말하는 경우가 있다. 일종의 호도이지만 북한 사회를 사회주의라고 볼 것인지 또 전체주의 국가라고 볼 것인지, 아니면 '체제'를 규정할 때 어떤 쪽이 우선인지에 대한 지루한 논란이 이어질 수가 있다. 왜냐하면 이런 주장을 하는 자는 자유주의를 정치체제로 인정하지 않기 때문이다.

다. 통일과 헌법적 가치

다른 한편 한국 내에서 공식적으로 혹은 사적으로 제시되는 통일

---

24) 히틀러 치하의 독일 제3제국이 자행한 유태인 학살(Holocaust) 등 사실(史實)을 부정하면서 '학문의 자유'를 주장하는 것이 이런 부류에 속한다. 그것은 마치 정상적이고 전문적인 역사학의 한 논쟁인 듯 보이지만 실은 히틀러 파시즘의 지지를 의미한다.

론이 반드시 준수해야만 하는 원칙은 헌법에 명시된 통일 관련 조항이다. 대한민국「헌법」제3조에는 "대한민국의 영토는 한반도와 그 부속도서로 한다." 제4조에는 "대한민국은 통일을 지향하며, 자유민주적 기본질서에 입각한 평화적 통일 정책을 수립하고 이를 추진한다"라고 명시되어 있다. 여기서 북한을 국가로 인정하지 않으면서 어떻게 '통일'이 가능한지, 또 북한의 입장을 고려하지 않으면서 어떻게 '자유민주적 기본질서에 입각한 평화적 통일 정책'이 수립 가능한지에 대한 질문이 제기될 수 있다. 따라서 통일 후의 정치체제나 통일의 가치를 규정하기 전에 일단 남북이 서로 대등한 국가로서 통일을 위한 결합체, 즉 남북 국가연합을 형성하는 것이 우선 필요하다는 것이다.

그러나 통일은 분단을 전제하며 분단의 당사자는 하나도 둘도 아닌(不一不二) 특수한 상태이고, 이 점은 통일되기 전의 독일도 마찬가지였다.[25] 따라서 국가연합을 통해서 통일로 나아가자는 주장을 하려면 남북한이 각자의 영토를 현 상태에서 실효적으로 지배하는 영역에 국한해야 하며 이를 위해서는「헌법」제3조의 개정이 **논리적으로** 불가피하다. 그러나「헌법」제3조의 개정은 북한을 하나의 독립된 국가, 즉 외국으로 인정하는 것이고 이럴 경우 **현실적으로** 통일의 당위성도 사라진다. 뿐만 아니라 현재 민주통합당이 주장하는 남북 국가연합은 남북의 자유로운 왕래를 목적으로 하지도 않으며, 남북 국가연합에서 체제통일로 넘어갈 수 있다는 어떤 보장도 없다. 차라리 민주통합당의 남북 국가연합을 명목으로 북한에 막대한 원조를 주어

---

25) 동독은 1973년 서독과 함께 유엔에 가입하였으며, 유엔 가입을 전후하여 통일보다는 독립국가로 남기를 원했다. 바로 그런 이유로 동독에서는 1972년 이후 국가(國歌) 1절의 '독일, 통일된 조국(Deutschland, einig Vaterland)'이라는 가사로 인해 국가를 연주만 하였지 부르지는 않았다.

북한의 특권 지배층의 수령체제를 유지시킨다면 통일의 길은 더 멀어질 수밖에 없다. 만일 북한 정권이 남북 국가연합을 통해서 수령체제와 경제상황을 안정시킨 후 남북의 체제통일을 받아들인다면 그것은 결코 자유민주주의 정치체제일 수가 없다. 왜냐하면 자신의 기득권을 보장해 주는 체제를 스스로 포기할 리 없기 때문이다. 따라서 현 상태에서 남북 국가연합은 통일의 길을 앞당기는 것이 아니라 늦추거나 부정하는 길이며, 한국 내에서는 극심한 이념대결 및 자유민주주의에 대한 가치 부정이 횡횡하여 나라의 정체성은 마멸될 것이다. 객관적으로 분명한 것은 북한의 지배층이 수령체제를 포기하고 자유민주주의 체제를 선택하려면, 전자보다 후자가 자신들에게 더 이롭다는 확신이 있어야만 한다.

특히 현재 국제사회의 관점에서 볼 때는 북한에 대하여 중국이나 한국은 모두 외국으로서 북한 개입에는 중국이 거부권을 행사할 수 있는 유엔안전보장이사회의 결의가 필요하다. 만약 「헌법」 제3조를 개정하면 한국은 국내외적으로 북한의 급변사태 시에 개입할 어떤 근거도 갖지 못한다. 뿐만 아니라 「헌법」 제3조는 탈북자를 즉각 한국 국민으로 인정할 수 있는 근거이자, 동시에 한국이 분단하에서도 북한 정권이 아니라 북한 주민에게 인도적 차원을 넘어서는 경제적 지원 및 시민적 자유의 개선을 위해 노력해야만 한다는 공동체적 의무의 근거이기도 하다. 따라서 남북한이 대등하게 만나서 통일정책을 수립하거나 평화통일을 하기 위해서 「헌법」 제3조의 개정이 필요하다는 주장은, 통일의 **논리적 전제로서** 남북한의 하나도 둘도 아닌 특수한 상태 및 **현실적으로** 북한의 급변사태 대비와 탈북자 및 북한 주민 지원근거에 대한 몰이해에서 나온 것이다.

따라서 평화통일의 원칙을 수립할 때 대한민국 「헌법」 제4조에서 '대한민국'을 '조선민주주의인민공화국'으로 바꾸어 "조선민주주의인민공화국은 통일을 지향하며, 자유민주적 기본질서에 입각한 평화적 통일 정책을 수립하고 이를 추진한다"고 하여도 지구상의 어떤 국가도 문제 삼을 수 없을 만큼 보편성을 갖고 있다는 점에 주의할 필요가 있다. 즉, 앞에서 언급한 '남북의 주민(people)이 지금보다 더 나은 삶을 지속적으로 기대할 수 있고, 동북아시아의 평화와 번영에 기여하는 것이 남북이 추구할 수 있는 통일의 가치이며, 이로부터 통일의 목적이 '자유민주적 기본질서가 지배하는 통일국가'임은 논리적으로 불가피하다.

우리는 통일의 목적이 바로 「헌법」 제4조라는 점을 확인하였다. 여기서 바로 「헌법」 제4조의 보편성을 통일의 과정에 적극 반영하여 통일의 원칙을 정립하는 것이 필요하다. 왜냐하면 통일이란 '분단−통일−통합(先통일 後통합)'이든 '분단−통합−통일(先통합 後통일)'이든 몇 개의 단계를 거칠 수밖에 없으며, 이 각각의 단계에 무엇이 가장 중요한지, 즉 통일의 원칙을 천명하는 것은 성공적 통일을 위해서 반드시 필요한 중요한 지침이기 때문이다. 즉, 북한이 스스로 수령체제를 포기하고 자유민주주의를 통일국가의 정체로 인정하지 않는다면 한반도에서 올바른 통일은 불가능하다. 이때 한국과 가치를 공유하지 않는 국가가 지정학적인 관점에서 자유민주주의 통일을 반대할 가능성도 없지 않다. 또 북한과 한국의 경제적 격차는 짧은 시일 내에 극복될 성질이 아니며 동시에 한국이 통일 과정에서 지출할 수 있는 재원에도 한계가 있고, 남북의 문화적 격차 역시 적지 않다. 뿐만 아니라 2020년대부터 가시화될 것이 분명한 환경문제, 에너지문제 및 지구온난화는 전 세계의 산업구조와 생활방식에 지대한 변화를 가져올 것이다. 한반도 통일의 원칙은 통일 과정에서 반드시 일어날 것으로 예상되는 이러한 문제를 해결할 수 있는 지혜로서 다음과 같다.

<표 2-1> 통일의 가치·목적·원칙

통일의 가치	남북호혜	남북의 인민이 지금보다 더 나은 삶을 지속적으로 실현
	세계호혜	동북아시아의 평화와 번영에 지속적으로 기여
통일의 목적	자유민주주의	자유민주적 기본질서가 지배하는 통일국가 형성
통일의 원칙	평화적 합의	통일의 전 과정은 평화적으로 실행되어야 한다.
	현실적 가능성	통일의 전 과정은 현실적으로 실행 가능해야 한다.
	미래지향성	통일한국의 생산, 소비, 생활방식은 미래를 지향한다.

3. 통일론의 역사적 변천과 의의

가. 분단국의 역설

일반적으로 같은 언어와 같은 문화 그리고 동일한 역사를 가졌던 공동체가 그 어떤 이유로든 분단되었을 때 통일의 필요성에 대해서 분단의 당사자들은 대부분 동의를 한다. 그러나 통일의 '원론적 필요성에 대한 동감'이 분단의 당사자들이 통일의 과정에서 쉽게 합의할 수 있는 전부일 경우가 많다. 왜냐하면 서로 이질적인 체제로 굳어진 두 분단국이 통일에 합의하기 위해서는, 통일 후의 체제가 현 체제와 급격한 단절을 의미할 경우, 통일의 한 당사자에게 자기 존재의 부정을 요구하기 때문이다. 따라서 서로 다른 체제의 분단국이 통일에 성공하는 일은 매우 힘들 수밖에 없다. 직설적으로 이야기하자면, '분단의 균형이 이루어진 상태'에서 통일에 대한 논의란 명목적(名目的)일 수밖에 없다. 통일의 필요성을 거부할 수도 없고, 통일의 현실적인 전망도 없을 때에는 누구나 예외 없이 통일을 간절히, 그러나 마음 편하게 희망한다. 왜냐하면 통일될 가능성이 희박하기 때문이다. 여기에 예외가 있다면 분단으로 인해 고향을 떠나야만 했던 실향민을 예로 들 수 있을 것이다.

그러나 분단의 균형 상태에 균열이 올 경우, 지금까지 간절히 희구하던 통일을 대부분 마음 편하게 희망하지는 않는다. 왜냐하면 하나의 체제로의 통일에 대한 현실적인 가능성이 생겼지만, 분단의 어떤 당사자는 통일 후에도 현 체제를 유지할 수 있으리라는 보장이 없기 때문이다. 여기서 체제경쟁에서 낙오된 분단국뿐 아니라, 체제경쟁에서 우월적 위치에 선 분단국 내부에서도 통일에 대한 회의의 목소리가 높아진다. 왜냐하면 가난한 형제의 생계를 떠맡기 싫어하듯 이른바 '통일비용'을 지출하고 싶지 않기 때문이다. 이처럼 통일의 전망이 없기 때문에 통일을 간절히 희구하고, 통일의 전망이 생기면 통일에 대해 회의를 하는 상황은 논리적으로 매우 쉽게 이해할 수 있다. 우리는 이것을 '통일을 지향하는 분단국의 역설'이라고 부를 수 있을 것이다.

현재 한국 내에서 논의되고 있는 통일정책은 예외 없이 모두 위에서 말한 '통일을 지향하는 분단국의 역설'과 관련이 있다. 문제는 분단의 역설 내에서 통일정책을 추구하는 한 결코 바람직한 통일을 이룰 수 없다는 점이다. 따라서 분단국의 역설을 해소하기 위해서는 두 가지 매우 강력한 토대가 뒷받침되어야 한다. 첫째, 통일의 가치, 목적 및 원칙에 대하여 국민적 합의가 있어야 한다. 둘째, 어느 한쪽의 체제가 다른 체제보다 '우월하다'라는 합의가 있더라도 통일이란 현실에서 일어나는 거대한 지각변동이라는 점에서 실현가능성을 확보해야 한다.

나. 무력통일론

전쟁을 통한 무력통일은 통일의 이중적 구조를 가장 단순하게 해결하는 방법이다. 부정되어야 할 현실은 상대방(적국)의 존재이며, 연장되어야 할 현실은 자국의 존재이다. 그러나 전쟁이 필연적으로 야기하는 대규모 인명피해와 전국의 초토화를 감내하기 위해서는, 자국의 정치·경제체제의 우월성과 함께 통일의 실현이 절대적 가치를 지닌 것으로 이해되어야 한다. 실제로 식민통치의 질곡으로부터 벗어나자마자 곧 미·소 냉전체제에 의한 분단의 고통을 경험한 한국국민에게 통일에 대한 '민족의 염원'은 절대적 당위로서 더 이상의 정당화를 요구하지 않았다. 또 대한민국의 경우 자유민주주의와 시장경제를 당연시한 반면, 북한의 경우 계급투쟁의 정당성에 기반하여 사회주의로의 통일을 당연시하였다. 이런 배경하에서 한국전쟁이 발발하였다. 다행히 구소련 및 동구권 사회주의 국가들의 붕괴 이후 그간 논란이 많았던 '한국전쟁의 기원'에 관한 의문은 대부분 해소되었다. 신생 대한민국은 이승만 정부의 수사적 '북진통일론'과는 달리 실제로 전쟁을 할 능력이 없었다. 반면에 소련과 중국의 전폭적 지원을 받은 김일성은 무력통일을 시도하였으나, 예상 밖으로 빠른 미국과 유엔군의 참전으로 실패하였다. 한국 역시 한국전쟁 기간 중에 북진통일의 꿈을 실현시키지는 못하였다.

'민족의 염원'으로서 통일의 당위성은 한국전쟁 이후에도 상당기간 존속하였지만, 현실적으로 통일이 모든 가치보다 우선한 것으로 받아들여지지는 않았다. 특히 한국전쟁 이후 한국은 더 이상 무력통일을 현실적 통일론으로 간주하지 않았다. 1954년부터 시작된 남북간의 통일논의에 있어서도 한국 정부는 궁극적으로는 유엔 감시하에 남북한 총선거를 통한 통일헌법과 정부의 수립이라는 '자유민주주의' 체제로의 통일을 주장하였다. 그러나 남북한 인구의 차이만을 고려하여도 북한 정권이 이를 받아들이지 않을 것임은 명백하였다. 즉, 당분간 통일은 그 수사적 당위성에도 불구하고 실현가능성이 요원하다는 현실을 감출 수 없었다. 다만 대한민국 정부는 통일 후의 정치체제로서 '자유민주주의'를 계속 주장하여 통일의 올바른 가치와 목적을 잃지는 않았다. 반면 북한 정권은 한국전쟁 이후에도 현실적으로 무력통일을 배제하지 않았으며, 그들에게 통일 후 지속되어야 할 현실은 북한식 사회주의였다. 특히 북한 정권이 한국전쟁의 실패로부터 얻은 교훈은 전쟁에 의한 통일 시도의 참상과 무의미라기보다는 '한·미 군사동맹이 존재하는 한 무력통일은 어렵다'는 전쟁공학적 반성이었다. 여기서 남북 모두 당위적 통일론이 관성을 아직 완전히 잃지 않은 상태에서도 현실적으로는 통일의 가능성이 희박하다는 결론에 도달할 수밖에 없었다. 자유민주주의를 선거를 통해 한반도 북쪽으로 체제를 확산하려는 시도는 강력한 군사력을 갖추고 있는 북한 정권의 존재로 인해, 북한식 사회주의를 한반도 남쪽으로 무력을 통해 확장하려는 북한의 의지는 한·미방위협정으로 인한 군사대국 미국의 개입 가능성으로 인해 비현실적이 되었다. 다만 남북의 체제방어의 전제조건이 사라질 경우에는 물론 비현실이 현실이 될 가능성은 상존한다.

다. 로드맵통일론 I (분단균형 유지)

당위적 통일론이 민족의 염원으로서 그 관성을 완전히 잃지 않은 상황에서, 남북한의 자발적 체제 변화의 가능성이 거의 전무하고 무력통일의 성공가능성도 희박할 경우에 나올 수 있는 통일론이란 이미 그 대강의 구조가 정해질 수밖에 없다. 즉, 현실적으로 부정될 수 없는 남북의 체제를 연장하면서, 그 어떤 단계들을 거쳐서 1국가·1체제로 변화한다거나, 혹은 양쪽의 체제를 그대로 두고 분단 상황을 명목적으로 부정하여 1국가·2체제 통일국가를 이루자는 주장이거나, 혹은 양자의 변형 중의 하나이다. 전자에는 대한민국의 '민족공동체 통일방안', 후자에는 '고려연방제'가 속한다.

이들은 모두 '로드맵 통일론'이라고 부를 수 있는 것으로서 서로 다른 체제를 인정하는 것에서 출발하며, 이 점은 남북이 평화통일을 시도하는 한 피할 수 없는 상황이라고 가정한다. 그러나 한국의 '화해협력-남북 국가연합-선거를 통한 통일국가'는 북한이 단계적 통일 과정의 어느 순간에 자유민주주의 체제를 선택할 것이라는 '암묵적 전제'가 필요하다. 다른 한편 북한의 연방제는 체제통합문제를 후대에 넘김으로써 '해결'이 아니라 '회피'하고 있고, 연방제를 통한 통일국가의 수립이 순전히 명목적이라는 점에서 그 진의가 의심받을 수밖에 없다. 왜냐하면 정치체제도 상이하며, 그 질적·양적 차이가 심대한 경제적 상황에서 남북한 주민이 자유롭게 왕래하지도 못할 경우, '통일의 의미'가 도대체 무엇이냐는 질문이 나오지 않을 수 없기 때문이다. 이런 문제 제기는 현재 민주통합당이 대선 공약으로 내놓은 남북 국가연합의 경우에도 똑같이 적용된다. 즉, 한국의 단계적 통일론은 북한의 연방제 통일론에 대한 대응책으로서, 북한 체제가 유지되는 한 선거를 통한 체제변화가 불가능하고, 북한 체제가 변화할 경우에는 다른 통일론이 요구될 수 있다는 점에서 사실상 비현실적 통일론이다. 물론 현상유지를 위한 통일론이 부정적 의미만을 지닌 것은 아니다. 제한적이지만 분단의 고통을 완화하고 남북한 간의 긴장 완화의 의미를 지닐 수도 있다. 또 궁극적으로 남북한 선거를 통해 자유민주주의 통일국가를 이룩하겠다는 한국의 공식적 통일론은 그 당위적 가치로 인해 통일의 미래에 대한 선언적 의미도 있다. 그러나 한국 정부의 의지와는 무관하게 북한체제의 변화가 불가피할 경우, 지금까지의 로드맵 통일론이 그 의미를 상실함은 명백하다.

한편 북한의 연방제 통일론은 한·미군사동맹을 제거함으로써 '북한체제 확산을 위한 우회로'일 것이라는 주장이 설득력을 지니고 있다. 즉, 북한은 '우리 민족끼리'라는 배타적 민족감정에 기초한 연방제 통일론을 내세우면서 "조선민주주의인민공화국은 북반부에서 인민정권을 강화하고 사상, 기술, 문화의 3대혁명을 힘 있게 벌여 사회주의의 완전한 승리를 이룩하며 자주, 평화통일, 민족대단결의 원칙에서 조국통일을 실현하기 위하여 투쟁한다"는[26] 것은 북한의 은폐된 의도가 아니라 공개된 주장이기 때문이다. 또한 2007년 10월 평양에서 열린 노무현·김정일 회담에서 김정일은 한국 정부가 북한의 개혁개방을 의도한다는 점에 심한 불쾌감을 표명하였다.[27] 북한 사회의 점진적 개혁개방도 체제 위협으로 간주하는 북한 정권이 한국처럼 거의 완전히 개방된 사회와의 즉각적 통일을 주장할 때 그 통일의 의미가 무엇인지 의구심을 품지 않을 수 없다. 바로 이런 이유로 연방제 통일안에는 통일의 미래상이 전혀 제시되지 않고 있다.[28]

여기서 단계적 평화통일이 남북한 체제의 유지를 전제로 하면서

---

26) 2009년 4월 개정된 북한 「헌법」 제9조.

27) "[남북 정상회담] '개혁·개방 용어에 −의심과 거부감 가져'", ≪경향신문≫, 2007.10.3.

28) 북한의 고위직에 있었던 탈북자들은 북한 주민이 '연방제 통일'을 주장하는 것은 북한에서 매우 위험한 일이라고 증언하고 있다. 즉, 그들은 오로지 무력통일에 의한 한반도 전체의 적화통일만이 유일하게 정당한 통일방안이라고 수십 년간 배워 왔다.

평화통일의 당위성을 주장하는 한 거의 유일한 '선의의 통일론'으로 보이지만, 실은 한반도 분단·현상유지의 다른 표현이라는 점이 명백히 드러난다. 그러나 서로 상이한 남북한 체제의 유지는 '통일 과정'에서 지속되어야 할 현실이 아니라 실은 부정되어야 할 현실이다. 그 이유는 정치·경제체제란 국민들의 의사 표현과 실현과정 및 경제활동에 대한 규범적 틀(framework)을 의미하며, 이것이 상이할 경우 의사조정에 필요한 공동의 정치적·사회적 규범 자체가 존재하지 않음을 말하고, 그것은 통일이 갈등의 해결이 아니라 갈등의 증폭을 의미하게 되기 때문이다. 바로 그런 이유로 통일에서 '정치·경제체제의 통합'은 결정적 의미를 지닌다. 따라서 서로 다른 체제를 인정하는 통일방안이란 연방제이든 연합제이든 분단 상황의 평화적 관리와 당위적 통일론 모두를 적당히 만족시키기 위한 현상유지정책에 불과하든지, 혹은 서로 다른 국가임을 간접적으로 확인하려는 과정이든지 (1956년 동독이 서독에 제안한 두 개의 독일 연방제 통일론), 혹은 명목적 통일국가의 성립을 통하여 일방에게 유리한 상황을 조성하려는 수단에 불과하다. 지금까지 서로 다른 체제의 유지를 전제로 한 통일이 성공한 예는 전무하다.[29]

라. 흡수통일론

(1) 통일거부 담론으로서의 통일 비용론

북한의 고려연방제 통일론부터 통일 불필요성에 이르기까지 한국

---

29) 오병헌, 『평화통일은 가능한가』, 문학과 지성사, 1996.

내의 통일에 대한 논의는 정치적 이념의 스펙트럼에 따라 다양하다. 여기서 매우 특이한 위치를 차지하고 있는 통일론이 '흡수통일론'이다. 특이한 이유는 좌파는 물론 상당수 우파 역시 기피해야 할 통일의 유형으로 간주하지만 그 기피의 이유가 분명하지 않기 때문이다. 일반적으로 '흡수통일'이라 하면 분단의 당사자들 중 어느 한쪽이 다른 한쪽을 흡수하여 통일하는 형태로 이해한다. 즉, 통일 개념의 이중적 구조를 고려할 때, 무력통일의 경우처럼 현실의 부정과 연장이 분명한 방식, 다만 전쟁이라는 무력행위를 통하지 않는 '평화통일'을 지칭한다. 흡수통일의 잘 알려진 예로서는 독일 통일의 경우가 있다. 1990년 동독의회가 스스로 국가해산을 의결하자 서독은 동독의 각 주를 독일 연방으로 받아들여 평화통일을 이룩하였다. 즉, 자유민주주의 및 사회적 시장경제 체제로의 통합을 짧은 기간 내에 이룩한 것이다. 그러나 정작 독일에서는 '흡수통일(Wiedervereinigung durch Absorption)'이라는 용어는 사용되지 않고 있다. 따라서 '흡수통일'이라는 용어는 오로지 남북한의 통일과 관련되어 사용되고 있을 뿐이다. 다만 서독과 동독이 통일되고 통합과정이 진행되면서 당연히 발생할 수밖에 없었던 부작용이 나타나자 독일의 통일반대론자들이 독일 통일을 '흡수'라고 부르면서 비판하기 시작하였다.

독일 통일을 흡수(Absorption)라고 부르게 된 것은 통일로 인한 부작용과 혼란이 예상외로 크게 나타나게 되자 언론은 특종 경쟁이라도 하듯 이를 들춰내 보도하기 시작했다. 흡수라는 개념의 등장과 함께 동서독 통일이 잘못되었다는 시각에 초점이 맞추어지기 시작했다. 구동독 공산권력의 불만이 터져 나왔고 비판적 좌파 지식인들의 날카로운 비판이 이어졌다. 강자인 서독이 약자인 동독을 남김없이 흡수해 지배해 버렸다는 시각이다.

통일방안을 둘러싸고도 여야 간 논쟁은 불가피했다. 기독통합당 (CDU/CSU)을 중심으로 한 정부 여당이 「기본법」 23조를 근거로 한 방안을 주장했던 반면, 야당이었던 사민당(SPD)은 당내에서도 146조 에 의한 통일을 주장했다. 23조가 기본법의 유효범위를 규정하는 조항으로 서독연방에 소속되지 않은 독일영토 내의 州들은 연방에 편입 됨과 동시에 법의 관할하에 놓인다는 조항으로 동독이 서독연방체제 로 편입됨과 동시에 기본법의 효력범위에 들어가게 된다는 통일방안 이다. 동독의 인민의회는 스스로 23조에 따라 서독연방에 편입할 것 을 결의한 바 있다. 반대로 146조는 기본법의 효력 상실을 규정하는 조항으로 독일 국민이 새로운 헌법을 채택할 경우 기존의 기본법은 자동적으로 무효가 된다는 내용이다. 즉, 동서독은 통일헌법을 확정 해 이 헌법에 따라 통일을 추진하다는 내용이었다.[30]

독일 통일은 독일 국민의 여망을 바탕으로 기본법 23조에 의해 성 사되었고, 통일 15주년을 맞아 한 여론조사에서는 서독인의 82%, 동 독인의 91%가 통일과 통일의 결과에 대하여 긍정적으로 보고 있으며 통일이 된 지 22년이 지난 지금은 이런 질문조차 의미가 없다. 독일 통일의 과정을 객관적으로 본다면, 비록 통일되기 불과 3개월 전까지 독일 국민이나 정치가 어느 누구도 빠른 통일을 예상도 기대도 하지 않았지만, 동독 국민의 쓰나미와 같은 열망 앞에서 통일이 불가피함 이 명백해졌음에도, 극히 일부의 좌파지식인과 좌파정치가만이 통일 을 반대하였다. 즉, 독일 통일의 부작용이 드러나고 통일을 흡수라고

---

30) 박상봉, "독일 통일 이해 오해", 블로그 〈독일통일 통일한국〉, http://blog.daum.net/germanunification(20 12.11.12).

비판한 여론이 없지 않았지만, 그것은 독일 통일 과정에서 거의 언급할 만한 가치도 없는 사건들이었다.

그렇다면 이제는 한국인만이 '흡수통일'이라 부르고 있는 독일 통일에서 반드시 기피해야 할 정도로 심각한 문제점은 무엇일까? 일반적으로 독일 통일의 가장 큰 문제점은 막대한 통일비용의 발생이라고 알려져 있다. 그러나 막대한 통일비용이 통일의 필연적 결과인지, 아니면 막대한 통일비용을 지불한 것이 독일식 통일에서 발생한 문제의 원인인지에 대한 분석은 거의 없다. 사실 구동독지역 주민에 대한 막대한 현금지원으로 인해 생산성 향상의 동기부여가 없어 실업률 상승과 경기침체, 인구감소가 발생하였다는 것이 정설이다. 반면에 거의 같은 시기에 시장경제로 바뀐 동구권의 국가들은 구동독지역보다 훨씬 가파른 생산성 향상과 경제성장을 보여 주었다. 그런 이유로 구 동독지역을 '특별경제지역'으로 선포하고 임금상승과 사회복지비용을 생산성 향상과 연계시켰어야 했다는 반성이 나오고 있는 것이다.

구서독지역과 비교하여 구동독지역은 더 많은 평등이 아니라, 더 많은 자유가 필요하다. 한 국가 내에서 뒤진 지역들의 경제적 회복이 성공적으로 수행된 경우가 극히 드물기 때문에, 바로 이러한 이유에서 차별화된 전제들이 마련되어야 한다. 평등을 주장하는 사람은 결국 불평등을 초래하고 만다. 동등한 생활 상태에 도달하길 원한다면, 먼저 불평등한 출발조건을 받아들여야만 한다. 그러한 문제는 전체 독일을 위한 일반적 규칙들로는 해결될 수 없다. "오로지 구동독지역을 배려하는 특별한 경제정책적 노력"을 요구하는 헬무트 슈미트의 주장은 정당하다. 지난 15년의 시간이 증명했듯이, 보조금의 지원만으로는 충분하지 않다. 통일 이후 지금까지 모든 연방 주정부들에게 일종의 금기로 여겨졌던 것, 즉 구동독지역을 특별경제지역으로 선포하는 것이 시급히 요청된다.31)

바꿔 말해 '통일비용'이라는 개념은 '어떻게' 통일할 것인지에 대한 규정 없이는 전혀 무의미한 개념이다. 그럼에도 불구하고 한국의 좌파는 '독일 통일＝흡수통일＝막대한 통일비용'이라는 등식을 만들어 독일 통일에 대하여 매우 부정적 이미지를 한국 국민의 뇌리에 각인시키는 데에 성공하였다. 그러나 수억 원이 드는 호화혼례도 있지만 사랑하는 남녀가 물 한 대접 떠놓고 결혼할 수도 있는 것처럼, 결혼비용이라는 것도 '어떻게' 결혼할 것인지에 대한 계획 없이는 산출할 수 없는 것이다. 뿐만 아니라 독일에서는 '통일비용'이라는 용어는 공식적으로 사용하지 않고 있으며, 정부도 발표하지 않는다. 왜냐하면 통일의 경우 비용과 투자의 경계가 확실하지 않기 때문이다.

한국의 이른바 '진보적 통일운동'의 과정을 살펴보면 막대한 통일비용으로 인해 흡수통일을 해서는 안 된다는 주장은 앞뒤가 맞지 않는다. 독일 베를린의 장벽이 무너지기 직전인 1989년 3월에 전국민족민주운동연합 고문자격으로 고 문익환 목사가 방북하였다. 이때 북측의 조국평화통일위원회 위원장 허담과 함께 발표한 <4·2 남북공동성명서>에서 그는 연방제 통일, 두 개의 한국 배격 등, "가까운 시일 안에 민족이 하나가 되는 역사의 전환점을 맞이해야 한다"라고 주장하였다. 또 문 목사는 "민주는 민중의 부활이고 통일은 민족의 부활이며 민중과 민족의 부활은 자주 없이는 성취될 수 없다"고 하면서 "자주, 민주, 통일이 일체임"을 천명하였다. 당시 한국의 좌파는 한반도 분단체제는 역사적으로 외세를 등에 업은 정치세력과 매판자본주의 독점재벌이 기득권을 유지하기 위해 지속되고 있으므로, 민중·민

---

31) U. 뮐러, 『대재앙 통일』, 이봉기 옮김, 문학세계사, 2006, 289쪽.

족·자주통일을 빠른 시간 내에 이룩하여야 할 당위적 통일론으로 내세웠다. 한마디로 돈과 권력이라는 기득권에 집착하지 말고 즉각 통일을 하자는 이야기였다. 그러나 1990년에 독일이 통일을 이루고 동구권과 소련이 붕괴하자 한국 좌파의 통일 당위론은 순식간에 담론의 지평에서 사라졌다. 독일 통일에서 통일비용의 문제가 불거지기 시작한 1990년대 후반 이후,[32] 특히 1997년 한국에 외환위기가 찾아오자 한국 내에서 조기통일론에 대한 회의의 목소리가 커지기 시작하였다.[33] 이 점을 한국의 좌파들은 놓치지 않고 흡수통일 반대의 근거로서 통일비용 문제를 강조하기 시작하였다.

> 통일의 필요성을 의심하는 논의 중에는 '통일비용'에 관한 것도 있다. 이 경우 민족통일을 논하는 마당에 그 비용을 따지는 반민족 자세를 나무라기도 하고, 통일비용이 아무리 크다 한들 분단비용보다 더하겠느냐고 응수하기도 한다. 그런데 분단비용을 따지는 것도 돈 계산을 하는 일이니만큼 엄밀히 말하면 '반민족적'이라는 혐의를 쓸 위험은 마찬가지려니와, 그렇다고 통일이라는 대사를 놓고 비용문제를 미리 생각지 않는 것도 무책임한 처사다. 사실 근년의 통일비용론에서 정말로 문제 삼아야 할 것은, 대한민국의 건국 — 또는 적어도 최근의 고도성장 — 으로 한민족의 건국사업이 완료되었고 이렇게 완성된 나라가 북한 지역과 그 주민을 (어쩌면 과다할지도 모를 비용을 들여) 흡수할지 여부만이 남았다는 발상이다. 반면에 분단체제는 일종의 '반 건국 상태'이고 앞으로 건국사업을 잘못하다가는 민족 전체의 재앙이라는 엄청난 대가를 치를 수도 있다는 비용론이라면 전혀 다른 이야기다. 마찬가지로 분단체제 유지에

---

32) 1990년 후반의 통일비용 논의에 대하여는 민족통일연구원이 1997년에 발행한 『분단비용과 통일비용』 참조, http://www.kinu.or.kr/upload/neoboard/DATA02/1997-021.pdf(2012.10.31).

33) 1995년 민족통일연구원이 조사한 바에 의하면 "통일비용을 부담하더라도 통일이 빠를수록 좋다는 견해"에 대하여 '전적으로 동의'(19.5%), '동의하는 편'(50.5%), '반대하는 편'(25.9%), '절대반대'(4.6%)로 나타났으며, 1997년 5월 한겨레신문사가 실시한 여론조사에 따르면 "남북한 통일이 이른 시일 안에 이루어져야 한다는 원칙론에 찬성(57.7%)하면서도, 통일로 인해 사회적 혼란이 가중된다면 그 시기는 미루는 것이 좋다는 의견이 78.5%에 달했다"고 한다. ≪한겨레신문≫, 1997.5.16.

들어가는 금전적·인간적 '비용'이 막대하지만 예컨대 전쟁에 의한 통일보다 더 많은 것은 아님을 인식하는 가운데, 그보다 적은 '비용'의 통일, 즉 분단체제의 진정한 극복에 따를 희생과 대가를 미리 예견하고 각오를 새로이 하는 일은 통일의 필요성을 재확인하는 작업의 일부일 것이다.

원만한 단계적 통일에 관해서는 남북의 정권 모두가 표면상 합의하고 있다. 그러나 실제로는 정권 안팎의 많은 사람들이 딴 생각을 가졌다고 봐야 할 것이다. 남쪽의 경우, 적어도 'IMF시대' 이전에는, 남한 주도의 '흡수통일'이 지배층의 대세였고 그것이 안 되면 차라리 분단의 영구화를 희망하고 있었다고 하겠는데, 지금은 후자가 더 힘을 얻게 되었으리라 짐작된다.[34]

(2) 좌파의 흡수통일 반대 논리: 북한 체제 유지

백낙청 교수의 주장의 핵심은 이제 한국의 기득권층도 IMF를 겪고 나더니 통일비용에 대한 인식으로 흡수통일을 포기하고 분단체제의 영구화를 희망하게 되었다는 것이다. 그리고 진정한 통일은 아직 완성되지 않은 한국의 건국이며, 이를 위해서는 단계적으로 전쟁보다도 또 흡수통일보다도 적은 비용으로 통일을 하자는 것이다. 그러나 한국 좌파가 흡수통일을 반대하는 이유로 막대한 통일비용을 내세우고 있다는 것은 두 가지 오류를 범하고 있다. 첫째, 그렇게 비판하던 독일의 흡수통일이 20년이 지난 지금 많은 어려움을 겪었지만 성공적으로 수행되었다는 점에서, 흡수통일을 반대하는 이유는 남한의 경제적 기득권 유지 이외에는 없다. 따라서 과거 한국 좌파의 '남한의 기득권세력＝반통일세력'이라는 등식을 자신들에게 돌려야 한다는 점이다. 둘째, 한국은 북한을 흡수통일하더라도, 우리가 충분히 감당할

---

34) 백낙청, 『흔들리는 분단체제』, 창작과 비평, 1998, 232~233쪽.

수 있는 상대적으로 저렴한 비용의 통일이 가능하다는 사실이다. 즉, 한국의 좌파는 전혀 근거 없는 두 가지 전제에서 통일론을 전개하고 있다.

① 흡수통일하면 감당할 수 없을 만큼 막대한 비용이 발생한다.
② 한국 좌파의 통일방식은 감당할 수 있는 비용으로 가능하다.

흡수통일이더라도 감당할 수 있으며, 한국 좌파의 통일론에는 비용의 많고 적음을 떠나 인류사의 보편적 가치규범이 결여되었을뿐더러 사실상 통일이 가능하지도 않다는 것이다. 사실 한국 좌파의 흡수통일 반대의 진정한 이유는 1990년대 후반 붕괴의 위기에 놓여 있던 북한 정권의 유지에 있었다. 따라서 흡수통일의 반대이유는 통일비용 문제에 국한되지 않았다. 흡수통일의 다른 측면인 어느 일방의 정치·경제 체제로의 통일이 흡수통일의 또 다른 문제점으로 간주되기 시작하였다. 어느 누구도 부인할 수 없는 평화통일이었던 독일 통일이 통일비용 문제로 기피해야 할 통일유형으로 국민들의 뇌리에 각인되는 데에 성공하자, 그 정당성이 엄밀하게 판단되어야 할 '한 체제로의 통일' 모두가 일방적이고 부정적인 흡수통일의 유형으로 간주되기 시작하였다.

독일이 흡수 통일된 뒤의 일입니다. 필자는 독일에 사는 한 교포학자를 만났을 때, 그에게 독일 통일을 어떻게 보느냐고 물어 본 적이 있습니다. 필자가 역사학 전공자임을 아는 그는 한마디로 "지난날의 한일합방과 같은 것이라고 보면 됩니다"라고 했습니다. 그 후 여러 글들을 통해서 독일 통일의 후유증을 알게 되었고, 우리는 그런 통일이 될 수도 없겠지만 되어서도 안 된다는 생각이 확실해졌습니다. 1996년 필자는 옛 동베를린 지역에 있는 유명한 훔볼트 대학교에 가 볼 기회가 있었습니다. 그런데 훔볼트 대학은 대부분이 서독 학생들로 채워져 있었습니다. 흡수통일 후 동독 출신 학생들은 사회주의 시대보다 더 많이 들게 된 학비를 마련하기 어려워 대학을 다니지 못하는 것이었습니다. 뿐만 아니라 마르크스주의를 가르치던 동독 출신 교수들도 대부분 물러나고, 그 자리는 서독 출신 교수들로 채워졌다고 했습니다. 앞에서 말했지만 독일에 사는 한 동포학자로부터 독일의 흡수통일은 '한일합방'과 같다는 말을 들었던 터라, 경우는 좀 다르지만 '한일합방' 후 우리나라 교육기관에서 우리말과 우리 역사를 가르치던 교사들은 설 땅을 잃어갔고 학생들은 교육을 많이 받을수록 일본 국민이 되어 갔던 일들이 상기되었습니다.35)

동독 주민이 원하여 시작된 독일 통일을 한일합방에 비유한 것을 그대로 믿어 버렸다는 것은 상상력이 풍부한 한 역사학자가 갖고 있는 독일식 흡수통일에 대한 적대적 선입관이 얼마나 큰지를 말해줄 뿐이다. 그러나 한일합방과 같은 동서독의 통일 이후 20년이 지난 2012년 독일의 대통령과 총리 모두 동독 출신의 정치가이다. 강만길 교수가 주도한 한국현대사 해석이 지난 수십 년을, 그리고 지금도 한국의 지식인들의 뇌리에 각인되어 올바른 통일에 장애가 되고 있지만, 그가 대한민국에 적대적 선입관에 사로잡혀 있으리라는 점은 불문가지(不問可知)이다. 자유민주주의 체제로의 통일에 대한 '극도의 부정'은 구 민주노동당의 종북좌파 계열에게는 거의 수학적 공리(公理)처럼 자명한 명제이다.

---

35) 강만길, 『우리 통일 어떻게 할까요』, 당대, 2003, 145-146쪽, 164쪽. 1996년에 구동독지역의 학생들이 학비로 인해 대학에 가지 못했다는 것은 사실이 아니다. 기본적으로 독일 대학에는 학비가 없다. 대학에 등록하기 위해서는 의료보험에 가입하고 학생회비 등의 경비를 부담해야 한다. 필자가 학위를 한 1993년에 독일 대학등록에 필요한 경비는 의료보험 이외에 학기당 약 50마르크 내외였다. 당시 한국 돈으로 2만 원이 안 된다. 2009년 훔볼트 대학교 겨울학기의 등록 경비는 의료보험을 제외하고 261.68유로이다. 약 463,000원 정도이다. 의료보험은 생활환경에 따라 면제받을 수 있다.

진실도 모르겠다. 이해하기도 어렵다. 정 이렇다면 마지노선이 있습니다. 6·15공동선언과 10·4 정상선언의 합의대로만이라도 하자는 겁니다. 소극적으로는 서로 내정에 간섭하지 말고 적극적으로 서로의 사상·제도를 존중하고 신뢰해야 합니다. 두 선언은 통일은 연방·연합제를 지향한다고 했습니다. 자본주의와 사회수의, 두 제도의 공존을 전제한 통일방식입니다. 두 제도가 공존하자면 방법은 하나뿐입니다. 서로를 있는 그대로 인정해야 합니다. 어떤 부분은 인정하고 마음에 들지 않는 어떤 부분은 부정할 수는 없습니다. 모두를 인정해야 가능한 통일입니다.

진보 내 반북주의자들은 통일에만 집착하며 통일 이후에 보편적 가치에 대해서 외면하면 안 된다고 비판합니다. 보편적 가치라니요? 결국 거꾸로 말하면 남쪽의 잣대로 체제 논쟁을 하자는 것이 아닙니까. 이는 6·15 공동선언의 정신에도 맞지 않을뿐더러 통일 그 자체도 요원하게 만드는 반통일적 주장입니다. 그들의 의도가 어찌됐든 말입니다. 홍세화 씨는 통일운동세력이 북한에 대해서 '극도의 긍정'을 고집한다고 했습니다. 지금 감옥에서 이 글을 쓰고 있는 제 처지가 그에게 답변이 되고 있습니다. 국가보안법이 엄연히 살아 있는 이 나라에서는 '극도의 긍정'은 하려고 해도 할 수가 없습니다. (…) 서로 화해하고 단합해야 하는 통일의 성격이나 반북 이데올로기에 심하게 경도된 현실로 볼 때 대북문제에 대해서 긍정적 자세를 갖는 사업에 집중해야 합니다. 긍정해야 할 대상과 부정의 대상을 분명히 가를 수 있어야 합니다. 그것이 어렵다면 가만히라도 있어야 합니다.36)

흥미로운 점은 윤기진도 통일이 "긍정해야 할 대상과 부정의 대상을 분명히 가를 수 있어야 한다"는 통일의 이중적 구조를 잘 인식하고 있다는 사실이다. 다만 종북주의 통일론에서 긍정의 대상에는 북한체제이며 부정의 대상은 한미동맹, 미군 주둔뿐 아니라 '통일 이후

---

36) 윤기진, 「긍정통일론」, 〈옥중서신〉, 2010.10.24. 윤기진은 2012년 10월 28일 그의 옥중서신의 내용이 「국가보안법」 위반으로 기소되어 유죄판결 후 법정 구속되었다. 그는 구민주노동당 자주평화통일위원회 위원장, 현재 통합진보당 이정희 대통령 후보 통일특보인 황선의 부군으로서 현재 민권연대 의장직을 맡고 있다.

에 보편적 가치'인 자유민주적 기본질서의 실현이다. 다만 놀라운 점은 윤기진도 '남쪽의 잣대'를 보편적 가치로 인정하였다는 점이다.

사실상 정치적 편집증이라고밖에는 볼 수 없는 편향된 통일관은 한국 사회에서 소수의 종북좌파만의 의견이 아니다. 대한민국 헌법은 물론 김대중 전 대통령의 이른바 '3단계 통일론'에도 포함되어 있는 자유민주적 기본질서로의 통일을 대부분의 한국 좌파 지식인들은 일방적 흡수통일로 간주하기 시작했다. 이명박 정부가 통일의 궁극적 지향체제로 자유민주주의를 언급하자 곧바로 북한이 "이명박 정권이 평화통일을 포기하고 흡수통일을 시도하고 있다"는 비난을 시작한 것이 그 좋은 예이다. 여기서 흡수통일을 평화통일의 가능 영역에서 배제하고, 평화통일이란 오로지 6·15 선언식 통일론으로 단일화하여, 평화통일을 위해서는 수령체제가 인정되어야 한다는 논리적 곡예가 널리 퍼지게 되었다. 왜냐하면 한국이 흡수통일을 주장할 경우 북한체제는 통일 과정에서 부정되어야 할 현실로 간주된다는 점에서 북한 정권과 한국의 좌파는 '흡수통일론＝북한체제 위협론'이라는 등식을 내세워, '흡수통일론＝전쟁위기론'으로 급격한 점층법을 시도할 것임이 분명하기 때문이다. 실제로 북한은 2009년에 들어와 제2차 핵실험 및 미사일 발사 등의 도발행위와 함께 1991년 남북한 기본합의서는 물론 정전협정 자체를 부정하는 등 전쟁위기를 한껏 고조시켰다.

그러나 전쟁이 상대방의 통일론 때문에 발발할 수 있다는 것은 실로 언어도단이다. 대한민국 헌법에 자유민주적 기본질서에 따르는 평화통일이 규정된 것은 오래전 이야기다. 또한 자유민주주의 통일이 북한당국과의 협의 및 합의에 의해서 이루어질 가능성을 배제할 필요는 전혀 없다. 물론 이때에 '흡수통일'이라는 용어가 현재 한국 사회에서 '일방적 통일'이라는 잘못된 함축을 불러일으킨다면 굳이 이 용어의 사용을 고집할 필요는 없을 것이다. 중요한 점은 통일의 가치와 목적에 대하여 남북한 국민들과 당국자들 간의 일치점을 찾는 것이 통일의 최종단계가 아니라 바로 출발점이라는 사실이다. 통일비용을 전면에 내세워 흡수통일을 반대한 결과는 통일론 전반에 적지 않은 영향을 끼쳤다. 그것은 민중을 내세우건 민족을 내세우건 당위적 통일론이 더 이상 한국 국민에게 통일의 절대적 필요성을 설명할 수 없게 되었다는 점이다.

> 15일 현대경제연구원이 이달 초 전국 19세 이상 성인 남녀 1,002명을 대상으로 조사한 '2012년 남북 관계 대국민 여론조사'에 따르면 응답자의 절대 다수인 73.7%가 통일이 필요하다고 응답했다. 보수, 중도, 진보 등 정치적 성향과 상관없이 통일의 필요성을 공감하고 있었고 통일 방식도 '합의에 의한 평화적 통일'을 선호했다. 통일 가능 시기는 '11년 이상'이라는 답변이 47.9%로 가장 많았다. '불가능하다'는 응답도 22.5%에 달했다. (…) 통일 비용 부담에 대해서는 부정적인 입장이 강했다. 통일비용으로 연 10만 원(월 8,300원) 이하 부담하겠다는 의견이 93.7%에 달했다. 특히 통일비용의 '부담 거부'와 '연 1만 원 부담'을 하겠다는 응답이 2009년 46.1%에서 2010년 72.1%, 2011년 79.4%, 2012년 67.2%로 상승 추세를 보였다. 연구원은 "통일세 제안 이후 통일비용 부담의 실현 가능성을 우려하면서 통일의 경제적 부담에 대한 부정적 인식이 확대됐기 때문"으로 분석했다.[37]

---

37) 김진형 기자, "국민 94% '통일세 월 1만원? 비싸'", ≪머니투데이≫, 2012.2.15, http://www.mt.co.kr/view/mt view.php?type=1&no=2012021417245951673&outlink=1(2012.10.31).

〈표 2-2〉 통일비용 부담 의사

통일비용 부담	2008.11	2009.7	2010.11	2011.11	2012.2
부담하고 싶지 않다	30.4%	21.5%	37.4%	46.0%	31.6%
연 1만 원 이하	24.0%	24.6%	34.7%	33.4%	35.6%
연 2~10만 원 이하	35.3%	38.4%	24.6%	17.5%	26.5%
연 11~50만 원 이하	10.2%	15.5%	2.7%	2.6%	4.7%
연 51만 원 이상	-	-	0.5%	0.5%	1.5%

자료: ≪머니투데이≫, 2012.2.15.

마. 좌파의 평화통일론

(1) 평화통일론의 핵심가치: 북한체제 존속

좌파 통일론의 핵심은 북한체제의 존속이 통일론 및 통일 과정에 본질적 요소로 남아야 한다는 점에 있다. 즉, 통일에서 부정되어야 할 현실에 현재의 북한체제가, 혹은 북한체제만이 포함되어서는 안 된다는 것이 그 핵심이다. 실제로 김대중·김정일의 6·15 공동선언 제2항에서 말하는 남측의 남북연합과 북측의 연방제 간의 공통점도 통일(과정)이 남북의 서로 다른 체제를 허용함에 있다고 보고 있다. 문제는 그 존재가 인정되어야 할 북한의 체제가 무엇이냐는 점이다. 현실적으로 존재하는 남북한의 가장 중요한 체제 차이는 '자유민주주의'와 '전체주의적 수령체제' 간의 차이다. 북한이 고려연방제를 내세우면서 시민적 자유와 민주주의를 거론하더라도 현실적으로 북한에 그 어떤 낮은 단계의 시민적 자유나 실질적 민주주의도 실현되고 있지 않다는 점을 부인할 수는 없다. 그러나 한국 좌파는 가능하면 남북의 체제 차이를 정치체제의 시각이 아니라 '자본주의 대 사회주의'의 시각에서 보려 한다.

> 그런 세계사적 조건 아래서 통일문제를 다루면서 통일 후의 체제
> 를 자본주의 체제로 할 것인지 사회주의 체제로 할 것인지 걱정하는
> 것은 분명 20세기적인 역사 인식, 다시 말해 자본주의와 사회주의가
> 대립·항쟁하던 시대의 역사인식에 한정된 결과라 하지 않을 수 없
> 습니다. 이미 21세기에 들어섰는데도 말입니다. 21세기를 지배할 세
> 계체제가 어떻게 형성될지 아직 아무도 속단할 수 없습니다.[38]

왜냐하면 정치적 관점에서 볼 때, 북한의 전체주의적 수령체제는 아무리 우호적인 시각에서 보려 하여도 정상인이라면 도저히 받아들일 수 없기 때문이다. 그리고 여기에 21세기의 세계 체제가 자본주의를 넘어설 것이라는 가정을 함으로써, 흡수통일이 아니라 북한의 우리식 사회주의와의 체제통합의 가능성, 즉 통일 과정에서 자본주의와 사회주의가 지양된 제3의 경제체제를 상정할 수 있다는 것이다. 물론 이들은 그 제3의 체제가 무엇인지에 대해서는 분명히 말하고 있지 않다. 다만 강만길 교수는 한반도의 정치·경제적 지형은 해양세력의 자본주의도, 대륙세력의 사회주의도 일방적으로 승리할 수 없는 구도로서, 바로 한국전쟁이 어느 일방의 승리가 아니라 남북의 교착상태에서 끝난 사실이 그 경험적 증거라고 주장하고 있다. 따라서 자본주의도 사회주의 아닌 제3의 길을 남북한 국민이 선택해야 통일이 가능하다는 것이다.[39] 여기서 통일의 자주성이 국제정치 상황의 하위개념으로 간주되고 있음은 명백하다. 또 이와 비슷한 논의로서 한반도의 통일 과정이 세계 자본주의의 몰락과 같은 시기에 일어나는, 이른바 '현재진행형' 통일로 파악하는 시각이 있다.

---

38) 강만길, 앞의 책, 193쪽.

39) 위의 책, 56쪽.

자본주의 세계경제의 궤적에 대한 세계체제론자들의 분석을 대체로 공유하면서도 그 틀 안에서 분단체제 극복을 내다보는 시간표는 위의 어느 것과도 다르다. 자본주의적 근대가 지속되는 동안은 분단체제의 일익으로서든 통합된 단위로서든 탈근대로의 진입—또는 근대로부터의 독자적 이탈—이 불가능하지만, 분단체제 극복의 시간표가 세계 체제의 최종국면과 일부 겹침으로써 반드시 근대의 틀에만 얽매이지 않으면서 세계 차원의 '근대 이후'를 향한 중대한 진전이 한반도에서 일어날 수 있다는 것이 분단체제론의 시대인식인 것이다. 경제모델을 예로 들면, 통일 과정에 투입되는 민중적 동력이 아무리 커지더라도 통일 한반도가 세계시장의 논리를 외면한 경제체제를 형성할 방도는 없어 보이지만, 신자유주의가 모든 개발도상국들에 강요하는 비자주적·반민중적 제도들의 수용을 극소화함으로써 세계시장 안에서의 경쟁력도 높이고 신자유주의가 적나라하게 노출시킨 시장논리의 궁극적 극복에도 뜻있는 기여를 할 수 있다는 것이다. 바로 근대에 적응하면서 근대를 극복하는 이중과제의 수행이다.[40)]

위에서 인용한 백낙청 교수의 관점에서 볼 때 통일에 의하여 부정되어야 할 현실은 전 세계적 환경문제와 자원고갈 등으로 사양길에 들어설 것이 분명한 남한의 자본주의 시장경제와 북한의 경직된 사회주의 통제경제로서, 바로 양자의 문제점을 제거하는 세계사적 의미를 지닌 대역사가 바로 한반도의 통일 과정이라는 것이다. 이처럼 좌파 통일론이 남북한 체제를 '자본주의 대 사회주의'의 시각에서 바라보는 것은 자본주의 비판은 자유민주주의 시장경제 체제 내에서도 늘 있어 왔던 것으로서 체제 부정의 부담을 덜 수 있기 때문이기도 하지만, 실은 한국 현대사의 해석과 밀접한 관계가 있다. 즉, 한국의 좌파는 대한민국 건국의 정당성 및 한국전쟁의 기원과 그 책임문제 등과 관련, 사회주의를 선택한 북한체제의 정당성이 한국의 반공주의

---

40) 백낙청, 『한반도식 통일, 현재진행형』, 창비, 2006, 114-115쪽.

및 자본주의 이념에 의해 은폐되어 왔다고 주장한다. 이러한 역사 해석에서 북한은 한국의 반공 정권들 및 이들과 정치경제적 동맹관계를 맺고 있는 미국에 의해 자유와 경제발전을 저해받아 왔던 희생자로 부각되어, 스스로 야기한 모든 문제들의 책임 추궁으로부터 사면받을 수 있었다. 즉, 좌파의 통일론은 한국의 근·현대사 해석과 분리가 불가능한 일체가 되어, 그 일방적 변화를 전제하는 통일이란 한국 좌파에게는 상상 불가능한, 즉 이들의 세계관의 붕괴와도 일치하게 된 것이다. 따라서 좌파의 평화통일론은 본질적으로 현 북한체제와의 평화적 관계를 의미하며, 이때 평화란 북한 주민의 바람직한 미래에 도움이 되는 주장이나 사실 판단이라도 현 북한 정권이 '위협' 혹은 모욕으로 간주하는 모든 '불편한 진실'을 스스로 억제·억압해야 한다는, 자기검열적 배려를 의미하게 되었다. 심지어 북한 인권에 대한 이중적 태도도 한 대선 후보의 공약으로 등장하였다.41) 이러한 '배려론'은 사소한 이유로 불편한 관계에 놓이게 된 이웃집 아저씨와 화해하기 위해서는 서로 상대방을 존중하고 협력해야 한다는, 일면 매우 상식적인 인간관계에 기초한 듯하다. 그러나 '화해·협력의 파트너'인 이웃집 아저씨가 극심한 가정폭력과 아동학대를 일삼고 있을 때 이웃에 대한 배려란 분명한 한계를 지녀야 하며, 또 그러한 이웃집과 삶의 공동체를 형성하는 것도 불가능하다.

---

41) 안철수 후보는 유엔의 북한인권결의안에는 찬성하되, 새누리당의 북한인권법 제정에는 반대한다는 것을 공약으로 내세웠다.

(2) 좌파의 평화통일론의 문제점

그렇다면 좌파의 평화통일론의 구체적 문제점은 무엇인가?

첫째, 좌파의 평화통일론은 자본주의와 사회주의 간의 종합이라는 거대담론으로 현존하는 북한의 참상을 외면하고 있다. 북한에는 그 존재 자체가 인간성에 대한 범죄를 의미하는 강제수용소가 존재하고 있다. 혹자는 한국의 어느 누구도 직접 강제수용소의 존재를 확인하지 못하였다고 주장하지만, 이미 '북한 정치범수용소'는[42] 물론 이른바 한번 들어가면 죽어서도 나오지 못하는 '완전통제구역'으로부터 탈출한 탈북자가 있다.[43] 또 이런 강제수용소보다 상대적으로 안락한 지옥, '노동단련대'나 '교화소'에서 탈출한 탈북자는 부지기수다. 히틀러의 파시즘을 즐겨 비판하고, 심지어 우파라면 기본적으로 파쇼적 자질을 의심하는 좌파에서 김정일 파시즘에 대하여 침묵하는 것은 단순히 논리적 모순이 아니라 과거 친일보다 더 나쁘며, 21세기 세계 최대의 거악에 대한 자발적 옹호행위이다. 왜냐하면 친일은 식민통치라는 압제하에서 일어났지만, 거악에 대한 침묵은 자유민주주의 한국에서 일어나고 있기 때문이다.

둘째, 통일에서 가장 중요한 것이 정치체제의 일치라는 점을 간과하고 있다. 현대 대중사회에서 정치체제란 국민의 의사표현과 의사실현 과정에 대한 규범적 틀로서 다른 모든 체제 문제에 선행하는 중요성을 갖고 있다. 왜냐하면 이러한 공동의 규범 없이는 갈등해소가 폭력화하기 쉽기 때문이다. 특히 좌파 통일론은 북한의 정치체제인 세습적 수령주의가 역사적 퇴행이며, 역사적 퇴행을 현재에 실현시키기

---

42) 강철환, 『수용소의 노래, 평양의 어항』, 시대정신, 2005.
43) 신동혁, 『세상 밖으로 나오다』, 북한인권정보센터, 2007.

위해서는 역시 퇴행적 주변 환경을 유인·강제해야 한다는 점을 간과하고 있다. 즉, 외부와의 정보차단과 현대사회에서 유례없는 개인숭배 등이 그것이며, 한국 내 종북주의가 바로 이런 퇴행적 현상이다.

셋째, 북한이 이미 사회주의 체제가 아니라는 점을 간과하고 있다. 배급제가 중단되고 국가의 경제기능이 붕괴된 상황에서 주요 생산수단이 국가에 속해 있다는 사실만으로는 사회주의 국가라고 간주할 수 없다. 그것은 조선시대의 토지가 국유지였다고 하여 사회주의 체제라고 부를 수 없는 것과 비슷하다. 문제는 북한이 다시 사회주의 통제경제로 돌아갈 수 있는 주변 환경도 없다는 점이다. 한반도에 영향을 주는 대륙세력이라고 볼 수 있는 중국과 러시아의 경제체제는 이미 사회주의 통제경제가 아니다. 즉, 과거 사회주의 형제국가들의 원조나 우호적 무역을 기대할 수 없지만, 외부의 원조 없이 북한식 사회주의의 미래도 없다.

넷째, 통일의 가치에 대한 성찰이 결여되어 있다. 이미 한국에서 당위적 통일론은 그 설득력을 상실하였으며, '흡수통일＝막대한 통일비용'이라는 등식으로 당위적 통일론의 퇴조에 일조한 것이 바로 한국의 좌파였다. 이제 남북한 국민들이 바람직하다고 생각할 수 있는 바른 통일을 제시하지 않는 한, 통일의 당위성은커녕 필요성조차도 설득할 수 없는 상황이 되었다. 물론 '통일의 바람직한 미래상'이란 몇몇 측면에서만 고찰될 수 있는 것은 아니며, 한반도 전체의 미래와 관련이 있는 만큼 많은 긍정적 요소를 포함하여야 한다. 그리고 이때 단순히 경제적 이해관계만이 고려될 수 없음도 분명하다. 그러나 어떤 통일의 미래상에도 수령주의식 폭정과 북한의 피폐한 '우리식 사회주의'가 들어올 가능성은 전혀 없다. 그것은 북한에서 한국으로 넘어오는 탈북민들의 수는 계속 증가하는 반면에, 한국에서 북한으로 이주하는 사람은 북한체제를 열렬히 옹호하는 좌파 집단에서조차 찾아볼 수가 없다는 점에서 명백히 드러난다.

바. 로드맵통일론 Ⅱ(분단균형 상실)

한국에서 분단의 균형 상태에서 나온 통일론으로는 현재 대한민국 정부의 공식적인 통일정책인 '한민족공동체 통일론'이 있다. '화해·협력－국가연합－통일'의 단계적 통일론이라고 부를 수도 있는 이 통일론의 전제는 상대방이 군사·경제·체제적으로 우리와 대등하다는 점을 전제한다. 이런 유의 통일론은 한국전쟁이 남북대치의 휴전으로 끝나 분단 상태가 오래 지속되리라는 전망에서 통일의 당위성을 잃지 않기 위해 나온 사실상의 '분단관리론'이다. 이 공식적 통일론은 북한의 수령세습체제가 낳은 참담한 현실로 인해 현 상황을 전혀 반영하지 못할뿐더러, 통일에 이르지도 못한다는 데에 문제점이 있다. 그 이유는 간단하다. 한국의 공식적 통일론은 원래 분단관리론이기 때문이다. 대한민국의 「헌법」 제4조에는 자유민주적 기본질서에 의한 통일이 명시되어 있지만, 대부분의 로드맵통일론은 도대체 어떤 체제로 통일을 할 것인지 그 종착점이 불투명한 것이 특징이다.

'한민족공동체 통일론'과는 달리 분단의 균형상태가 상실되었다는 사실판단하에 두 개의 통일론이 제기되고 있다. 그중 하나는 대략 다음과 같이 요약될 수 있다. 현재 북한경제는 외부의 도움 없이는 회생 불가능할 정도의 붕괴상태에 이르렀다. 그러나 북한을 흡수통일할 경우, 막대한 통일비용과 사회혼란을 해결할 능력을 한국은 갖고 있지 않다. 또한 북한을 즉각 흡수통일을 할 경우 교육 및 문화적 차이로 인해 북한 인민은 이등국민으로 전락하여 지속적인 인권침해로 이어질 것이다. 따라서 북한 당국이 개혁·개방을 한다는 전제하에 서로 독립적인 두 국가의 국가연합 상태에서 북한의 경제를 회생시킨 후에 자유민주주의-시장경제로의 통일을 해야 한다. 우리는 이 통일론을 '시장경제 국가연합 통일론'이라고 부를 수 있으며, 한국의 우파 진영에서도 상당히 호응을 얻고 있는 통일론이다.44)

이 통일론에서 통일 과정의 한 단계로서 '국가연합'이 상정되고 있다. 만일 북한 정권이 대결단을 내려 개혁개방을 시도하고, 어느 정도 일정기간 한국경제로의 종속을 감수하면서 경제재건을 이행하고, 나아가 자유민주주의 시장경제로의 체제전환을 내다본다면 '시장경제 국가연합 통일론'은 매우 합리적이다. 그러나 이런 희망은 현실적으로 실현가능성이 높지 않다. 왜냐하면 북한의 개혁개방은 사실상 북한의 수령세습주의 체제의 붕괴를 빠른 시일 내에 가져올 것이고, 이런 상황에서 질서 있고 정돈된 로드맵이 장기간에 걸쳐서 실현되리라고 보는 것은 매우 비현실적인 가정이기 때문이다. 또한 이 기간 중에 한국이 북한에 해줄 수 있는 것은 경제원조와 경제고문단의 파견일 뿐 그 이상은 일종의 내정간섭이 될 가능성이 농후하다. 뿐만 아니라 개혁개방하의 경제체제 운영에 노하우를 갖고 있지 못한 북한의 경우 크고 작은 시행착오가 빈발할 것이며, 무엇보다도 엄청난 부패가 시장경제화 자체를 부정적으로 만들 가능성이 농후하다. 나아가 북한이 경제적으로 회복되어 독자적인 체제유지가 가능해진다면, 북한의 지배층이 자신들의 안정적 위치를 부정할 수 있는 통일을 선

---

44) 김영환, 『김영환, 시대정신을 말하다』, 시대정신, 2012.

택할지도 의심스럽다. 사실 '국가연합'을 상정하는 단계적 통일론이란 기본적으로 체제경쟁과 분단유지를 전제로 한 것이다. 이 점은 '국가연합'을 전제하는 또 다른 통일론을 보면 명백히 알 수 있다.

분단 상황의 균형이 심각하게 상실되었다는 전제하에 한국의 좌파는 대략 다음과 같은 통일론을 상정하고 있다. 현재 북한 경제는 외부의 도움 없이는 회생할 수 없는 상태이다. 그러나 북한의 정치·사회 체제 전부가 붕괴되었다고 말할 수 없다. 다른 한편 북한을 개혁·개방할 경우 곧바로 자본주의 체제로 흡수될 수밖에 없으므로 개혁·개방을 해서는 안 된다. 북한의 지금 같은 경제파탄의 상황에서는 일단 남한과의 '국가연합'을 통해 분단유지와 동시에 남한을 조달기지로 확보하는 것이 필요하다. 국가연합의 분위기를 조성하기 위하여 한국 국민에게 흡수통일이 가져오는 천문학적 통일비용과 사회혼란을 강조할 필요가 있다. 그러나 한국 좌파의 국가연합 통일론의 궁극적 목표는 자유민주주의가 아니라, 자본주의 시장경제 체제의 붕괴를 전제로 하는 통일이다. 우리는 이러한 통일론을 '사회주의 국가연합 통일론'이라고 부를 수 있으며, 앞에서 본 바처럼 한국의 좌파 일각에서 주장하는 통일론이다. 이 통일론의 결정적 약점은 도덕적 기반이 전무하다는 것이다. 통일이란 그 어떤 이상주의자가 새로운 체제를 디자인하고 한반도에서 실험하는 사적 목적을 지닌 것이 아니다. 통일이란 현재 북한의 수령세습체제하에서 고통받는 참담한 북한 인민의 삶을 개선하고 한국의 100년 대계를 구축하는 역사적이며 공공의 대역사이다.

국가연합은 단계적 통일론자들이 생각하는 것처럼 부드럽게 지나갈 수 있는 통일여행의 한 정거장이 아니다. 북한의 붕괴상태 시에 '로드맵통일론'을 통해 사회혼란을 막고 통일비용을 줄이자는 생각은 근시안적인 발상이다. 남북의 체제경쟁은 외형적으로만 끝난 것으로 보일 뿐이다. 실제로 한국의 좌파들은 남한체제의 승리를 심정적으로 납득하지도 또 인정하지도 않고 있다. 만일 국가연합이 실행되면 소생의 기회를 얻은 북한 정권은 결코 개혁·개방을 결심하지 않을 것이며, 이 점을 놓고 한국에서 일어나는 체제 논쟁과 이념 투쟁은 현재의 이념갈등을 '평화로운 상태, 좋았던 옛 시절'로 기억하게 만들 만큼 격렬할 것이다. 통일의 가치논쟁을 깊이 파고들면 들수록 이 논쟁의 뿌리가 해방 후 대한민국의 건국을 놓고 벌어진 좌우익의 이념대결의 연장이라는 점이 분명해진다. 따라서 통일한국의 정체성을 놓고 벌어지는 이념논쟁의 강도는 과거보다 더욱 더 치열하게 내연(內燃)하고 있다고 보아야 한다. 왜냐하면 북한의 붕괴는 이들에게 북한의 패자부활전을 불가능하게 만드는 악몽이기 때문이다.

4. 가치지향적 통일론의 필요성

가. 한국현대사의 인식과 한반도 통일의 가치논쟁(Ⅱ)

(1) 좌파 통일론의 역사 인식 모순

우리는 서로 다른 체제 간의 통일이 장기적으로 여러 단계를 요구할 수 있음을 부정할 수는 없다. 실로 남북의 정치·경제·문화적 차이는 단기간에 극복되기 어려울 만큼 크며, 이 차이의 평화적 극복이 통일의 가장 중요한 과정이라는 점에 이의를 제기할 필요도 없다. 그러나 과거의 단계적 통일론에서는 좌우를 막론하고 '동일한 체제로의 지향'이 통일의 출발점이 아니라, 통일의 출구 혹은 미래 어느 단계에서 이루어질 것이라는 막연한 기대에 불과하였다. 자유민주주의 통일을 통일의 최종 목적으로 삼고 있는 사람들도, 평화통일을 위해서는 자유민주주의를 출발점으로 삼을 경우 북한 정권이 응하지 않을 것이라는 가정하에, 항상 '신뢰확보−경제협력−정치통일'이라는 그럴 듯한 로드맵통일론을 '통일의 표준주례사'로 채택하는 것에 만족하였다. 그러나 북한이 수령체제의 포기를 감내하지 않는 한 신뢰확보도 경제협력도 사실상 공염불임은 김대중·노무현 정부에서뿐 아니라 이명박 정부 기간 중에도 확실히 드러났다. 원래 어떤 체제도 붕괴되기 전에는 체제 전환의 필요성을 인식하지도 인정하지도 않기 마련이다. 유감스럽지만 이런 경향은 역사에서 너무나 많이 반복되었을뿐더러 어떤 면에서는 과거의 경험이 미래에도 계속 반복될 것이라고 믿는 인간의 본질적 한계에 기인하다고 볼 수 있다.

다른 한편 좌파 중에서 '통일민족주의'의 실현을 지상과제로 삼는 사람들은 해방과 분단, 한국전쟁 이후 양측의 체제 중에서 어느 쪽이 더 가치 있는지는 모르겠다는 입장을 취해 왔다. 여기서 좌파의 전략은 '체제'라는 용어를 일단 자의적으로 해석하고, 이런 바탕 위에서 자신들의 입장을 객관적, 학문적이라고 호도하는 방식을 취하고 있다. 그 대표적인 경우가 1970년 후반 이후『해방전후사의 인식』연작을 주도한 강만길 교수의 역사인식론이다.

> 폭력적인 분단극복방법론이 공공연하게 내세워지던 시기가 가고 비폭력적 방법론을 내세울 수밖에 없게 된 시점에 와서는 분단 극복을 위한 전제조건으로서의 분단체제 객관화의 지적(知的) 공간의 성립이 불가결했지만 분단체제들은 계속 모든 시각의 체제내화를 강요했고, 이 때문에 분단 극복을 위한 합리적 방법론을 도출하

기 위한 학문적 노력은 어디에서도 일어날 수 없었다.

요컨대 해방전후사의 인식에 있어서 가장 중요한 문제의 하나는 민족의 분단과정과 분단체제의 고정·강화 과정을 그 체제 밖에서 선 자세로 객관할 수 있는 역사의식을 얼마나 가질 수 있는가 하는 점에 있다 할 것이다. 다시 말하면 분단체제 내적 시각을 넘어서서 전체 민족적 시각에서 이 시기의 역사를 바라볼 수 있느냐 하는 문제이다. 그것은 곧 분단국가주의적 시각을 통일민족주의적 단계로 높일 수 있느냐 하는 문제인 것이다.[45)]

위 글에서 강만길 교수는 '분단체제들'이라는 복수를 사용하고 있음을 보아, 그것은 남북한의 체제를 의미한다고 볼 수 있다. 즉, 강만길 교수가 말하는 '객관적 역사의식'이란 남북의 체제를 객관적으로 볼 수 있는 메타체제적 공간이라고 할 수 있다. 그렇다면 강만길 교수는 남북한의 체제를 무엇으로 보고 있는가? 자유민주주의 대(對) 전체주의, 자본주의와 대(對) 공산(사회)주의? 혹은 이승만－박정희 독재 대(對) 김일성 독재로 보고 있는가? 해방 전후사의 객관적 인식을 위해서 남북의 체제를 밖에서 보아야 한다는 강만길 교수의 주장은 그럴듯하게 들리지만 실은 남북의 체제를 상대화시키고 이른바 그의 '통일민족주의'에 객관적 학문성의 외투를 입히기 위한 눈가림에 불과하다. 왜냐하면 해방전후사의 인식이든, 남북의 현실이든 그것을 학자의 눈으로 보기 위해서는 외적, 내적 사상의 자유가 필수적일 뿐, 체제 밖의 공간이 요구되는 것이 아니기 때문이다.

우리는 여기서 자유민주주의체제는 본질적으로 사상의 자유를 기본으로 하는 정치체제'라는 관점이 얼마나 중요한지 알 수 있다. 즉, 자유민주주의는 특정 이념이 아니라 여러 이념이 자유롭게 개진될

---

45) 강만길, 「해방전후사 인식의 방향」, 강만길·김광식 외 『해방전후사의 인식 2』, 한길사, 1985, 13쪽.

수 있는 틀이며, 자유민주주의 체제가 옳은지 그른지 하는 논쟁조차 바로 자유민주주의를 요구한다는 점에서, 사실상 객관적 학문성을 요구하는 그 어느 누구도 자유민주주의의 특별한 위치를 부정할 수는 없다. 이런 점에서 대한민국의 정체가 자유민주주의라는 점은 극히 중요한 위치를 차지할 수밖에 없다. 물론 강만길 교수는 대한민국이 제헌헌법부터 명시한 '자유민주적 기본질서'가 이승만—박정희 정권 하에서 제대로 실현되지 않았다고 비판할 수 있다. 그러나 우리가 대한민국의 정치체제를 이승만체제 혹은 박정희체제라고 부르지 않는다면, 문제 제기의 핵심은 체제를 넘어서는 것이 아니라 체제의 온전한 실현에 있다. 설사 1987년 민주화 이후의 대한민국 정치 상황을 '87체제'라고 규정하여 이전의 정치상황과 구별한다 하더라도, 87체제가 '자유민주주의' 내지는 '자유민주적 기본질서'의 실현에 있음을 비판할 수는 없다. 한마디로 학자, 정치가, 언론인 내지는 일반인이 어떤 주장을 하든 그는 자유민주주의라는 체제를 벗어날 수가 없다. 이런 점에서 한국의 좌파가 '자유민주주의'를 결코 인류사의 보편적인 가치로 인정하지 않고 일개 정치·경제이념으로 해석하여, 남북의 체제 비교를 '자유민주주의 對 전체주의'가 아니라 '자본주의 대(對) 사회주의'라고 내세우는 이유는 자명하다. 정치체제로서 자유민주주의를 부정할 경우 스스로 자가당착, 모순에 빠지기 때문이다.

(2) 좌파 통일 민족주의론의 허구성

강만길 교수는 자유민주주의라는 대한민국의 정치체제가 갖는 보편성과 북한의 시대착오적인 전체주의 체제 간의 가치비교를 피하기 위하여 '전체 민족적 시각'이라는 비학문적, 의사(擬似)이념을 도입하였다. 원래 민족주의란 그 자체로는 결코 가치를 창출할 수도, 가치판단의 기준도 될 수 없으며 항상 다른 가치에 의존적이다. 그것은 김氏, 이氏 등 우리의 성(姓)이 그 자체로 가치를 창출하지 못하는 것과 동일하다. 그러나 외세의 침입에 직면하거나 이미 그 가치가 확인된 사업을 위하여 민족구성원의 힘을 결집하기 위해서일 경우에 민족주의는 정당화될 수 있다. 왜냐하면 이런 경우의 민족주의는 '정당방위'와 같이 도덕적으로 정당한 규범에 의존하고 있기 때문이다. 그러나 이처럼 다른 가치에 의존하는 맥락을 벗어나 민족주의 자체를 가치로 도입하려는 경우, 민족주의는 항상 엄격한 정당화 과정을 거쳐야 한다. 예를 들어 침략전쟁에 민족의 힘을 집결시키려는 경우가 있다. 전쟁을 주동하는 자들은 동일한 언어, 문화, 역사를 갖고 있는 민족구성원끼리의 우호적 분위기가 타 민족에 대한 배타적 증오로 쉽게 바뀔 수 있다는 점을 이용한다. 실로 역사적으로 수많은 전쟁이 민족의 이름으로 정당화되었으나 그것은 개화되지 못한 인류의 순장사(殉葬史)에 속할 뿐이다. 그러나 불과 반세기 전인 20세기 중엽 히틀러 나치의 아리안족에 대한 신화와 군국주의 일본의 대화혼(大和魂)이 지식인에 의해 날조되어 독일과 일본의 국민을 전쟁에 쓸어 넣기 위해 이용된 것을 보면, 학문적 객관성 역시 민족주의라는 미개(未開)의 열정에 취약함을 알 수 있다. 그러나 일종의 정치적 편집증(political paranoia)이라고 할 수밖에 없는 열정의 허구성을 간파하기 위해서는 남북의 현실에 대한 상식으로도 충분하다.

따라서 강만길 교수, 백낙청 교수를 비롯한 한국의 통일민족주의자들이 북한체제의 존속을 전제로 하는 남북통일을 아무리 민족주의적 시각에서 정당화시키려 하더라도 북한의 현실을 비호하지 않으면

민족주의적 열정 역시 지속적일 수가 없었다. 여기서 한국의 좌파가 취한 전략은 '사적계보론(史的系譜論)'이라고 부를 수 있는 현대사의 보학(譜學)이다. 원래 족보를 따지는 행위의 특이성은 가문의 현실을 항상 정당화할 수 있다는 점에 있다. 보학적 관점에서는 김가네의 현실이 화려하다면 그것은 조상이 훌륭하기 때문이며, 김가네의 현실이 비참하다 해도 그것은 일시적일 뿐, 가문의 영광이 김가네의 미래를 보장한다고 말할 수 있다. 한국현대사에 좌파가 체계적으로 정리한 보학, 즉 역사 해석의 짙은 안경을 씌우는 이 작업을 통해 통일민족주의자들은 현실에 강력한 면역체계를 형성할 수 있었다. 한국의 좌파는 현대사와 북한의 현실에 대하여 세계좌파 역사에서 선례를 찾을 수 없을 정도의 창조적 '스토리텔링'을 시도하여 혁혁한 성과를 얻었다. 현대사—북한에 대한 스토리는 니체가 '가치의 근본적 전도'라고 불렀던 사건에 비견할 수 있을 만한 사건이었다.

> 저 승려민족(유태인)은, 자기네의 적과 압제자들에 대하여 오직 가치의 근본적 전도(顚倒)를 통해서만, 즉 **가장 정신적인 복수행위**를 통해서만 스스로에게 만족감을 부여할 수 있었다. 그리고 이것만이 승려민족에게, 저 음험한 승려적 복수심을 가지고 있는 민족에게 알맞은 일이었다. 저 유태인들은 경악할 만한 정합성을 가지고 귀족적 가치방정식(좋은＝고귀한＝힘찬＝아름다운＝행복한＝신의 사랑을 받는)에 대한 역전을 감행하고 가장 뿌리 깊은 증오(無力의 증오)의 이를 갈면서 이 역전을 고수한 것이다. 그리하여 말하노니, "불쌍한 자만이 선한 자다. 가난한 자, 힘없는 자, 비천한 자만이 선한 자다."[46)]

적에게 정신적으로 복수하기 위하여 니체가 언급한 '가치의 근본

---

46) Nietsche, F. W, *Genealogie der Moral, Erste Abhandlung*, § 7.

적 전도'에는 '경악할 만한 정합성(Folgerichtigkeit)'이 필요하였다. 한국의 좌파는 '해방전후사의 인식'에서부터 북한의 현재 모습 그리고 그들의 '남북연방/연합 통일론'에 이르기까지 잘 정리된 일관된 스토리를 완성하였다.[47) 현재 50대 중반에 이르는 한국의 지식인 중에서 직간접적으로 한국 좌파의 현대사 인식에 영향받지 않은 사람이 있을까?

〈표 2-3〉 좌 · 우파의 현대사 인식

대상	좌파	우파
대한민국	친일, 친미파에 의해 수립	단독정부수립 불가피
조선인민공화국	항일세력에 의해 친일파 청산	소련의 계획과 지도하에 수립
한국전쟁	(북침설, 내폭설, 유도설) 사회주의 통일전쟁	소련, 중공, 북한의 면밀 주도한 침략전쟁
남북체제	자본주의 vs 사회주의	자유민주주의 vs 전체주의
인권	북한인권문제: 미국의 위협으로 인한 불가피한 현상	한국인권문제: 과거 권위주의 시대 통치수단으로 남용, 북한인권문제와 비교 불가능
통일	남북연방/남북연합(6 · 15 선언)/제3의 길	자유민주주의 통일. 그러나 6 · 15 선언 이후 통일의 '가치지향성' 계속 약화
비판의 키워드	우파 = 독재 = 개발 = 전쟁, 좌파 = 민주 = 환경 = 평화/한미동맹해체	북한인권/북한핵/세습수령체제/종북주의

1979년 『해방전후사의 인식』의 첫 권이 출간되고 27년 만인 2006년 한국의 좌파민족주의 역사관을 비판한 『해방전후사의 재인식』 2권이 출간되어 세간의 관심을 끌었다.

---

47) 한국 좌파의 놀라운 특징 중의 하나가 바로 이 정합성을 지향하는 스토리텔링의 능력이다. 2008년 광우병 촛불시위, 2010년 천안함 폭침 때에도 한국의 좌파는 그럴싸한(정합적인) 사실 왜곡 능력을 발휘하였다. 스토리의 정합성은 망상체계의 특징이기도 하다. 망상환자를 논리적으로 설득하려는 시도가 대부분 실패하는 이유가 바로 망상체계의 논리적 정합성에 있다.

해전사(1979~1989)	구분	재인식(2006)
6권 58편	분량	2권 31편
일국사적 관점	관점	비교사적 관점
민족 지상주의, 민중혁명 필연론, 좌편향 운동사	역사관	탈민족주의·탈이데올로기 실증을 바탕으로 한 역사관
해방 직전부터 1950년대까지 연대별 분류없이 6권에 담음	연대별 분류	1930년대부터 1960년대까지 해방 전사를 다룬 1권과 해방 후사를 다룬 2군으로 분류
친일 대 반일/애국 대 매국/수탈과 핍박이라는 이분법적 구분	일제시대 및 친일파 문제	이분법으로 재단되지 않는 복잡하고 다층적인 이면 탐구
북한의 일제 청산은 완벽했다	일제 잔재 청산	남북한 모두 일제와의 단절보다는 연속이 해방 전후사를 지배했다
이승만과 미군정에 분단과 한국전쟁 책임이 있다	분단과 한국전	미소 냉전에서 승리하기 위한 스탈린의 세계 전략에 기인한 것
지주제가 온존했고 영세 농민만 만들어냈다	농지개혁	농지 개혁의 성공 덕분에 남침한 북한군이 기대했던 남한내 민중 봉기는 일어나지 않았다
분단에 앞장, 장기 집권, 민중의 심판	이승만 정권	한미방위조약, 수입대체산업화라는 목적을 설정하고 그것을 위해 기회와 지원을 최대한 활용
외세에 좌우된 어둡고 정체된 시기	1950년대	의회정치와 정당정치를 확립하고 민주주의·국민교육을 확대하는 등 나름의 진보가 이루어지고 있었다

자료: ≪조선일보≫, 2006.2.8.

〈그림 2-1〉 해전사 재인식의 중요 차이점

실제로 한국전쟁의 기원, 남북한의 체제비교, 북한인권 등에 대해서는 더 언급할 필요가 없을 만큼 충분한 역사적 자료와 사실이 확인되었다. 다만 대한민국과 조선인민공화국이 출발할 때의 차이점을 북한의 경우 친일파 청산이 제대로 된 반면에 한국의 경우에는 친일세력이 득세한 것으로 보는 시각이 아직도 널리 퍼져 있을 뿐이다. 이 점에 대해서는 정치학자 김학준이 제시한 다음의 자료가 결정적으로 답하고 있다.[48)

〈표 2-4〉 남북한 초대 내각의 인적 구성

▲ 대한민국 초대 내각 주요 독립인사 (괄호 안은 일제시대 경력)	▲ 대한민국 초대 내각 및 국회
· 대통령: 이승만(李承晩, 상해임시정부 초대 대통령) · 부통령: 이시영(李始榮, 상해임시정부 내무총장) · 국회의장: 신익희(申翼熙, 상해임시정부 내무총장) · 대법원장: 김병로(金炳魯, 항일변호사) · 국방장관: 이범석(李範奭, 광복군 참모장) · 무임소장관: 이윤영(李允榮, 국내항일) · 무임소장관: 이청천(李靑天 광복군 총사령관) · 외무장관: 장택상(張澤相, 청구구락부 사건) · 내무장관: 윤치영(尹致暎, 홍업구락부 사건) · 법무장관: 이　인(李仁, 항일변호사, 한글학회 사건) · 재무장관: 김도연(金度演, 2·8독립 사건) · 상공장관: 임영신(任永信, 독립운동가/교육가) · 문교장관: 안호상(安浩相, 항일교육) · 사회장관: 전진한(錢鎭漢, 국내항일) · 체신장관: 윤석구(尹錫龜, 국내항일, 6·25전쟁 중 인민군에게 총살됨) · 교통장관: 민희식(閔熙植, 재미항일) · 총무처장: 김병연(국내항일) · 기획처장: 이순탁(국내항일) · 공보처장: 김동성(국내항일)	· 대통령: 이승만(李承晩)<상해임시정부 초대 대통령> · 부통령: 이시영(李始榮)<임시정부 재무총장> · 국회의장: 신익희(申翼熙)<임시정부 내무총장> · 대법원장: 김병로(金炳魯)<抗日변호사> · 국무총리: 이범석(李範奭)<광복군 참모장> · 외무장관: 장택상(張澤相)<청구구락부 사건으로 투옥> · 내무장관: 윤치영(尹致暎)<홍업구락부 사건으로 투옥> · 재무장관: 김도연(金度演)<2·8독립선언 투옥> · 법부장관: 이　인(李仁)<抗日 변호사> · 국방장관: 이범석(李範奭) 겸임 · 문교장관: 안호상(安浩相)<철학교수> · 농림장관: 조봉암(曺奉岩)<공산당 간부, 사형> · 상공장관: 임영신(任永信)<독립운동, 교육가> · 사회장관: 전진한(錢鎭漢)<抗日 노동운동가> · 교통장관: 민희식(閔熙植)<철도교통 전문가> · 체신장관: 윤석구(尹錫龜)<교육 사회운동가> · 무임소장관: 이청천(李靑天)<광복군 총사령관> · 무임소장관: 이윤영(李允榮)<항일 기독교 목사 · 국회부의장: 김동원(金東元)<수양동우회 사건으로 투옥> · 국회부의장: 김약수(金若水)<사회주의 독립운동> 이상 19명은 거의 전부가 독립운동을 한 사람이다. 친일파는 한 사람도 없다. 다만, 친일(親日) 경찰 출신들을 중용하여 공산주의자들을 수사하도록 했는데, 이들이 정치사찰까지 하는 바람에 독립운동가 출신들을 조사하는 사태가 일어나곤 했다.
▲ 김일성 내각 주요 친일인사 (괄호 안은 일제시대 경력)	▲ 조선민주주의 인민 공화국의 초대 내각 명단
· 김영주: 북한 부주석, 당시 서열 2위, 김일성 동생(헌병보조원) · 장헌근: 북한 임시 인민위원회 사법부장, 당시 서열 10위(중추원 참의) · 강양욱: 북한 인민위원회 상임위원장, 당시 서열 11위(도의원)	· 수상: 김일성(金日成) · 부수상(외무상 겸임): 박헌영(朴憲永)<처형> · 부수상(산업상 겸임): 김　책(金策) · 부수상: 홍명희(洪命熹) · 내무상: 박일우(朴一禹)<숙청> · 민족보위상: 최용건(崔庸健)

<hr>

48) 김학준, "이승만 내각은 독립투사 내각/北 초대내각, 스탈린과 소련군이 짰다", ≪뉴데일리≫, 2011.7.19, http://www.newdaily.co.kr/news/article.html?no=86344(2012.11.4).

- 정국은: 북한 문화선전성 부부상(아사히신문 서울지국 기자)
- 김정제: 북한 보위성 부상(양주군수)
- 조일명: 북한 문화선전성 부상(친일단체 '대화숙' 출신, 학도병 지원유세 주도)
- 홍명희: 북한 부수상(임전대책협의회 가입 활동)
- 이 활: 북한군 초대공군 사령관(일본군 나고야항공학교 정예 출신)
- 허민국: 북한 인민군 9사단장(일본군 나고야항공학교 정예 출신)
- 강치우: 북한 인민군 기술 부사단장(일본군 나고야항공학교 정예 출신)
- 김달삼: 조선노동당 4·3사건 주동자(소위)
- 박팔양: 북한 노동신문 창간발기인, 노동신문 편집부장(만선일보 편집부장)
- 한낙규: 북한 김일성대학교 교수(검찰총장)
- 정준택: 북한 행정10국 산업국장(광산지배인 출신, 일본군복무)
- 한희진: 북한 임시인민위원회 교통국장(함흥철도 국장)
- 이승엽: 남로당 서열 2위, 월북 후 빨치산 유격투쟁 지도 (식량수탈기관 '식량영단' 이사)

- 재정상: 최창익(崔昌益)<처형>
- 사법상: 이승엽(李承燁)<처형>
- 상업상: 장시우(張時雨)<처형>
- 교통상: 주영하(朱寧夏)<처형>
- 노동상: 허성택(許成澤)<처형>
- 국가검열상: 김원봉(金元鳳)
- 도시경영상: 이 용(李鏞)
- 교육상: 백남운(白南雲)
- 문화선전상: 허정숙(許貞淑)
- 농림상: 박문규(朴文圭)
- 보건상: 이병남(李炳南)
- 보위성부상: 김무정<처형>
- 최고회의 의장: 허 헌(許憲)
- 최고회의 상임위원장: 김두봉(金枓奉)<숙청>

이상 20명 중 10명이 사형되거나 정치범 수용소에서 사라졌다. 비명횡사(非命橫死) 내각인 셈이다.

그러나 한 국가의 정당성은 건국에 참여한 인사들의 출신성분에만 있는 것이 아니다. 근대국가가 시민계약의 산물이라는 점을 고려할 때, 궁극적으로 한 국가의 정당성은 국민의 생존권과 인권 보장에 있다고 할 수 있다. 여기서 경제개발을 통한 생존권의 보장과 함께 인권보장의 가장 중요한 전제조건이 사상의 자유를 기반으로 하는 자유민주주의 정치체제라는 점은, 자유민주주의가 '인권침해', '인권보장', '인권확산'에 대해서 자유롭게 이야기할 수 있는 틀이기 때문이다. 신생국의 경우 출발부터 경제개발에 성공한 경우도 극히 드물지만, 헌법에 자유민주적 기존질서가 명시되어 있다고 하여 정치적 현실이 완전한 자유민주주의에 부합하지 않을 수 있음은, 서구에서 민주주의의 정착에 오랜 시간이 걸렸다는 점은 차치하고, 지난 60여 년

간의 우리의 경험에 비추어 보아도 명백하다.

시민적 자유로 구성된 자유민주주의 제도의 온전한 실현에는 정치·경제·문화 분야의 인프라 및 높은 수준의 시민의식이 요구된다. 왜냐하면 시민적 자유는 권리라는 점에서 사회적 개념이고, 제반 권리의 실현은 '잘 작동하는 사회', 즉 사회적 인프라를 전제로 하기 때문이다.49) 바꿔 말해 1948년 대한민국이 건국되었을 때 곧바로 높은 수준의 자유민주주의가 실현될 수는 없었다. 이런 사회적 인프라의 결여 이외에도 권위주의적 지도자가 국가와 국민을 바라보는 관점 역시 온전한 자유민주주의와는 상당한 거리가 있었다. 그럼에도 불구하고 대한민국이 자유민주주의를 정체로 선택한 것은 이후 한국의 발전에 기초가 되었다. 설사 자유민주주의가 명목적으로 시작하였다 하더라도 사회적 기반이 확충됨에 따라 자유민주주의는 더 충실히 실현될 수 있는 가능성을 내적으로 갖고 있기 때문이다.

이승만의 제1공화국은 신생 대한민국의 정체를 자유민주주의로 확정하고, 김일성의 남침에 의한 한국전쟁을 유엔과 함께 저지하였으며, 전후 한미방위조약을 통해 불안하였던 안보를 확보하는 등, 한국의 정치·외교의 기초를 놓았다. 그러나 부패한 자유당 정권은 권력과 부를 과점하고 선거를 희화화(戱畵化)함으로써 4·19혁명의 원인을 제공하였다. 중요한 점은 '국부(國父)' 이승만을 권좌에서 축출한 4·19혁명을 통해, 건국 후 지속적으로 성장한 한국 지식인의 민주주의에 대한 의식이 표출되었다는 점이다. 다른 한편 군사혁명으로 집권한 박정희

---

49) 이런 점에서 로빈슨 크루소의 자유와 시민적 자유는 피상적으로 '나의 행위를 제한하는 장애가 없는 상태'라는 점에서 동일하다고 보일지 몰라도 전자는 '인간사회의 부재'에 의해, 후자는 '나의 행위를 허용하는 사회의 각종 인프라'에 의해 지지되고 있다. 인간이 자신의 권리를 인식하는 경우는 두 가지다. 첫째, 자신의 권리를 바탕으로 행위를 계획할 때, 둘째, 잘 행사되던 자신의 권리가 침해받았을 경우이다.

정권은 유신헌법의 제정으로 한국의 헌정민주주의의 중단을 가져왔
다. 그러나 그의 집권기간 중에 정부 주도하의 자유시장경제화라는
산업화는 비교적 짧은 기간 내에 한국을 극빈국가에서 중산층의 두
터운 형성을 가져온 개발도상국으로 만들었다. 1987년 전두환 정권
말기 중산층 시민계급이 주도한 민주화는 건국 후 약 40년간 불완전
한 상태였던 자유민주주의가 정치·경제·문화적 인프라를 구축하
면서 온전한 자유민주주의로의 도약을 의미한다. 이런 점에서 이승만
이나 박정희 정권은 모두 자유민주주의를 침해하면서 동시에 그 토
대를 마련하였다는 이중적 성격을 지니고 있었으며, 그로 인해 자신
의 정치적 몰락, 혹은 죽음을 앞당겼다고 볼 수 있다. 따라서 한 국가
의 정당성은 단순히 그 국가의 기원에 있는 것이 아니라, 자유민주적
기본질서를 정치체제로 선택하고, 이 질서의 실현을 위한 제반 여건
이 개발되고 있는지 여부와 또 이를 통해 실현될 수 있는 인권 영역
의 확대를 통해 계속 확인되어야 한다. 다만 자유민주주의의 실현은
대부분의 국가에서 직선적인 길을 통해서가 아니라 우회로를 통했다
는 점을 이해할 필요가 있다. 바꿔 말해 대한민국의 기원을 친일파와
연계시킴으로써 그 정당성을 부정하려는 한국 좌파의 역사인식은 사
실의 객관적 파악에서 실패했을 뿐 아니라, 국가의 정당성이 확보되
는 우회적 혹은 변증법적 과정에 대한 편협한 이해에 근거한 것이다.

(3) 통일 후 체제 문제를 무시한 한국 좌파

특히 한국 좌파의 통일론은, 강만길 교수의 '통일민족주의'라는 용
어에서 드러나듯이, 한국현대사의 인식으로부터 북한의 현 체제에 대
한 가치 판단과 서로 분리될 수 없는 하나의 정합적 전체를 이루고

있다. 물론 우리가 주장하는 자유민주주의 통일론 역시 한국현대사 및 북한체제에 대한 가치 판단과 분리될 수 없다. 문제는 한국 내에서 통일론을 두고 일어나는 좌우의 논쟁이 결코 통일의 방법론적 차원이 아니라, 대한민국의 정체성과 존재 의미 자체를 놓고 벌어지는 거대한 이념투쟁의 한 현상이라는 점이다. 이 점은 한국의 좌파가 대한민국이나 조선인민공화국의 현 상태를 반(半)건국으로 보고, 통일을 완전한 건국으로 파악하고 있다는 점에서 더욱 두드러진다. 그러나 1948년 남북이 각각 분단국가를 수립하고 60여 년이 지난 지금, 한국과 북한의 상태는 극과 극을 이루고 있다.

> 2008년 영국 경제·시사주간지 『이코노미스트(The Economist)』의 산하 연구기관인 EIU(The Economist Intelligence Unit)는 한국을 '완전한 민주주의국가(Full democracies)'에 속한, 아시아에서 가장 민주화된 국가로 평가하였다. 2011년에도 한국(8.06)은 22위로서 완전한 민주주의 국가군에 속했으나, 아시아에서는 21위 일본(8.08) 다음으로 평가되었다. 1위는 노르웨이(9.80)이며 독일(8.34) 14위, 영국(8.16) 18위, 미국(8.11) 19위이다. 26위부터 '흠 있는 민주주의 국가(Flawed democracies)'로서 프랑스, 이태리, 그리스, 이스라엘, 대만 등이 여기에 속한다. 중국(3.14)은 141위로서 '권위주의정권국가(Authoritarian regimes)'에 속하며 북한(1.08)은 167개국 중 단독 167위로 평가되었다.[50]

남북 간의 삶의 상황이 극과 극인 상황에서 한국의 좌파는 통일 후의 체제문제를 통일의 방법과 과정론으로 우회하였다. 그것이 "나라의 통일을 위한 남측의 연합제 안과 북측의 낮은 단계의 연방제 안이 서로 공통성이 있다고 인정하고 앞으로 이 방향에서 통일을 지향하

---

50) *Democracy index 2011, Democracy under stress*, the Economist Intelligence Unit, 2011, http://pages. eiu.com/rs/eiu2/images/EIU_Democracy_Index_Dec2011.pdf(2012.11.5).

기로 합의한다"는 2000년 김대중·김정일의 6·15 선언 제2항이다. 이 합의에 대해서 김대중 전 대통령은 국무회의에서 합의의 배경을 다음과 같이 설명하였다.

> 그쪽에서 계속 통일을 얘기하면서 연방제를 주장하는데 연방제는 군사와 외교권을 중앙정부가 갖고 內政은 지방정부가 갖는 것이다. 그런데 현실적으로 남북관계에서는 이것이 불가능하다. 그래서 내가 오랫동안 구상해 온 세 가지 통일방안에 대해 설명했다. 1단계는 남북연합, 2단계는 연방, 3단계가 통일인데 1단계는 현재대로 가는 것이다. 현재대로 가면서 남북 양쪽에서 정부 대표가 나와서 대표회의, 각료회의, 국회는 국회회의를 하고 의제를 만장일치로 합의하는 것이다. 상시적으로 이것을 운영하는 것이다. 그래서 운영이 잘 되면 미국식 연방제처럼 군사·외교권은 중앙정부가 갖고 내정은 지방정부가 갖는 것이다. 그래서 잘되면 우리의 원대로 단일 통일 국가로 가는 것이다. 시간이 걸리지만 확실하게 어느 쪽도 겁을 내거나 걱정하지 않고 이루어 가는 방안이다. 이런 방안에서 서로 의견을 맞출 필요가 있다고 말했다. 金正日 위원장이 배석한 김용순 비서와 한참 얘기 끝에 낮은 수준의 연방 얘기가 나왔다. 그것은 내용적으로 연합제와 같은 얘기다. 그래서 접점이 나오기 시작했다. 이것이 실제로 이번 합의 중에서 가장 역사적이고 분단 55년의 과제인 통일방안에 의견을 접근한 의미 있는 합의다.[51]

김대중 전 대통령은 남북연합이나 남북연방의 '운영이 잘 되면' 다음 단계로 넘어갈 수 있다고 기술하고 있으나 그가 통일에서 가장 중요한 문제가 통일 후의 체제임을 모를 리는 없다. 물론 햇볕주의자들은 남북이 각자의 체제를 고집하는 한 통일에의 길에 진입조차 할 수 없다고 주장할 것이다. 그러나 분단 상황하에서 평화유지를 위해 남

---

51) 2000.6.16 오전 국무회의 브리핑. 조갑제의 "6·15선언 제2항은 무허가 통일방안에 의한 「국가 正體性의 變造」 企圖?"에서 재인용(『月刊 朝鮮』, 2002년 7월호). https://monthly.chosun.com/client/news/viw.asp?nNewsNumb=200207100038&ctcd=&cpage=8(2012.11.5).

북의 체제를 서로 현실적으로 인정하는 것과 통일된 국가가 어떤 체제를 선택할 것인지는 전혀 다른 문제이다. 전자가 존재의 문제라면 후자는 가치의 문제이기 때문이다. 한국 좌파의 통일론은 존재의 문제와 가치의 문제를 혼합하여 통일의 과정은 물론 그 최종 지향점을 뿌옇게 만들었다.

> 여기서 대한민국 헌법 전문(前文)과 제4조에 거듭 나오는 '자유민주적 기본질서'에 대해 생각해 본다. 박세일 교수는 이를 '자유 민주주의적 기본질서'로 옮겨 적고 있는데 이는 헌법의 '자유민주적 기본질서'를 '자유민주주의'로 좁혀 버릴 위험이 있다. 누구나 인정하겠지만 대한민국은 자유민주주의뿐 아니라 사회민주주의, 심지어 사회주의도 원칙상 용인하는 국가다. (…)
>
> 아무튼 국가연합제와의 공통성을 전제로 '낮은 단계의 연방제'를 선언문에 포함시킨 것이 헌법위반일 수 없다. 오히려, "대통령은 조국의 평화적 통일을 위한 성실한 의무를 진다"는 「헌법」 66조 3항의 이행이므로, '헌법 불일치'조차 아니다. 만약에 대한민국 헌법의 '자유민주적 기본질서'를 수용하겠다는 명시적 선언을 평양 당국으로부터 받아내지 않고도 북측을 평화통일을 위한 교섭의 대상으로 인정하고 합의문을 산출한 것 자체가 위헌 내지 헌법일탈이라면, 이를 가장 먼저 저지른 사람은 7·4 공동성명 발표를 지휘한 박정희 대통령이요, 다음으로는 남북기본합의서를 체결한 노태우 대통령을 꼽아야 할 것이다. (…)
>
> 6·15선언 제2항의 합의가 이처럼 대한민국의 '자유민주적 기본질서'에 충실한 국가연합에 대한 합의요, 헌법상 대통령의 평화통일 노력의무의 수행임을 인정한다면 대통령의 독단적인 행위라는 비난도 설득력을 잃는다.[52]

우리는 앞에서 자유민주주의와 자유민주적 기본질서를 동의어로 사용하기로 하면서, 이를 특정 이념이 아니라 여러 이념이 자유롭게

---

52) 백낙청, 「'포용정책 2.0'을 향하여」, 『창작과비평』, 2010년 봄호, 80~81쪽.

개진될 수 있는 정치의 틀, 정치체제임을 밝혔다. 따라서 자유민주주의 내지는 자유민주적 기본질서는 사회민주주의, 사회주의와 같은 정치·경제이념과는 동일한 차원의 개념이 아니다. 그러나 이 문제와 관련된 논란은 개념정의와 관련되므로 원칙적으로 합의와 해결이 가능하다. 다른 한편 1972년의 7·4 공동성명의 '조국통일 3대 원칙'에는 백낙청 교수의 주장처럼 '자유민주적 기본질서'에 대한 명시적 언급이 없으며, 또 1992년 발효된, 그러나 북한이 2009년 1월 30일 조국평화통일위원회를 통해 일방적으로 파기한 남북기본합의서의 내용도 7·4 공동성명의 조국통일 3대 원칙을 재확인하고 있을 뿐 '자유민주적 기본질서'에 대한 언급은 없다.

① 통일은 외세에 의존하거나 외세의 간섭을 받음이 없이 자주적으로 해결하여야 한다.
② 통일은 서로 상대방을 반대하는 무력행사에 의거하지 않고 평화적 방법으로 실현해야 한다.
③ 사상과 이념, 제도의 차이를 초월하여 우선 하나의 민족으로서 민족적 대단결을 도모하여야 한다.

그러나 백낙청 교수는 7·4 공동성명이 발표된 당시의 맥락을 전혀 고려하지 않고 있다. 당시 냉전체제하의 남북한의 팽팽한 대립의 정세로 보아, 조국통일 3대 원칙에 통일체제에 대한 언급이 전혀 없지만, 한국이나 북한 모두 자신의 체제를 통일 후의 체제로 상정하고 있음을 부정할 수는 없다. 바로 그런 이유로 당시 박정희 정부의 7·4 공동성명을 헌법 위반으로 보는 사람도 있을 수가 없었다. 사실 7·4 공동성명은 남북 간의 체제경쟁의 도정에서 생겨난 전술적인 합의였을 뿐이었다. 실제로 북한은 7·4 공동성명을 통해 한국을 내부에서

와해시키는 데에 유리한 환경의 조성을 노리고 있었다.

> 언론에 따르면, 최근 미국 우드로윌슨센터 '북한국제문서연구사업
> (NKDP)프로젝트팀'은 북한 대학원 대학교와 7·4 남북공동성명
> 이후 상황이 기록된 외교문서를 공동 발굴했다. 발굴된 외교문서에
> 는 남북이 7·4 남북공동성명을 발표한 이듬해인 1973년 3월 8일
> 당시 루마니아 니콜라이 차우세스쿠 국가평의회 의장을 예방했던
> 전 김동규 북한 조선노동당 비서의 발언내용이 기록되어 있다. 문
> 서기록에 따르면 당시 김동규 비서는 북한이 1971년부터 대남한
> 대화공세를 강화하기 시작했으며 그를 통해 남한에 북한으로부터
> 의 (혁명적) 영향력을 확산시키고 이로써 남한 당국을 내·외로 고
> 립시켜 혼란으로 몰아넣고 있다고 발언했다. 그는 또 남한과의 대
> 화를 통해 중요한 승리를 거뒀다고 자평하는 한편 남한 혁명가들
> 이 지하에서 활동을 전개해 나갈 때 현재 상황은 이전에 비해 북한
> 에 대해 훨씬 우호적이라고도 말했다. 이와 함께 남북공동조절위원
> 회와 남북적십자대화 등 대화채널에 남한 노동자·농민·학생·지
> 식인·야당세력 등 북한에 동정적인 세력의 참여를 유도하고 있다
> 는 취지의 내용도 언급했다.[53]

(4) 북한에 다양한 정치체계가 가능할까?

문제는 왜 백낙청 교수가 "6·15 선언 제2항의 합의가 이처럼 대한
민국의 '자유민주적 기본질서'에 충실한 국가연합에 대한 합의"라는
주장을 했느냐는 점이다. 우선 이 합의가 통일 후의 체제를 '자유민
주적 기본질서'로 김대중·김정일 회담에서 합의했다는 것이 아님은
명백하다. 또한 국가연합이 본질적으로 두 개의 국가의 연합이라는
점에서 한국의 정체를 굳이 북한에 요구할 필요가 없다는 점이라면,
'충실한'이라는 표현을 사용할 필요도 없다. 그렇다면 백낙청 교수의

---

53) 유관희 기자, "七四南北共同聲明의 진실", 북한전략정보서비스센터(NKSIS), 2012.7.12, http://www.nksi
s.com/bbs/board.php?bo_table=d01&wr_id=25(2012.11.5).

위 주장은 북한의 체제가 '자유민주적 기본질서'와 상충되지 않는다는 것일 수밖에 없다. 우선 "대한민국은 심지어 사회주의도 원칙상 용인한다"라는 백 교수의 주장은 물론 옳다. 그렇다면 그는 북한체제가 사회주의라고 보고, 따라서 대한민국의 정체인 자유민주적 기본질서와 모순되지 않는다고 보는 것일까? 북한 헌법 서문에 "조선민주주의인민공화국은 위대한 수령 김일성 동지의 사상과 령도를 구현한 주체의 사회주의 조국이다"라고, 제1장 제1조에 "조선민주주의인민공화국은 전체 조선인민의 리익을 대표하는 자주적인 사회주의 국가이다"라고 되어 있기에 북한의 체제가 사회주의라고 말할 수 있을까?

여기서 우리는 다시 한번 정치체제와 정치이념을 구분하는 것이 얼마나 중요한지 알 수 있다. 대한민국의 자유민주적 기본질서가 사회주의를 포용할 수 있다는 말은 전자는 사상의 자유를 핵심으로 하는 정치체제이고 후자는 수많은 정치·경제이념 중의 하나이기 때문이다. 따라서 우리가 '북한의 정치체제가 무엇인가?'라는 질문을 할 때는 단순히 정치이념으로서 사회주의국가 여부가 아니라 북한에 다양한 이념이 개진 가능한 정치체제가 있는지를 묻는 것이다. 북한에 대외홍보용 유사정당이 아무리 많더라도 사상의 자유가 있다는 것은 말장난이 아니라면 사실이 아니다. 이런 점에서 북한체제는 '사회주의'에 방점이 있는 것이 아니라, '위대한 수령 김일성 동지의 사상과 령도를 구현한다'라는 수령주의에 있다고 보아야 한다. 그러나 북한의 정치체제는 김일성·김정일주의 이외에는 전혀 용납을 하지 않는, 심지어 아무런 정치이념도 갖지 않는 것도 용인하지 않는다. 따라서 백낙청 교수의 "6·15선언 제2항의 합의가 이처럼 대한민국의 '자유민주적 기본질서'에 충실한 국가연합에 대한 합의"라는 표현은, 통일이 지향하는 체제와 연관시킨다면 언어와 논리의 지식인적 곡예 없이는 이해할 수 없다. 이 점은 '완전한 민주주의 국가인 한국'과 '민주주의 정도가 세계 최하인 북한'의 정치체제 간에 정합성을 찾으려는 시도가 갖는 필연적 귀결이며, 한국 좌파의 통일론이 피할 수도 해결할 수도 없는, 따라서 호도할 수밖에 없는 문제이다.

그렇다면 이처럼 서로 본질적으로 차이가 있는 남북의 현실을 두고, 북한의 체제를 통일 후에 부정되어야 할 현실로 본다면 어떻게 평화통일의 길을 갈 수 있을까? 우선 통일의 길이 24시간 365일 항시 진행되어야만 하는 '현재진행형'도 아니고 남북 간의 교류가 잦아지면 언젠가는 통일이 될 것이라는 '기능주의적 접근'을 신조로 삼아서도 안 된다. 한국의 대북정책은 북한에 인도주의적 지원을 통해 인간 참상을 방지하되 북한의 무력도발을 응징할 줄 알아야 하고, 북한과 경제협력을 하되 북한이 개혁개방을 스스로 결단하지 않는 한 그 효과를 과장해서는 안 되며, 한국의 통일정책은 북한에 자유민주주의 통일의 필요성을 설득하되 기다릴 줄 알아야 하며, 북한의 급변사태를 기대하지 않되 그런 급변사태의 필연성을 충분히 인식하고 대비해야 한다. 이것은 남북주민 모두의 생존을 위해 한국이 취할 수밖에 없는 입장이다. 그렇지 않고 비(非)자유민주주의, 반(反)시장경제로 통일체제를 모호하게 표류시킨다면 한국이 지난 60년간 이룩한 성과를 무화(無化)시키고 이어 한반도 전체를 이념갈등의 연옥(煉獄)으로 만들 것이 분명하다.

(5) 통일 기도문이 된 6·15 선언과 10·4 선언

6·15 선언 이후 한국의 좌파는 '남북연합/남북연방'이라는 '통일

방안’을 통해 ‘통일 후의 체제 문제’를 우회하고 있는 6·15 선언을 통일의 기도문으로 외우게 되었다. 즉, 남북이 서로를 평화통일의 파트너로 생각하는 한 상대방 체제를 인정하지 않을 수 없으며, 상대방 체제를 인정하면서도 통일을 하려면 남북연합이나 남북연방의 과정을 거치지 않을 수 없다는, 일견 매우 논리적인 방안을 제시한 것이다. 여기에 북한의 쇠락(衰落)한 경제를 지원하여 남북 간의 경제 격차를 줄여야 통일비용이 줄게 된다는 명분하에 막대한 지원을 약속한 노무현·김정일의 10·4 선언 역시 통일의 기도문에 포함되었다. 6·15 선언과 10·4 선언에 대한 무조건적인 지지를 표방하고 있다는 점에서는 종북좌파나 민주통합당이나 조금도 차이가 없다. 그리고 지난 10년 좌파의 통일론은 통일비용 부담을 꺼리는 대다수 국민의 심정에 부합하여 폭넓은 지지를 얻게 되었다. 이처럼 대중사회의 정서적 흐름에 힘입어 6·15 선언의 영향은 통일방안이라는 방법론적 차원을 넘어 한국이 ‘자유민주주의 통일’을 주장하는 것은 평화통일을 부정하는 것이라는 관점으로까지 확대되었다. 2008년 11월 이명박 대통령이 미국을 방문한 자리에서 발표한 “자유민주주의 체제하에서 통일하는 것이 최종 목표”라는 통일체제론에 대해서 북한의 조국평화통일위원회 대변인은 “자유민주주의 체제하의 통일이란 흡수통일이며, 북침 전쟁을 일으키겠다는 것과 다름없다. 이러한 반민족적 범죄행위에 대해서 단호하게 대처하겠다”고 으름장을 놓았다.

북한 정권의 협박을 추인하듯 한국 사회에서 통일체제론은 이제 관심의 영역에서 점차 멀어지고 있다. 한국의 좌파는 이명박 정부를 서슴없이 독재정권이라고 비판하면서도 북한체제 문제, 북한인권 개선 그리고 북한의 세습정권을 비판하는 것은 대북강경주의이자 전쟁

불사주의이며 심지어는 '전체주의적 사상 검증'이라는 비판을 주저 없이 하고 있다. 결국 '북한과 친하게 지내는 것'은 북한의 도발을 막기 위해서나 평화통일을 위해서 반드시 필요하며, 이를 반대하는 자들은 흡수통일주의 내지는 분단의 영구화를 획책하는 수구집단이라고 매도되었다. 이런 분위기에서 '자유민주주의 통일'이라는 말 자체도 그 아우라(Aura)를 잃어버리고, 전쟁세대의 전유물로 치부하는 경향이 농후하게 되었다.

결국 지난 60여 년간 대한민국의 정체성을 부정하려는 한국 좌파의 노력은 적어도 통일론에서는 성과를 얻었다고 할 수 있다. 그 원인으로는 한국 사회 특유의 쏠림현상, 세대 간의 주요 관심의 차이도 일정 역할을 하였지만, 한국의 우파 정당의 역사인식 부족이 결정적이었다. 한국의 우파는 산업화와 민주화가 이루어진 이상 서구사회처럼 자유시장주의와 사회민주주의 간에 선의의 경쟁이 가능하며, 이때 자유민주주의라는 정치체제는 모든 정파가 당연히 인정할 것이라고 믿었다. 그러니 한국의 우파 정치인들 대부분은 통일론을 놓고 벌어지는 논쟁이 해방 직후 시작된 좌우익 이념투쟁의 연장선, 혹은 패자부활전이라는 사실을 인식하지 못하였다. 이들은 한국 사회의 이념투쟁에 더 이상 과거처럼 공안기관이 주도할 수 없으며 자유민주주의 정치체제의 보편적 우월성은 지속적인 교육과 진실 알리기로만 전달 가능하다는 점을 간과하고 있다. 이러한 우파의 이념 공백을 한국 좌파는 6·15 선언이라는 통일 프레임을 통해 통일체제론을 우회하고, 이를 통해 붕괴위협에 놓인 북한체제를 유지시키며, 궁극적으로는 한국을 자유민주주의와 시장경제가 아닌 제3의 체제로 재건국시킨다는 전략을 완성하였다. 그 결과가 2012년 총선과 대선에 나온 야권연대

의 2013체제론이다. 반면에 한국의 우파 정당은 아우라가 없는, 오로
지 이해관계에만 근거한 대북정책을 열거하고, 유권자의 경향을 추종
하느라 국민의 가슴을 울리는 가치지향적 통일정책을 한 번도 제시
하지 못하였다. 그러면서도 오로지 선거 때만 되면 유권자들에게 한
국 좌파의 친북성, 종북성을 강조하니 젊은 세대를 설득할 수 있는
힘은 거의 없게 되었다.

나. '통일의 창', 역사적 기회의 한시성

김대중·노무현 정권기간의 대북 화해협력 시도 및 막대한 원조에
도 불구하고 북한 정권은 '개혁개방'을 거부하고 체제유지 및 후계자
세습을 위한 '핵개발'을 포기하지 않았다. 기능주의적 접근을 통한 단
계적 통일론이 결국 남북한 체제 유지를 넘어서지 못한다는, 즉 항상
출발점으로 회귀할 수밖에 없는 시시포스적 운명에 처해 있다는 사
실을 확인할 수 있다. 그 이유는 북한의 개혁개방을 위한 햇볕정책하
의 지원에서 우리는 원인과 결과를 도치시켰기 때문이다. 정상적인
인간사회에서 '선의에 선의로 반응하는 것이 옳다' 혹은 '선의에 선
의로 반응하는 것이 이익이다'라는 상식적 규범은 남북의 경우에는
대부분 기대하기 어렵다. 왜냐하면 김정일이 고 노무현 전 대통령에
게 솔직히 고백한 것처럼 개혁개방 요구는 북한체제를 포기하라는
것 이상도 이하도 아니기 때문이다. 햇볕주의자들은 아마도 처음부터
북한의 개방을 믿지도 희망하지도 않았을 것이다.

따라서 햇볕정책의 경우 정상적인 사회에서는 햇볕이 원인이고 개
혁개방이 결과가 되어야 하겠지만, 남북 간에는 북한의 폐쇄가 원인
이고 남한의 햇볕이 결과가 되어 버린다. 특히 기능주의적 접근을 통

해 북한을 변화시킬 수 있다는 대북정책을 교조화한 한국 좌파는 북한에게는 가장 좋은 '원인－결과 뒤집기'의 상대가 된다. 왜냐하면 햇볕주의자들은 북한의 개방을 위해서 한국이 아직 충분히 햇볕을 퍼붓지 않았다고 주장하기 때문이다. 즉, 북한 정권이 적대적인 외부환경이 사라졌음을 인식하기에는 남북한 간에 아직 충분한 신뢰관계가 형성되지 않았다는 것이다. 진실은 북한 정권이 사즉생(死卽生)의 의지로 스스로 개혁·개방하지 않는 한, 그리고 북한의 자원을 지배 엘리트들에게만 집중시키면서 정권 유지를 시도하는 한, 햇볕정책을 포함한 모든 단계적 통일론은 북한의 변화에 전혀 효과가 없는 남북화해의 상징조작, 실질적인 분단관리론에 머무를 수밖에 없다.

다른 한편 한국이 북한에 체제변화를 강제하여 인위적으로 흡수통일하겠다는 통일 시나리오도 당위적 통일론의 퇴조와 북한체제의 경직성으로 인해 한국 국민의 동의와 지지를 얻기는 힘들다. 따라서 한국이 선택할 수 있는 통일론이란 북한의 자발적 체제변화의지를 출발점으로 삼을 수밖에 없다. 우리는 북한 주민에게 바람직한 통일의 미래상을 제시하고, 한반도에서 평화를 유지하면서 현 북한 정권 혹은 새로운 북한의 지배집단의 결단을 요구해야 한다. 이를 위해서는 북한 사회에 한국의 평화통일에의 의지와 함께, 자유민주주의 통일은 남북의 어느 계층 어느 개인에게 더 이익을 보거나 손해를 주지 않는다는 점을 진솔하게 밝혀야 한다. 우리는 자유민주주의 통일이 주권재민(主權在民)이라는 자유민주주의 정치체제의 성격으로 인해 본질적으로 '공적통일'임을 밝혀야 한다. 우리는 자유민주주의 남북통일을 통해 불필요하게 인간을 불행하게 만드는 분단의 족쇄를 벗어나서 남북의 모든 국민에게 보다 더 나은 인간적 삶의 환경을 제공할 수 있다는 점을 설득해야 한다. 동시에 통일의 공적 성격은 남북통일을 위해, 혹은 그 과정에서 개인의 이해관계가 통일이니 통일 과정에 저해가 되어서는 안 된다는 점도 함축하고 있다. 예를 들어 분단 전에 북한에서 소유하고 있던 토지의 소유권 문제는 통일의 공적, 역사적 성격에 비추어 볼 때 결코 통일 과정에 장애가 되는 방향으로 결정되어서는 안 된다. 우리는 이미 '흡수통일'이라는 표현이 '어느 한쪽이 매우 이익을 볼 수 있다'는 잘못된 인상을 줄 수 있음을 지적하였다. 그러나 서독이 의도하지 않았지만 '결과적으로' 흡수통일이었던 독일 통일에서 어느 일방이나 개인이, 심지어 동독 공산당원조차도 통일로 인해 손해를 보았다고 말할 수는 없다. 다만 역사가 그렇게 흘러갈 수밖에 없었고 실제로 그렇게 흘렀을 뿐이다. 따라서 우리는 자유민주주의적 남북통일의 미래에 대한 구체적인 청사진을 각종 정보제공 채널을 통하여 북한에 지속적으로 알릴 필요가 있다. 또한 통일의 공적 성격은 한국의 대북정책 역시 통일정책과 연관되어 철저히 통일의 인프라 구축을 지향해야 함을 함축한다. 그렇지 않고 북한주민에게 도달하지 않는 지원을 계속하는 것은 북한 지배층에 속하는 개인들에게 수조에서 수십조 원에 이르는 막대한 복지비용 지출을 의미할 뿐이다.

동시에 한국은 급격하든 혹은 점진적이든 북한체제의 변화를 전제로 이에 대응할 수 있는 통일론을 준비할 필요가 있다. 즉, 단계적 통일론이 '과정 중심주의'였다면, 새로운 통일론은 '가치와 목적지향적'이며, 여기서 남북연합, 남북연방과 같은 통일의 제반 단계는 철저히 그 자체가 목적이 아니라 통일목표의 실현을 위한 수단, 즉 하위개념으로 파악되어야 한다. 이 점은 통일의 과정이 아무리 가치 있고 홍

분되는 대역사라 하더라도 그 자체가 목적일 수 없는 것과 마찬가지다. 이런 점에서 북한체제를 그 가치적 측면에서 인정하는 백낙청 교수의 '현재진행형 통일'이란 일견 계절의 바뀜처럼 자연스러운 느낌을 주지만, 실은 북한체제의 공고화로 인해 '현재진행형 분단고착'을 지향하고 있다고 보아야 한다.

따라서 통일의 여정(旅程)에서 무엇보다 중요한 점은 통일의 지향점에 대한 남북한 국민들의 의지 표현과 합의이다. 여기서 국민들의 의지 표현은 명시적일 수도 있지만 동독 국민의 대량탈출에서 볼 수 있듯이 행동일 수도 있다. 우리는 남북한 국민의 자유민주주의 통일에 대한 이러한 의지표현을 '통일의 창'이라고 부를 수 있을 것이다. 여기서 우리는 통일의 창이라는 역사적 기회에 대해서 그 성격을 분명히 인식할 필요가 있다. 우선 통일의 창은 오래 열려 있지 않을 가능성이 높다는 점이다. 왜 그럴까? 그 이유는 다음과 같다.

(1) 서로 다른 체제의 통일은 가치의 선택이지 통합이 아니다

현재 한반도에서 통일의 가장 큰 장애물은 결코 남북 간의 경제력 차이도, 문화적 차이도 아니다. 가장 큰 장애물은 양측의 체제가 융합될 수 없기 때문이다. 우리는 이 점을 분단과정을 돌이켜 보면 명백해진다. 해방 후 한반도에 38도선이 미군과 소련군에 의한 일본군의 무장해제 담당구역으로 그어지고 그렇게 빨리 자유왕래가 금지된, 넘을 수 없는 경계선으로 고착된 것은 미소냉전체제하의 남과 북의 정치체제가 본질적으로 융합될 수 없었기 때문이다. 일제 식민시절을 겪으면서도 장구히 이어져 내려온 동일한 핏줄, 동일한 문화, 동일한 언어, 동일한 생활수준이라는 단일공동체의 배경이 순식간에 아무런

힘도 발휘하지 못한 것이다. 이 점을 거꾸로 돌려 보면 통일의 과정에서 기능주의적으로 아무리 남북 간의 교류를 활성화하고 경제적 격차를 줄인다고 하더라도 그것은 통일의 부대조건이지 핵심 열쇠가 아니다. 왜냐하면 한 국가의 정치체제란 본질적으로 사회의 모든 의제를 결정하는 주체를 결정하는 것으로서 남북의 통합이 일어날 수 있는 공간을 의미하기 때문이다. 흔히 남북 간의 이질적인 문화는 교류를 통하여 극복하고 신뢰를 형성하는 것이 통일의 전제조건이라고 주장하지만, 통일의 핵심은 통일체제에 대한 합의이다. 그러나 자유민주주의 체제와 전체주의의 경우 공통분모가 없다. 따라서 통일체제는 '통합'이 아니라 결단을 통한 '선택'을 요구한다. 즉, 체제선택의 결단이 남북의 지배집단의 권력분점욕을 넘어서야 한다는 점이다. 주민재권의 민주주의가 정착된 한국의 경우 이 문제는 결국 국민이 자유민주주의 통일비전을 공유하느냐, 또 현실적으로 한국의 지도자가 이러한 통일비전을 국민에게 설득할 수 있느냐로 귀착된다. 그렇다면 북한의 경우에는 누가 결단의 주체인가? 우리는 그것을 특정할 수는 없지만 분명한 점은 북한의 수령체제의 붕괴다. 다만 수령체제의 붕괴는 필연적이나 그것이 언제인지는 아무도 특정할 수 없다.

그렇다면 왜 수령체제는 붕괴될 수밖에 없을까? 이 점은 북한의 지배집단이 자기들의 통치기반을 지속적으로 잠식하지 않으면 유지될 수 없으나, 이 잠식이 어떤 임계점을 넘어서면 자기파괴로 이어질 수밖에 없기 때문이다. 구체적으로 보자면, 북한은 1970년대부터 이미 수령체제의 절대화로 인해 일체의 자발적인 동기에서 문제해결을 할 수 있는 능력 자체가 소멸되었다. 지금에 와서 '인민들 스스로 문제를 해결하라'고 외쳐 보아야 'You *must* be free!'라는 자가당착을 의미할 뿐이다. 결과적으로 북한 주민들의 2/3 이상이 장마당에서 스스로 생계를 해결할 수밖에 없게 되었다. 문제는 명목상 '사회주의'를 내건 북한 정권이 주민에게 주는 것 없이 오로지 수탈만을 하고, 여기에 지배층의 뇌물 주고받기의 연쇄 반응은 주민들의 고혈을 마지막 한 방울까지 짜고 있다. 동시에 수령체제가 북한의 지배 엘리트들의 특권적인 생활을 보장해야 하기에 북한에서 빈부의 격차는 세계 어떤 나라보다 더 할 수밖에 없다. 그러나 이러한 특권층의 생활은 북한이 아니라 외부세계에 사는 듯한 환상을 부여하기에 외부의 물자와 각종 정보, 생활습관을 취할 수밖에 없다. 평양 창전거리의 초고층, 초대형 아파트가 그런 예이다.

> 평양의 신(新)부촌으로 떠오르는 창전거리 아파트엔 297(90평), 330(100평)에 달하는 아파트도 많다고 한다. 야경도 볼만했다. 인근엔 서울의 고급 카페를 옮겨 놓은 듯한 곳도 있다. 특권층, 신흥부자들이 많이 살고 있다고 했다. 도심을 조금만 벗어나면 낙후된 농촌이 나타나는 것과 극명하게 대비된다. 북한에서도 부익부 빈익빈의 징후가 보인다.54)

즉, 이들은 사명감에 의해 국가에 봉사하는 계층이 아니라 오로지 이해관계에 따라 움직이는 북한 사회의 섬과 같은 존재일 뿐이다. 이것이 강고하기 짝이 없어 보이는 핵보유 강성대국 북한의 현실이다. 따라서 역사적으로 자신의 통치기반을 잠식하여 통치집단 자체가 섬으로 남은 국가가 지속된 경우는 없다. 북한체제의 지각변동은 필연적이나, 다만 일본의 대지진처럼 언제 일어날지는 아무도 예측할 수 없다. 그리고 북한에서 수령체제의 붕괴가 곧바로 통일로의 전환은

---

54) 이원영 기자, "슬쩍 다가온 20대 북한女 '산삼인데 20달러만…'", ≪중앙일보≫, 2012.11.7, http://joonga ng.joinsmsn.com/article/911/9810911.html?ctg=1200&cloc=joongang|home|top(2012.11.8).

아니지만, 통일의 가장 중요한 체제 변화의 전제조건이며 그것이 곧
바로 급변사태, 즉 통일의 창을 의미함은 더 언급할 필요가 없다.

(2) 통일의 당위성은 북한의 급변사태 이후 통일 이외에 다른 체제가
지속될 경우 사라진다

북한의 수령체제에 급격한 변화가 발생할 경우, 어떤 방향으로 사
태가 진전될지에 대해서는 어떤 신빙성 있는 예측도 없다. 북한 내의
무력권력투쟁, 북한 주민의 대량 탈북, 중국군의 개입, 핵확산 방지를
위한 유엔 혹은 미국과 중국의 합의에 의한 개입, 한국의 개입 등이
거론되고 있다. 여기서 중요한 점은 한국의 선택이다. 우선 한국 정부
는 한반도에서 평화가 유지되도록 노력함과 동시에 북한 주민과 북
한의 지배층에 통일을 유도해야 한다. 왜냐하면 통일 이외에 북한에
다른 통치체제가 지속될 경우, 남북한 국민에게 통일의 당위성은 급
격히 사라질 수밖에 없다. 흔히 통일을 상당히 계산된, 이성적인 과정
으로만 생각하는 경향이 있다. 즉, 남북이 통일을 위해 사전에 치밀한
계획을 세우고 정치·경제·문화 등 모든 분야에서 활발한 교류와
협조가 '사전에' 이루어져야 한다고 상정한다. 말하자면 통일의 마지
막 단계는 이미 사실상 통일과 다름없는 상황에서 최후의 '통일나사'
를 조이는 것이라는 상상이다. 한국 좌파의 '현재진행형 통일'은 이런
상상의 그림을 그리고 있다. 그러나 인류의 역사에서 하나의 국가 안
에서의 체제 변화는 항상 크고 작은 혁명적 단층 변화를 통해서만 이루어
졌다. 그것은 체제 변화라는 것이 항상 구체제의 유지와 새로운 체제의 선
택 간의 결단이기 때문이다. 하나의 국가 안에서도 새로운 체제의 선택은
혁명적 변화를 요구하는데, 분단체제의 극복이 자연의 변화처럼 지속적인

개선을 통해 가능하리라고 보는 시각은 인류의 역사적 경험과 일치하지 않는다. 통일이 대부분 무력을 통해 이루어졌다는 것은, 물론 바람직하지 않지만, 체제변화가 통합이 아니라 선택이라는 점과 무관하지 않다.

차라리 반세기 이상 지속된 남북의 분단을 통일로 전환하는 과정은 '통일나사'를 조이는 것이 아니라, 남북을 하나의 체제로 '용접'하는 것에 비유하는 것이 적절하다. 바로 그런 점에서 독일의 통일에 얼마나 거대한 국민적 감격, 환희 그리고 열정이 수반되었는지 한국에서 통일을 이야기하는 사람들은 거의 언급하지 않고 있다. 베를린 장벽이 무너졌을 때, 실제로 서독과 동독 주민들이 망치와 해머를 들고 나와 부숴 버렸으며, 서독에 물밀듯이 동독 주민들이 몰려올 때 근검절약하던 서독 주민들은 동독 주민들의 호주머니에 고액권을 찔러 넣어 주었다. 서독의 한 수입업자는 동베를린 시내 한가운데에 바나나를 가득 실은 여러 개의 컨테이너를 열어 버렸다. 동독 주민들이 가장 먹고 싶어 하던 것이 바나나였기 때문이다. 이런 일은 그 자체로는 매우 사소하지만, 그 뒤에 동서독 주민들의 통일에 대한 거대한 열망이 숨겨져 있음을 의미한다. 특기할 점은 자본주의 비판을 자신의 전매특허로 삼은 작가 귄터 그라스(G. Grass)와 일부 서독의 좌파 지식인, 일부 좌파 정치인은 통일을 극력 반대하였다는 점이다. 이들은 독일 통일 후의 경제체제가 사회주의가 아니라 자본주의로 바뀌는 것을 끔찍하게 싫어하였다. 이들은 동독의 억압적 정치체제에 대해서는 아무런 관심도 없었다. 만일 이들의 '계산'이 당시 서독 주민들의 통일에 대한 '열망'을 억눌렀다면 독일 통일은 불가능했을 것이다. 그러나 서독의 총리 콜(H. Kohl)은 독일에 찾아온 통일의 창의 역사적 의미를 순간적으로 파악하였다. 그는 열리기 어려운 통일의 창을 이른바 통일비용이나 프랑스와 영국, 소련 등의 주변 국가들의 반대를 이유로 닫아버릴 경우, 그리고 동서독 주민들의 통일에 대한 열망이 식어 버릴 경우, 통일이란 불가능하다는 점을 간파하였다. 역사의 흐름을 보고 물꼬를 틔울 줄 아는 정치가와 역사의 거품을 계산하는 정치가의 차이가 이것이다.

한국은 통일을 위해 북한 주민과 북한의 지배층에게 자유민주주의 통일을 통해 얻는 것은 남북 주민 '모두'가 더 인간다운 삶을 영위할 수 있는 기회가 열린다는 점을 지속적으로, 그리고 과장 없이 알려야 한다. 한반도의 통일은 북한 주민이 결단하여 자유민주주의 체제를 선택하였을 때만 가능하다. 동시에 남북의 경제적 격차는 결코 양쪽을 하나로 합쳐서 해결되는 것이 아니라는 점도 분명히 해야 한다. 북한 주민 스스로 '어제보다 오늘이, 오늘보다 내일이 더 낫다'라는 희망과 북한주민 스스로 북한지역을 정상국가화(normal state)했다는 자부심을 갖도록 한국이 지속가능한 지원을 하는 것이 중요하다. 나아가 21세기의 에너지·기후·환경 분야의 급격한 변화는 사실상 새로운 국가건설을 의미하는 통일의 경우 북한지역의 산업화를 미래지향적으로 설계해야 함을 의미한다. 북한의 정상국가화는 단순히 북한의 값싼 노동력을 이용하여 남한 기업의 경쟁력을 높인다는 저차원의 발상을 넘어서야 한다. 북한은 통일될 경우 동북아시아에서 가장 미래지향적인 지역으로 새롭게 태어나야 한다. 이런 통일된 한반도의 비전을 가져야만 대북정책 역시 미래지향성을 지닐 수 있다.

제3장

제18대 대통령 후보
대북·통일정책 평가

제18대 대통령선거에 출마 의사를 밝힌 후보들 중에서 박근혜 새누리당 후보, 문재인 민주통합당 후보, 안철수 후보(무소속) 등 3인이 유력한 후보이다.

2012년 11월 초 현재 문재인−안철수 후보의 단일화가 결정되지 않았고, 또 각 후보들이 12월 19일 대통령 선거일을 앞두고 새로운 대북정책 관련 공약을 더 제시할 여지도 남아 있다. 이 글에서는 11월 초 현재까지 세 후보가 제시한 대북·통일정책을 중심으로 평가해 본다.

〈표 3-1〉 대통령 후보자의 대북·통일정책

구분	새누리당 박근혜 후보	민주통합당 문재인 후보	무소속 안철수 후보
북핵 해법	·북한의 핵·미사일 위협 억지력 강화 ·남북 및 6자회담과 협상 다각화 병행	·북핵 불용, 9·19공동성명 준수, 포괄적·근본적 해결의 3원칙 ·한반도 평화구상 추진	·남북관계 개선, 평화체제 구축, 북핵문제 해결의 병행 추진 ·비핵화 진전에 따라 경제 지원과 안보 보장 이행 (동시 행동 원칙)
신뢰 구축	·서울과 평양에 남북교류 협력사무소 설치 ·한반도경제공동체 건설 위한 '빈저 코리아 프로젝트' 가동	·남북경제협력공동위원회 가동 ·평화 경제 안보가 선 순환 하는 '남북경제연합' 구축 ·서해평화협력특별지대 실현	·남북 정상 간 핫라인 구축 ·남북분쟁해결위원회(가칭) 설치 ·한반도 평화체제 논의할 남−북−미−중 4자 포럼 개최

| 통일
구상 | ·3단계 구상: 민족공동체 통일방안 계승·발전(평화정착 → 경제공동체건설 → 정치통합)
·3가지 원칙: 국민과 함께 하는 통일, 한반도가 행복한 통일, 세계 평화에 기여하는 통일 | ·시민이 참여하는 분단체 제극복
·대북 교류협력사업 활성화 | ·6·15공동선언 이후 발전시켜 온 남북 분야별 협의체 복원
·임기 내 모든 1세대 이산가족 생사 확인 및 상봉 추진
·종합적 북한인권 개선 계획 수립 |
| 외교
구상 | ·'동북아 평화·협력 구상' 과 '서울 프로세스' 추진
·유라시아 육로 연결 '실크로드 익스프레스(SRX)' 추진
·'일자리 외교', '국민외교' 시대 개막 | ·최종 공약 발표 전 | ·대륙철도 연결해 복합 물류망 구축
·한미동맹 더욱 굳건히 하는 토대에서 한반도 평화와 안정에 역점을 두는 조화로운 외교
·지구촌 문제를 해결하는 선도 외교 |

자료: ≪동아일보≫, 2012.11.9.

1. 새누리당 박근혜 후보

가. 한반도 신뢰 프로세스

박근혜 후보의 외교안보통일 전 분야를 포괄하는 키워드는 신뢰외교(Trustpolitik)와 균형정책(Alignment Policy)이다. 박 후보는 2011년 9월 『포린 어페어스(Foreign Affairs)』 기고문에 "새로운 한반도"라는 제목으로 첫 대북구상을 밝히면서 '신뢰외교'와 '균형정책'을 제시하였다. 『포린 어페어스』 기고문 중 대북정책과 관련한 핵심 내용은 다음과 같다.

> 북한은 국제규범을 반드시 지켜야 한다. 평화를 파괴하는 행동에 대해서는 확실한 대가를 치러야 한다. 안보와 남북 교류협력 사이의 균형, 남북대화와 국제공조 사이의 균형이 중요하다. 북한의 군사도발에는 단호하게 대응하고, 협상은 개방적으로 접근해야 한다.

북한 핵문제는 국제사회와 협조체제를 강화하여, 신뢰할 만한 억지(抑止), 끊임없는 설득, 효율적인 협상 전략으로 북한이 핵무기 없이도 생존할 수 있고 경제적으로 더 나아질 수 있다는 점을 깨닫게 만들어야 하다.

그는 김대중·노무현 정부의 햇볕정책과 이명박 정부의 대북정책을 동시에 지적하면서 "햇볕정책은 지나친 희망에 기대어 근본적인 변화를 일으키지 못했고, 이명박 정부는 압력 일변도로 북한을 의미 있는 방향으로 변화시키지 못했다"고 평가하였다. 그는 "북한에 대하여 유연할 때는 더 유연하고, 단호할 때는 더 단호해야 한다"는 간략한 설명방식으로 대북구상을 밝히기도 하였다. 『포린 어페어스』 기고 이후에도 박 후보의 대북통일정책은 몇 차례 '진화'하였는데, '신뢰와 균형'에 이어 '한반도 신뢰 프로세스', '진화하는 대북정책' 등의 개념이 등장하였다. 박 후보는 김대중 정부 시기의 '햇볕정책'이나 이명박 정부의 '비핵개방3천'처럼 압축되고 선거 슬로건화된 용어를 내놓지 않았지만, 대북통일정책 전반을 관통하는 용어를 한마디로 표현한다면 '신뢰 프로세스'이다.

박 후보는 핵안보정상회의 개최기념 국제학술회의(2012.2.28)에서 한반도 신뢰 프로세스의 3가지 구상을 밝혔다. 첫째는 남북관계를 조속히 회복하고 지속가능한 평화와 공동발전을 위해서이며, 둘째는 확고한 안보의 바탕 위에서 대화와 교류를 통해 신뢰를 쌓기 위해서, 셋째는 북한의 변화를 촉진하고 북한이 국제사회의 책임 있는 일원이 되어 한국 및 주변국과 신뢰를 쌓도록 하기 위해서라는 것이다.

그는 북한의 개혁개방, 비핵화를 위해서는 주변국들과 함께 대북 불신의 악순환을 끝내고 대화와 교류를 통해 신뢰를 쌓아가야 한다고 주장하였다. 신뢰 구축은 3가지로 되어 있다.

첫째, 과거의 약속을 실천하는 것에서부터 신뢰를 쌓는다. 지금까지 남북한 간에 합의한 기존 약속들인 7 · 4 남북공동성명, 남북기본합의서 6 · 15 공동선언, 10 · 4 공동선언 등의 기본정신을 서로 인정하고 존중한다.

둘째, 인도적 지원과 호혜적 교류를 지속함으로써 신뢰를 쌓는다. 정치적 상황에 구애받지 않는 인도적 차원의 대북식량지원, 이산가족 상봉문제 등을 지속하기 위해 대화의 창구를 개설하고 대화에 의한 호혜적 교류 사업으로 상호 신뢰를 구축한다.

셋째, 북한이 보여 주는 신뢰 수준에 맞는 경제적 지원을 하며, 북한의 경제를 개발하면서 통일 인프라를 구축한다. 남북 간 경제협력 다양화 및 북한 인프라 구축 사업을 확대하여 한반도 경제공동체 기틀을 마련한다.[1]

박 후보의 '새로운 한반도(New kind of Korea)'는 남북관계의 질적인 전환을 의미하고 있는데, 천안함 · 연평도 사건이 단순한 군사도발이 아니라 한반도 안보의 획을 긋는 도발이어서, 무엇보다 이러한 도발 악순환은 막아야 한다는 인식이 내재되어 있다. 따라서 남북 간 신뢰와 평화가 우선적으로 구축되어야 한다는 논리이다. 다시 말해, "북한에 퍼주고─터지고─퍼주고─터진 햇볕정책의 악순환도 북한의 변화를 유도하지 못했고, 압박 위주의 이명박 정부도 변화를 이끌어내지 못한 만큼" 이 같은 남북관계의 악순환을 '신뢰─평화─더 진전된 신뢰─더 진전된 평화'의 선순환으로 바꾸면서 북한을 국제사

---

1) 강철환, 『대선후보 대북통일정책 평가 세미나 자료집』, 2012.10.

회 일원으로 참여하도록 한다는 전략이다. 이 같은 '신뢰'에 입각한 박 후보의 대북인식이 북한 정권의 대남 전략전술을 잘 모르는 '좀 나이브(naive)한 게 아니냐'는 비판이 제기되고 있는데, 이에 대하여 박 후보 측은 "일방적으로 상대를 믿는다는 게 아니라 국제규범을 준수하는 신뢰를 말하며, 북한이 이를 위배하면 상응하는 대가를 분명하게 치르도록 하겠다는 뜻"이라고 설명하고 있다. 또 과거 정부에서 6·15, 10·4처럼 한 번에 대형 프로젝트를 통하여 남북관계를 발전시키려는 접근법은 결과적으로 남북관계의 취약성을 드러낸 측면도 있다고 보고, 남북관계도 조금씩 진화하면서 하나씩 쌓아나가는 진전이 더 유용하다는 인식이 깔려 있는 것 같다. 남북관계는 아무리 큰 합의를 한다 해도 한 차례의 서해교전으로 사상누각이 될 수 있으므로 작은 것부터 다져 나가는 진화하는 남북관계가 필요하다는 인식이다.

그런 관점에서 박 후보의 '신뢰 프로세스'에는 남북 간에 이미 맺어진 합의를 잘 이행하는 것이 중요하다는 인식이 내포되어 있는 것 같다. 특히 역대 합의 중에서 지난 1991년 체결(92년 발효)된 '남북기본합의서'에 비중을 두고 있는 것 같다. '남북 사이의 화해와 불가침 및 교류·협력에 관한 합의서'(약칭 '남북기본합의서')는 북한문제가 국제문제이자 동시에 민족 내부 문제라는 남북관계의 기본구도를 반영하고 있고, 국제적 요소와 한반도 요소가 조화된 합의라고 볼 수 있을 것이다.

현재 제18대 대통령선거 구도가 야권의 후보 단일화가 이슈화되어 있어서 후보별 정책이나 공약이 전면적으로 드러나 있지 않은 상황이다. 대북통일정책도 구체적으로 공약화되어 있지는 않다.

언론에 소개된 내용을 중심으로 박 후보의 대북통일정책을 통일·외교, 국방 정책 순으로 분류해보면 대략 다음과 같다.

<표 3-2> 박 후보의 대북통일정책 정리

통일 · 외교
- 새로운 한반도
  - 신뢰와 균형
  - 한반도 평화와 동아시아 협력의 새로운 틀 수립
- 新남북관계 구상
  - 신뢰와 평화의 한반도 프로세스 추진
  - 안보와 교류협력의 균형
  - 북핵문제 진전
  - 6·15 및 10·4 선언 등 남북 간 합의 존중
  - 통합 외교안보 컨트롤타워 구축
  - 남북정상회담 추진
  - 평화 정착, 경제 재건, 정치 통일

국방
- 강력한 국방 태세 구축
  - 북한 도발 대비
  - 외부 위협 즉각 대처능력 구비
- 2015년 전작권 전환에 따른 한미동맹 체제 강화
- 장병·참전용사·제대군인의 사기 및 복지 증진

통일
- 3단계 구상·민족공동체통일방안 계승(평화 정착－경제공동체 건설－정치 통합)
- 3원칙
  - 국민과 함께하는 통일, 한반도가 행복한 통일, 세계평화에 기여하는 통일

나. 특징

박근혜 후보 대북통일정책의 기본방향은 통합적 관점에서 접근하고 있다는 점이다. 간단히 말해, '남북관계 관점'에서 '남북미중 간의 한반도 관점'으로 접근하고 있다. 즉, 분단관리－통일정책－국방안보 정책 측면에서 남북관계 관점에서도 보고, 한미동맹－對中정책－美中

간 갈등 측면에서도 접근하고 있다. 이 통합적 관점에서 나온 개념이 '신뢰와 균형'이다.

남북관계 관점에서 볼 때 박 후보는 남북한 사이의 진정한 화해를 어렵게 하는 기본적 요인이 신뢰의 부족이라고 진단하고 있는 것 같다. 이명박 정부의 대북정책에 대해서는 보완할 필요가 있다고 보고 '유연한 상호주의'로의 전환을 언급하고 있다. 과거의 남북 합의내용에 대하여 기본적으로 지켜야 한다는 '원칙적 신뢰'를 바탕으로 하여, 역대 정부의 모든 약속을 포용하고 있다.

박 후보는 "대북정책도 진화하는 정책이 돼야 한다"는 인식을 갖고 있는데, 주로 북한이 변해야 하지만 우리의 정책도 변해야 할 시점이 왔다고 보고 문제 제기를 하고 있다. 그는 지난 8월 새누리당 대통령후보 수락연설에서 "동북아시아의 복합적 안보환경에 비춰볼 때 준비된 지도자가 필요하다"고 언급하기도 하였다.

박 후보는 남북 간 '신뢰'를 쌓아가는 데서 인도주의 문제를 남북 간 정치상황과 분리하고, 북한 동포의 마음을 얻기 위한 방법이 필요하다고 보고 있다. 이에 대한 인식은 박근혜 후보와 문재인 후보, 안철수 후보가 공통적으로 갖고 있다. 다만 박 후보 측은 대북 인도지원은 먼저 투명성이 보장되어야 하고 검증도 되어야 하는 만큼, 지금보다는 좀 더 효율적인 방법으로 국제기구(정부/비정부)를 활용하는 방법이 모색될 것으로 보인다.

다. 평가

박근혜 후보의 대북통일정책은 지난해 『포린 어페어스』지에 '새로운 한반도'를 기고한 이후 자체적으로 몇 차례 '진화'하였다. '신뢰와 균형’도 처음에는 대북정책을 수행하는 중요한 경로와 수단 정도로 이해되었으나, 차츰 ‘동북아 평화협력’ 등으로 외연이 확장되면서 한반도의 미래에 대해 좀 더 언급하였다. 하지만 목적과 수단의 관계에서 본다면 ‘신뢰와 균형’은 여전히 목적지향적이라기보다 수단지향적인 정책으로 분류할 수 있다. ‘신뢰와 균형’ 그 자체가 대한민국의 국가목표로 설정될 수는 없기 때문이다.

박 후보의 통일정책은 ‘평화정착 – 경제 – 정치의 3단계 통일론’으로 제시되어 있다. 대북통일정책에서 한반도 통일이 갖는 현재적·미래적 의미를 제시하고, 통일대한민국이 동아시아와 지구촌에서 갖게 될 비전과 역할에 철학을 담고 있어야 한다. 따라서 대북통일정책의 최종 목표를 담은 ‘한반도의 평화통일과 대한민국의 미래 청사진’을 더 자세히 구체적으로 제시하고, 그 목표로 가는 중요한 경로와 수단으로서 ‘신뢰와 균형’을 위치시키는 작업이 필요할 것 같다.

대한민국 대북통일정책의 최종목표는 그 시간이 얼마나 걸리든, 또 얼마나 어렵고 힘든 과정을 거치게 되든, 남북 7,500만 주민들의 미래 희망과 한반도의 평화통일, 동아시아의 평화와 공동번영의 비전을 성취하는 것이다. ‘새로운 한반도’에서 한반도의 미래 비전이 읽혀져야 하고, 특히 통일한국이 동아시아의 평화와 공동번영에 기여할 수 있는 내용이 제시되어 있어야 미국·중국·일본·러시아에게도 한반도 통일에 대한 우리의 주체적인 의지를 보여 줄 수 있을 것으로 판단된다.

만약 ‘신뢰와 균형’이 수단지향적인 정책에 국한된다면 북한 정권은 스스로의 생존을 위해 또다시 ‘도발 모드 – 평화 모드’ 전술을 되풀이하면서 박 후보의 ‘신뢰 프로세스’를 시험에 들게 할 수도 있을 것이다. 그렇게 되면 북한 정권은 김대중·노무현 정부 시기의 경험처럼 "우리가 당분간 도발해주지 않을 테니 우리에게 돈을 내고 한반도 평화와 신뢰를 사가라"는 식으로 대남전략을 가져갈 수 있을 것이다. 다시 말해 남북의 '갑을관계'에서 김대중·노무현 정부 시기처럼 우리가 불리한 '을'의 지위에서 자칫하면 '평화공존 희구정책'이나 '남북 간 현상유지 정책'으로 빠지게 될 수 있다는 점을 염두에 두어야 할 것이다. 통일의 최종 목표는 남북한이 자유민주주의 체제로 통일하는 것이 될 수밖에 없고, 이는 헌법정신과 민족공동체통일방안에도 부합하는 것이다.

지난해 『포린 어페어스』에 박 후보의 기고문이 게재되었을 때 ① 통일대한민국의 철학과 비전이 없으며, ② 대북정책의 목표가 '한반도 평화' 자체로 국한되었고, ③ 대북정책의 상대자인 2,400만 북한 주민이 없다는 문제점이 제기되었다. 특히 북한 인권 문제에 대한 언급이 없어서 보수 진영의 비판을 받은 바 있다. 이를 의식한 듯 최근에 재중 탈북자 북송반대 단식투쟁을 선도한 박선영 동국대학교 교수와 '통영의 딸 구출 국토 종단대회'를 이끈 최홍재 위원을 선대위 특보단에 위촉한 것 같다. 세 후보 중에서 '북한인권법 제정'을 명확히 한 후보는 박 후보밖에 없다. 대통령 후보의 구체적인 대북 전략전술까지 공개하기는 어려우며 또 국가안보 관점에서 볼 때 내용 전체를 공개해야 할 이유도 없다. 또 대북통일정책은 구체적인 전략전술을 어떻게 가져가느냐에 따라 대북정책 전체의 성패가 좌우될 수도 있다. 후술하겠지만 북한의 대남전략전술이 그렇게 간단하지 않다. 이러한 점을 종합적으로 고려해볼 때 박 후보가 "국민과 함께 추진하는 대북정책"의 원칙을 천명하고 '대한민국의 미래비전 제시 →해결과제 →

대북 수행전략' 순으로 정리하려는 노력은 평가할 만하다.

2. 민주통합당 문재인 후보

가. 한반도평화구상 - 남북경제연합

민주통합당 문재인 후보의 대북통일정책은 '한반도평화구상'과 '남북경제연합'이며, 그 출발점은 '10 · 4 선언'의 이행이다. 문 후보는 2007년 남북정상회담 당시 정상회담 추진위원장이었다. 그는 '10 · 4 선언 5주년 토론회'에서 "당시 두 정상이 논의할 의제와 합의문에 담아야 할 사항을 총괄적으로 준비했다"고 밝히고, "남북정상회담이 대통령 임기 말이 아니라 초반에 이뤄졌으면 더 좋았겠다는 아쉬움이 있다"고 했다. 그는 "대통령에 당선되면 취임 첫해에 정상회담을 하겠다"는 뜻을 분명히 하였다. 이명박 정부 대북정책에 대한 평가는 "남북관계는 바닥을 쳤고, 앞으로 누가 대통령이 되어도 현 정부보다 더 나은 남북관계를 만들 수 있을 것"이라는 인식을 갖고 있다.

문 후보가 8월 17일 발표한 '남북경제연합'은 "경제 분야에서 사실상의 통일로 나가겠다는 구상이며, 6 · 15 공동선언에서 합의한 남북공통의 통일방안에 따라서 통일의 길로 가는 초석을 놓기 위한 방안"이라고 설명하였다. 그는 취임 후 곧바로 남북경제협력공동위원회를 가동하여 개성공단 활성화, 금강산관광 재개, 서해 남북공동어로를 위한 협상을 시작하겠다고 언급하였다. 또한 문 후보는 '한반도평화구상'을 "북핵문제 해결과 평화체제 구축을 위한 구상"이라고 언급하였다. 그는 '북핵 불용', '9 · 19 공동성명 준수', '포괄적 해결'을 제시하였다. 포괄적 해결은 '북핵폐기 과정에서 북미 · 북일관계 정상화 및 평화협정 체결'이다. 그는 2013년 여름까지 한미, 한중정상회담을 개최하여 미중과 평화구상 초안을 조율하고, 남북정상회담을 실현하여 김정은과 한반도 구상에 대하여 합의하겠다는 로드맵을 제시하였다. 이어 6자회담 참가국들과 '한반도 평화와 비핵화를 위한 6개국 정상선언'을 도출하고 2014년 말까지 '정상선언 이행기구'를 출범한다는 계획을 제시하였다. 6개국 정상선언이 보장한 한반도평화구상을 실천하면서 북핵문제 해결과 북미·북일관계 정상화, 정전협정의 평화협정으로의 전환을 추진한다는 계획이다. 그는 "북핵문제 해결과 한반도평화체제 구축을 위해 북한과 미국이 만족할 수 있어야 하는데, 한국이 북한과 미국이 협력할 수 있도록 평화촉진자의 역할을 하겠다"고 언급하였다.

언론에 소개된 내용을 중심으로 문 후보의 대북통일정책을 통일·외교·국방 순으로 분류해보면 다음과 같다.

〈표 3-3〉 문 후보의 대북통일정책 정리

통일 · 외교
- 평화와 공존체제 구축
  - 임기 첫해 남북정상회담 추진
  - 6·15, 10·4 선언 존중 및 실천
  - 대통령 취임식에 북한 인사 초청
- 남북경제연합 구상: 경제 분야부터 통일
  - 공동위원회 가동, 자유롭고 안전한 투자와 경제활동 보장
  - 1인당 국민소득 3만 달러, 인구 8천만 명 진입(통일 후)⟹'30-80시대' 진입
  - 북한의 산업기반 구축을 위해 '한반도인프라개발기구(KIDO)' 설립

- 외교 정책
  - 남북대화와 6자회담 복원
  - 북핵문제 해결과 남북관계 발전 함께 추진
  - 한미동맹관계 공고화
  - 균형외교 전개

국방

- 국민이 안심할 수 있는 국방태세
  - 합동성을 기반으로 한 정예강군 육성
  - 3군 균형발전추진과 국방개혁 추진
- 전시작전통제권 차질 없이 전환 추진
  - 국방능력 획기적 강화, 한미 동맹 공고화
- 평화로운 안보환경 조성
  - 남북 간 군사적 합의 전면 실천
- 북방한계선(NLL) 사수 및 긴장 완화
  - 서해의 확고한 안보 관리
  - 서해평화 특별지대 실현
- 군 복무기간 단축 및 군인 복지 향상
  - 사병 복무기간 18개월로 단축
  - 군 규모 2020년까지 50만 명으로 축소
  - 제대 군인 관리공단 설립

나. 특징

문 후보의 대북통일정책은 김대중·노무현 정부의 대북정책을 그대로 계승하고 있는 것이 특징이다. 외교안보 분야 정책을 지원해주고 있는 면면도 거의 그대로이다. 문 후보와 민주통합당의 대북통일정책을 알기 쉽게 압축하면 "6·15 공동선언과 10·4 선언을 계승하여 우리 민족끼리 통일하자"는 것이 핵심이다. 문 후보와 민주통합당의 대북인식도 '한반도 관점'이 아니라 기본적으로 '남북관계 관점'이다. 이는 현재 6·15, 10·4 선언 이행을 촉구하고 있는 북한 당국의 주장과도 일치한다.

북한 핵과 한반도평화협정을 묶는 포괄적 접근의 한반도평화구상도 노무현 정부 시기의 기본 뼈대와 동일하다. 남북경제연합 구상도 10·4 선언에서 출발하고 있으며 이후에 진행된 남북경제협력위원회 활동의 연장선에 있다. 문 후보와 민주통합당이 과거와 다소 달라진 게 있다면 남북정상회담과 한미·한중 정상회담 등을 통해 6자회담

정상선언을 하는 등 한반도평화구상을 위한 '시간표'를 만들어 놓았
다는 점이다. 또 한반도평화구상이 현실에서 실현 가능성과는 별개
로, 한미·한중 관계의 중요성에 눈을 돌리면서 과거보다 다소 시야
가 넓어진 면이 있다. 특히 '한미관계 공고화', '국방능력 획기적 강
화', '서해의 확고한 안보관리' 등은 노무현 정부 시기 실패한 한미동
맹과 국방정책 등을 고려하여 득표를 의식한 점이 눈에 띈다.

다. 평가

문 후보의 대북통일정책은 항목별로 추진과제 등이 잘 정리되어
있는 편이다. 그러나 김대중·노무현 정부의 대북정책을 계승하고 있
다는 점에서 햇볕정책·평화번영정책과 본질적으로 달라진 것이 없
다. 따라서 스스로 과거의 실패에서 어느 정도의 비판적 자성을 갖고
있는지, 북한 문제의 본질을 통찰하는 혜안과 한반도 문제를 보는 시
야가 어느 정도로 더 성숙해졌는지는 상당히 의문이다.

한반도평화구상이나 남북경제연합은 기본적으로 '거대 구상'이다.
'거대 구상'은 그 현실화 과정에서 항상 실패의 가능성이 높은 편인
데, 대표적인 예가 햇볕정책이었다.[2] 햇볕정책은 따뜻한 햇볕으로 나
그네(김정일 정권)의 옷을 벗겨 핵개발을 포기시키고 개혁개방으로
나오도록 하겠다는 취지였지만, 나그네가 '갑'이 되어 김대중·노무
현 정부를 '을'로 내몰았다. 결과는 '나그네'에게 퍼주고(경제지원)-
터지고(핵개발)-퍼주고(경제지원)-터지는(서해교전) 악순환이 되풀

---

2) 일부에서는 햇볕정책이 실패하지 않았다고 주장하지만 김대중·노무현 정부의 대북정책이 객관적으로 성
공했느냐, 실패했느냐의 문제는 제17대 대통령 선거에서 여당에게 530만 표 차이로 대패를 안겨준 유권자
들이 '이미' 결정한 사안인 만큼 더 이상 논쟁의 대상이 될 수 없는 것이다.

이되었다. 그 근본이유는 사실상 간명한 편이다. 첫째는 '나그네'의 정체에 대해 정확히 몰랐으며, 둘째 '나그네'보다 상대를 다루는 능력이 떨어졌기 때문이다. 따라서 대북정책이 비록 이상적으로 보이긴 했지만 현실에서 실패할 수밖에 없었다. 핵심은 자기 자신의 능력을 과대평가한 것이다. 북한의 대남전략이 노무현 정부의 대북전략보다 그 질적 수준이 높았다. '선군정치'를 상대하는 '햇볕'은 퍼주면서 터지는 구조를 갖고 있을 수밖에 없었다.

문 후보 측도 노무현 정부의 계승을 표방하면서도 이러한 비판을 다소 의식한 정책을 제시하고 있는데, 문 후보는 "우리 목표는 '이명박 정부보다 나은 정책'이 아니고 참여정부 시절의 복귀도 아니다"면서 "참여정부를 끝으로 중단됐던 지점을 출발점으로 삼아야겠지만, 신속한 남북관계 복원 후에는 곧바로 새로운 한반도의 미래를 개척하는 쪽으로 업그레이드해야 한다"고 언급하기도 하였다.[3] 하지만 노무현 정부 시기 대북정책을 추진하였던 핵심인사들이 문 후보 진영에 그대로 포진되어 있어서, 이들이 그동안 어느 정도로 대북인식에서 '진화'가 있었는지는 불투명한 편이다.

또 한미동맹을 어떻게 공고화하겠다는 것인지, '평화협정' 체결 전에 북한 핵을 어떻게 포기시키겠다는 것인지, 북한이 또다시 햇볕정책 역이용 전술로 나올 경우 어떤 전략으로 대응하겠다는 것인지에 대한 대책이 없다. 물론 이 대목은 전략적 비공개로 갈 수 있으나, 적어도 과거의 실패에 대한 성찰적 측면을 국민들이 간접적인 방식으로라도 추지할 수 있도록 해야 할 것이다. 그렇지 않으면 이미 실패

---

3) 이영종, 『대선후보 대북통일정책 평가 세미나 자료집』, 2012.10.

한 정책으로 국민들 속에서 객관화되고 확증된 대북정책에 또다시 표를 던질 유권자들이 얼마나 될지 의문이다.

문 후보의 대북정책은 '통일'을 목표로 하고 있다는 점에서 새누리당보다 상대적으로 목적지향성이 뚜렷한 편이다. 하지만 통일의 궁극적 가치, 즉 남북 7,500만 주민들의 자유, 인권, 민주주의, 법치 등의 '가치 통일'의 측면에 대해 명징하게 드러나 있지 않다. 특히 북한 인권문제에 대해 분명하고 진전된 언급이 없어서 이 같은 의문을 증폭시키고 있는데, 대북통일정책에서 인간의 자유, 인권 등 기본가치를 배제시킴으로써 결과적으로 남북 7,500만 주민들은 소외된 채 '우리 남북 정권끼리' 정책으로 변질될 가능성에 어떤 대책이 있는지 의문이다.

라. '야권연대'의 경우

민주통합당과 통합진보당이 2012년 4월 총선에서처럼 12월 대통령 선거에서도 '야권연대'를 하게 될지는 분명치 않다. 대통령 선거일을 앞두고 문재인+안철수+이정희+심상정의 이른바 '빅 텐트'가 성사될지, 이정희·심상정 중 한 명 또는 둘 다 빠지게 될지, 심지어 4인 모두 각자 출마하게 될지도 현재로서는 예측하기 어렵다. 하지만 문 후보와 안철수 후보의 캠프에 참여한 외교안보통일 분야 참여자들의 면면을 보면 문+안의 단일화를 하게 될 경우에도 대북통일정책에서 대동소이하다고 말할 수 있을 것이다. 대북정책을 수행할 수 있는 실천적 능력을 본다면 김만복·이종석·이재정 등이 참여한 문재인 후보 측이 윤영관의 안철수 캠프보다는 우위를 점하고 있는 것 같다.

문제는 문+안의 대북통일정책 노선이 김대중·노무현 정책에서 벗어나 더 창조적이고 효율적인 정책으로 나오기는 어려워 보인다는 점이다. 결국 '햇볕정책'의 아종(亞種)정책으로 북한의 대남전략에 포괄적으로 인입(引入)되면서 김대중·노무현 시기 10년의 시행착오를 되풀이하게 될 가능성이 있다고 보아야 할 것이다.

대북정책이 과거 '햇볕'과 유사하게 진행될 수 있는 추론의 근거로 '야권 연대'를 들 수 있는데, 4월 총선의 경험에 비춰볼 때 백낙청 등 야권 주요 인사들로 구성된 '원탁회의'가 대북통일정책과 관련하여 민주통합당 등 야권에 적지 않은 영향력을 행사하고 있기 때문이다. 이들의 관점과 견해가 향후 야권 전체의 '대북통일정책의 단일화'로 수렴될 가능성이 있는 것이다.

야권연대를 주도하는 '원탁회의'는 2011년 서울시장 보궐선거 이후 결성되었으며, 이 회의에서 '민주당·진보당 야권연대 합의문'이 만들어졌다. 이 합의문은 야권에 의한 정권 교체가 목적이며 합의문을 만들어낸 주체는 '희망 2013 승리 2012 원탁회의'이다. '원탁회의' 참여자 21명은 다음과 같다.

> 김상근(6·15남측위 상임대표), 김윤수(전 현대미술관장), 남윤인순(내가꿈꾸는나라 공동준비위원장), 문성근(국민의명령 대표), 문재인(노무현재단 이사장), 박석운(진보연대 공동대표), 박재승(전 대한변협회장), 백낙청(서울대 명예교수), 백승헌(희망과대안 공동운영위원장), 오종렬(진보연대 상임고문), 윤준하(6월민주포럼 대표), 이김현숙(전 평화를만드는여성회 공동대표), 이선종(원불교 중앙중도훈련원장), 이창복(민주통합시민행동 상임대표), 이학영(진보통합시민회의 상임대표), 이해찬(전 국무총리), 이형남(민주통합시민행동 상임집행위원장), 임재경(민주언론시민연합 상임고문), 청화(전 실천승가회 상임의장), 함세웅(전 민주화운동기념사업회 이사장), 황인성(시민주권 공동대표)

'야권연대'가 합의한 '범야권 공동정책 합의문'은 한미FTA 반대, 제주 해군기지 건설중단 등 여러 가지 항목을 담고 있다. '범야권 공동정책 합의문' 중 외교안보통일 관련 주요 내용은 다음과 같다.

> (…전략) 2-2 ③ 한반도 평화와 긴장 해소를 위해 남북 국회회담을 추진하고 '6·15 공동선언' '10·4 선언'의 이행을 담보하는 입법 조치 등을 통해 적극적인 남북화해협력을 추진한다.
> 2-4 이명박 정권이 체결한 한미 FTA 시행 반대
> 2-5 제주 강정마을 군항공사의 중단과 재검토 추진(…후략)

야권연대는 '범야권 공동 정책 합의문'을 체결하고 이를 실천하기 위한 '대한민국을 변화시킬 20가지 약속'을 제시했다. '20개 약속' 중 외교 안보 통일과 관련된 주요 내용은 다음과 같다.

> (…전략) 18) 자주외교·균형외교·평화외교를 통해 한반도와 동북아의 평화체제를 정착시키고, 평화통일이 우리 세대에 이뤄질 수 있다는 희망을 만들겠습니다.
> ● 6·15, 10·4 등 남북 정상 간 합의를 존중하며, 상호체제 인정과 국민적 동의에 기초하는 평화통일을 추진함으로써 한반도의 항구적 평화와 시민참여의 기회를 확대한다.
> ● 호혜평등과 평화지향적인 자주외교를 추진하며 비핵화 및 평화체제 구축을 목표로 남북관계를 획기적으로 개선한다.
> ● 남북과 동아시아 국가들의 협력을 강화한다. 가스관 사업, 유라시아 철도 연결을 추진하며 앞으로의 동아시아 공동체 형성을 위해 치앙마이 협정의 확대, 공동 대외보유고 관리 등을 추진한다.
> ● 제주평화의 섬 건설을 위해 제주해군기지 사업을 원점에서 재검토하고, 국가 안보문제 전반에 대한 결정에서 시민참여를 보장한다.
> ● 국가보안법 폐지 등을 포함하여 인권을 탄압하는 반민주악법을 개폐한다. (…후략)

  ‘원탁회의’에서 대북통일정책과 관련하여 결정된 내용을 압축하면 “6·15, 10·4 선언을 기반으로 통일을 추진한다”는 것이다. 이 ‘원탁회의’의 핵심 참가자이자 원로들 중 ‘좌장’ 격인 백낙청 서울대학교 명예교수는 2012년 2월 14일 김대중도서관에서 열린 ‘북 토크 쇼’에서 ‘2013년 체제론’을 제시한 바 있다. ‘2013년 체제’는 2012년 4월 총선과 12월 대선에서 야권이 승리하여 2013년에 새로운 체제를 출범시키자는 것이다. 백 교수는 ‘2013년 체제’의 핵심을 ‘민주·평화·복지’로 제시하고 특히 ‘통일’을 강조하면서 “새 정부에서 대북정책을 잘 이끌어 나간다면 임기 중 ‘남북연합’을 선포할 수도 있을 것”이라고 언급하였다.

  그는 6월 14일 남북정상회담 12주년 기념식 강연에서 한걸음 더 나아가 “6·15 공동선언은 2013년 체제에서 핵심적 위치를 차지한다”고 언급하여, 6·15 선언에 기반을 둔 통일을 추진해야 한다는 주장을 분명히 하였다. 알려진 대로 6·15 선언 1항은 “통일문제를 우리 민족끼리 힘을 합쳐 해결하자”는 것이며, 2항은 “남측의 연합제 안과 북측의 연방제 안이 서로 공통성이 있다고 인정하고 이 방향에서 통일을 지향하자”는 것이다. 핵심은 ‘우리 민족끼리’와 ‘연합제−연방제의 공통성’이다. 문제는 6·15 선언 2항의 ‘남 연합제−북 연방제의 공통성’이 궁극적으로 존재하지 않는다는 데 있다. 한국의 헌법은 ‘자유민주적 기본질서에 입각한 통일’이며, 북한 노동당 규약은 “전국적 범위(한반도)에서 민족해방(인민)민주주의 혁명과업을 완수”하고 궁극적으로는 “온 사회의 김일성·김정일주의화(주체사상−선군사상)”로 규정되어 있기 때문이다.[4]

  한국의 ‘자유민주적 기본질서’와 북한의 ‘온 사회의 김일성·김정일주의화(주체사상·선군사상)'에는 이론적·실천적으로 공통성이 존재할 수 없게 되어 있다. 자유민주주의 체제와 전체주의 사이에는 공통성이 있을 수 없기 때문이다. 따라서 야권연대가 합의한 대북통일정책은 6·15 공동선언 제1항 '우리 민족끼리'가 통일을 추진하는 실천적 핵심 고리이며, 연합제-연방제의 공통성은 존재할 수도 없고 또 무엇보다 국민적 합의도 전혀 이뤄진 바 없다. 야권연대의 합의문에는 '자유민주주의', '자유민주적 기본질서에 입각한 통일'이라는 표현을 찾아볼 수 없다. 그렇다고 하여 '사회주의 통일'을 지향하겠다는 내용도 등장하지 않는다. 게다가 북한이 사회주의 헌법 개정(2009.4.9)을 통해 '공산주의' 문구를 삭제했기 때문에, 북한은 더 이상 사회주의-공산주의 사회를 지향하는 국가도 아니다. 노동당 규약과 개정 헌법(2012.4.13)에 명기된 바와 같이 오로지 '김일성·김정일주의', '김일성 사회주의 조국' 외에 없다. 따라서 '남 연합제, 북 연방제의 공통성'이 있는 통일은 현실에서 존재하지 않는 통일이다. '관념 속의 통일론'에 불과하다. 6·15 공동선언 2항은 이미 북한 정권에 의해 스스로 사문화되어 버린 것이다. 결국 6·15 공동선언에서 통일 관련 문구는 오로지 '우리 민족끼리 힘을 합쳐'라는 대목만 현실에서 유효하게 되었다는 사실을 알 수 있는데, 이 대목이 '반미 자주화'로 나타날 것이라는 사실은 쉽게 알 수 있다. 이 '우리 민족끼리'의 논리는 종북·친북세력의 영향력에 따라 현실에서 '반미(反美) 자주화 통일론'으로 반드시 수렴되게 되어 있다. '원탁회의'에 참여한 몇몇 주요 인물들을 보면 '야권연대'의 노선이 '반미 자주화' 노선이라는 사실

---

4) 이에 대한 자세한 내용은 이 책 「북한의 대남통일전략」 참조.

을 추지하는 데 어려움이 없음을 알 수 있을 것이다. 따라서 문재인 후보의 대북통일정책이 '야권연대 합의문'과 상당부분 교집합을 유지하고 있는 한, 결국 종북·친북세력과 북한 정권의 대남전략에 의해 견인될 것이라는 사실을 충분히 미루어 짐작할 수 있는 것이다.

3. 무소속 안철수 후보

안철수 후보는 박근혜·문재인 후보보다 대북통일정책에 관한 언급이 많지 않다. 참고할 내용도 단행본『안철수의 생각』, 대선출마선언문(9.19), 정책비전 발표(10.8), 세계지식포럼 기조연설(10.9), 한중일 협력포럼 축사(10.15), 김대중 토론회 축사(10.17) 등에 단편적으로 언급되어 있을 뿐이다. 정리해 보면 다음과 같다.

<표 3-4> 안 후보의 대북통일정책 정리

통일외교 · 국방
- 한반도 평화체제의 선순환
  - 남북대화와 협력
  - 주변국과의 관계 정상화
- 북한 핵무기 폐기
- 안보와 균형된 평화체제
- 남북대화 추진
  - 천안함 피격, 연평도 포격도발 사과
  - 재발방지 문제 해결
  - 서해 NLL 확고히 지키면서 서해평화 실현
- 북한인권 공론화
- 환경·에너지 분야 남북 협력 적극 추진

가. 특징

북한은 핵무기를 폐기해야 한다는 원칙론을 제시하고 있으며, 9·19 공동성명을 준수한다는 입장에 정책 기조가 있는 것 같다. '포용상생의 단계적 통일'이 있지만 급조된 듯한 인상이 강하고 평화에 대한 언급이 상대적으로 많은 편이다. 그런 점에서 평화 정착을 중심으로 대북정책을 다룰 가능성이 많은 것으로 판단된다. 안 후보는 북한인권문제에 대해 언급해야 한다고 주장한 바 있는데, 그렇다고 하여 재중 탈북자 문제, 국군포로·이산가족, 정치범 수용소 철폐 등을 포함하여 구체적으로 제시되어 있지 않다. 따라서 '인권'이라는 보편적 가치를 중시한다는 원론적인 뜻으로 해석된다.[5]

나. 평가

안 후보의 대북통일정책은 "북방정책이나 햇볕정책 등 최상위 전략 개념이 존재하지 않으나 전체적으로 변형 대북 포용정책으로 판단이 가능하다"는 견해가 있으며, 북방경제론이 제시됐지만 이것은 중소기업 살리는 119 프로젝트와 대륙철도 연결, 도로와 해운을 결합하는 복합물류망 구축 등 3대 핵심 사업을 내용으로 하는 것으로 경제 분야를 중심으로 하는 종합적인 정책 구상으로 분류될 수 있다.[6]

안 후보는 대선에서 '정치개혁'을 우선과제로 내세우고 있기 때문에 대북정책의 체계성은 부족하고 선거일이 가까워지면서 부분적으로 보완 작업이 있을 것으로 보인다.

---

5) 왕선택, 『대선후보 대북통일정책 평가 세미나 자료집』, 2012.10.

6) 왕선택, 자료집

제4장

북한의 대남·통일전략

1. 북한의 대남·통일전략 체계와 특징

가. 북한의 대남·통일전략 체계

북한의 대남·통일전략의 기본개념은 '남반부에서 혁명위업을 완수'하는 것이다. 북한 정권의 입장에서 볼 때 남한은 '혁명의 미완 지역'이기 때문에 남한지역에서 '민족해방인민민주주의(NLPDR)'에 의한 혁명을 완수한 후 한반도 전국적 범위에서 김일성주의(주체사상)를 실현하는 것이다.

'혁명을 완수'하는 방도로는 무력통일 전략과 평화통일 전략이 있다. 무력통일 전략은 말 그대로 전쟁을 통한 '혁명 완수' 방식이다. 평화통일 전략은 먼저 남한에 연북(聯北) 정권을 수립한 후 연방제 방식으로 통일하는 것이다. 따라서 평화통일 전략은 남한에 NLPDR에 의한 정권이 수립되는 것이 선결과제이며, 그것을 실천하는 핵심 노선이 '반미(反美) 자주화'이다.

이와 같은 북한의 대남·통일전략은 노동당 규약, 사회주의 헌법, 고려민주연방공화국 창립방안, 조국통일 3대헌장, 전 민족 대단결 10대 강령과 5대 방침 및 각종 대남 지침 등에서 이론적·실천적으로 체계화되어 있으며, 6·25전쟁 이후 지금까지 오랜 기간을 거치면서도 놀라울 정도의 전략적 일관성을 유지해 오고 있다.

(1) 노동당 규약

북한의 대남·통일 전략의 기본 노선은 노동당 규약에 명시되어 있다. 북한은 체제의 형식적인 측면에서 볼 때 당-국가 체제이다. 당-국가 체제는 '당은 지도기관, 국가는 집행기관'으로서 그 지위와 역할이 규정되어 있다. 국가(조선민주주의인민공화국)는 철저히 당(조선노동당)에 의해 지도·통제된다. 북한의 사회주의 헌법에는 "조선민주주의인민공화국은 조선로동당의 영도 밑에 모든 활동을 진행한다"[1]로 규정되어 있다. 따라서 당 규약에 등장하는 대남·통일 관련 표현은 북한에서 최고 수준의 규정성을 갖는다. 당 규약에 명시된 '통일' 관련 대목은 다음과 같다.

> "조선로동당은 위대한 수령 김일성 동지께서 개척하신 주체혁명 위업의 승리를 위하여 투쟁한다. 조선로동당의 당면목적은 공화국 북반부에서 사회주의 강성대국을 건설하며, 전국적 범위[2]에서 민족해방민주주의 혁명[3]의 과업을 수행하는 데 있으며 최종목적은 온 사회를 주체사상화하여 인민대중의 자주성을 완전히 실현하는 데 있다."[4]

---

1) 사회주의 헌법 제11조.

2) '전국적 범위'는 한반도 전역을 의미한다.

3) 6차 당대회에서 개정된 규약은 이 대목이 '민족해방인민민주주의 혁명과업 완수'로 되어 있는데, '인민'이 삭제된 이유는 북한의 대남 통일전선전술과 관련되어 있다. 마치 한국의 '민주주의'가 북한의 '민족해방민주주의'와 공통성이 있는 것처럼 위장하고 있다.

4) 「조선로동당 규약」(2010.9.28. 개정)에서 발췌. 2012년 4월 11일 제4차 당대표자회에서 개정된 당 규약 전문(全文)은 2012년 10월 현재 미공개. 그러나 김정은이 권력을 승계하면서 북한 당국이 미리 공개한 '4·6 담화'에서 일부 개정된 당 규약 내용이 등장하여 주요 개정대목은 추지(推知)할 수 있다.

이 대목이 갖고 있는 의미를 부연 설명하면, 노동당은 김일성의 주체혁명의 승리를 위하여 투쟁하는 당으로서, 첫 번째는 북한지역에서 사회주의 강성대국을 실현하고, 두 번째로 남한 지역에서 민족해방인민민주주의혁명(NLPDR)을 실현하며, 세 번째는 전 세계를 주체사상화하는 것이 목적이라는 뜻이다.[5]

노동당 규약은 통일에 대한 규정성뿐만 아니라 통일을 위한 방도 및 실천전략까지 포괄하고 있다.

> "조선로동당은 전 조선의 애국적 민주 력량과의 통일전선을 강화한다. 조선로동당은 남조선에서 미제의 침략무력을 몰아내고 온갖 외세의 지배와 간섭을 끝장내며 일본군국주의의 재침책동을 짓부시며 사회의 민주화와 생존의 권리를 위한 남조선 인민들의 투쟁을 적극 지지성원하며 우리 민족끼리 힘을 합쳐 자주, 평화통일, 민족대단결의 원칙에서 조국을 통일하고 나라와 민족의 통일적 발전을 이룩하기 위하여 투쟁한다."[6]

상기의 문장 중에 "전 조선의 애국적 민주역량과의 통일전선"이 내포하고 있는 의미는 북한지역 외에도 한국·일본·미국·유럽·중국 등 전 세계에 거주하는 모든 '조선민족' 중에서 북한 정권 지지자들과 통일전선을 형성한다는 뜻이다. 바로 이와 같은 맥락에서, 예를 들면 종북단체인 범민련이 북측본부·남측본부·해외본부를 두고 있는 것이다.

간단히 말하면, 이러한 통일전선을 통하여 주한미군 철수 및 한미

---

5) 노동당의 '온 사회의 주체사상화' 노선은 김정일이 김일성의 후계자가 된 직후인 1974년 4월 공표되었다. 주체사상은 곧 '김일성주의'로서, 당시 김정일은 주체사상을 '김일성주의'라는 용어로 정식화한 바 있다. 이 시점부터 북한은 구공산권 국가 중 마르크스-마르크스주의에서 이탈하여 사실상 주체사상에 의한 독자노선을 취하게 되었다.

6) 당 규약에서 발췌.

군사동맹을 파기시키고, 남한과 해외에서 활동하는 종북세력을 추동하여 '우리 민족끼리' 힘을 합쳐 통일하자는 의미이다. 이 문장을 한마디로 압축하여 대중적으로 슬로건화한 표현이 '반미(反美) 자주화 투쟁'이라고 할 수 있다.[7]

(2) 사회주의 헌법

북한의 사회주의 헌법에 명시된 '통일' 관련 대목은 다음과 같다.

> [서문]
> "김일성 동지와 김정일 동지께서는 나라의 통일을 민족지상의 과업으로 내세우시고 그 실현을 위하여 온갖 로고와 심혈을 다 바치시었다. 김일성 동지와 김정일 동지께서는 공화국을 조국통일의 강유력한 보루로 다지시는 한편 조국통일의 근본원칙과 방도를 제시하시고 조국통일운동을 전 민족적인 운동으로 발전시키시어 온 민족의 단합된 힘으로 조국통일위업을 성취하기 위한 길을 열어 놓으시었다."[8]

> [제1장 정치]
> "제9조: 조선민주주의인민공화국은 북반부에서 인민정권을 강화하고 사상, 기술, 문화의 3대혁명을 힘있게 벌여 사회주의의 완전한 승리를 이룩하며 자주, 평화통일, 민족대단결의 원칙에서 조국통일을 실현하기 위하여 투쟁한다."

이상에서 알 수 있듯이, 북한 정권은 "나라의 통일을 민족지상의 과업"으로 내세워 왔으며, 남한과 해외에 지속적으로 지하당을 구축하는 등 "통일운동을 전 민족적인 운동"으로 내세우며 대남·통일전

략을 전개해 왔다.

물론 대한민국의 헌법에도 '통일' 관련 조항이 있다.「헌법」제3조 "대한민국의 영토는 한반도와 그 부속도서로 한다"와 제4조 "대한민국은 통일을 지향하며, 자유민주적 기본질서에 입각한 평화적 통일정책을 수립하고 이를 추진한다"는 조항이 명문화되어 있다. 하지만 한국은 정부가 바뀌면서 통일방안과 통일정책이 변화하였다. 이승만 정부 시기의 북진통일론은 박정희 정부에서 평화통일론과 '선(先)건설 후(後)통일' 정책으로 수정되었으며, 이후 1989년 노태우 정부 시기에 '한민족공동체통일방안'이 나왔고, 1994년 김영삼 정부 때 '민족공동체통일방안'이 발표되었다.

그러나 실제로 국민과 정부가 '통일'을 국가의 최우선 정책으로 상정하여 현실적으로 타당한 전략전술을 수립하여 통일을 추진했다고 보기는 어려웠고, 1980년대 말 구 공산권 붕괴 등 역사적 흐름의 변화를 타고 통일에 대한 자신감과 민족통일의 염원이 표출된 '정치적 선언'의 의미가 강한 편이었다.

한국 사회에서 통일에 관한 논란이 '갑자기' 등장하게 된 계기는 2000년 남북정상회담에서 합의된 6·15 공동선언 1, 2항 때문이었다. "통일문제를 우리 민족끼리 힘을 합쳐 자주적으로 해결"(1항)하고, "남측의 연합제와 북측의 낮은 단계의 연방제 안이 공통성이 있다고 인정"(2항)한다는 합의내용이 남북정상회담 개최 이전에는 전혀 예상되지 못하고 '깜짝쇼'처럼 등장하였다. 이후 한국 사회에서는 남북관계 및 통일문제를 둘러싼 '남남갈등'이 촉발되었고, 북한은 2007년 10·4 선언까지 남북관계 주도권을 장악하면서 남측으로부터 경제지원을 받아 내는 한편, 한국 사회를 보수-진보, 반북-친북으로 갈라놓는 대남 전략전술을 전개하였다. 이와 같은 남북관계의 경험에 비추어 알 수 있듯이, 북한 정권을 상대로 유리한 협상을 전개하거나 대북전략을 수행하는 것이 결코 간단한 일이 아니다. 이는 북한의 대남·통일전략이 그만큼 체계화되어 있다는 사실을 현실에서 입증하는 것이기도 하다.

김대중·노무현 정부 시기에 북한의 '통일능력 회의론'이 일시 등장한 바 있었다. 그 핵심내용은 "국가로서의 능력을 상실한 북한 정권이 설사 남한을 통일한다 해도 이미 경제력이나 정치능력에서 훨씬 앞서고 인구도 두 배나 많은 남한 주민들을 과연 효율적으로 통치할 수 있을 것이냐?"라는 의문이었다. 이에 관하여 북한이 통일할 경우에도 남한을 뜻대로 통치하기 어려울 것이며 오히려 남한 주민에 의해 김정일 독재정권이 민주화되는 과정을 거칠 것이라는 견해를 보인 경우가 적지 않았다. 따라서 북한 정권이 과거처럼 남한을 상대로 대남 통일전선전략을 수행하기 어렵고, 자신의 정권 생존을 위해서라도 국가 자원배분 우선순위에서 대남전략을 약화시킬 수밖에 없지 않겠느냐는 전망이 있었다. 또 이와 같은 견해는 남북한 국력의 차이를 현실로서 인정하고 남한의 대북정책 수행에서도 햇볕정책처럼 좀 더 자신감 있는 전략을 구사할 필요가 있다는 주장을 뒷받침하는 논리로 활용되기도 하였다. 이러한 북한의 '통일능력 회의론'은 현실을 반영한 측면이 있다. 1990년대 들어 구소련을 비롯한 동유럽 공산권이 몰락하고, 한중·한러 수교 등 한국의 북방외교가 성공을 거두게 되자, 북한은 방어적 대남전략으로 전환하면서 한국의 공세적 대북전략에 대응하기 위한 방편으로 마지못해 "남북기본합의서"와 "한반도 비핵화공동선언"에 사인을 해주게 된다. 이후 북한은 적극적인 대남전략보다 핵개발 등 체제생존을 위한 전략에 중심을 두게 되었다.

북한의 '통일능력 회의론'도 이 같은 배경에서 등장하게 되었는데, 이후 북한의 핵개발이 국제사회에 대형 이슈화되고 2006년 핵실험을 강행함으로써 더 이상 사회적 쟁점으로 부각되지는 않았다. 하지만 북한의 통일능력이 현실에서 역부족인 문제와 북한 정권이 통일의지를 포기하였다는 문제는 분리해서 볼 필요가 있다.

북한의 당규약 등 대남전략의 기본노선과 원칙을 고려하면, 비록 경제력을 위시한 종합적인 남북한 국력의 차이를 인정한다 해도, 만약 북한 정권이 남한을 '접수'할 경우 전통적인 계급투쟁과 프롤레타리아 독재이론에 근거한 계급혁명 방식으로 남한의 보수 주류세력을 타도하고, 상당기간 계급투쟁과 극도의 공포통치, 감시통제 방식을 동원하여 기존의 남한 질서를 해체시키는 전략을 구사할 것이라는 점은 분명해 보인다. 이는 한국 사회에서 '남조선 혁명과 북한정권의 존재이유'의 관련성에 대하여 좀 더 체계적인 이해가 필요하다는 사실을 말해주는 것이기도 하다. 다시 말해, 북한 정권이 현실적 능력이 저하되었다고 하여 '남조선 혁명'의 의지도 상실했을 것으로 추정하는 주장은 받아들이기 어렵다. 다소 극단적인 표현을 사용한다면, 북한의 김씨 정권이 소멸하는 시점까지도 북한은 대남통일전략, 즉 '남조선 혁명'을 포기하기 어렵다는 의미이다. 이에 대해서는 부연 설명이 필요하다.

(3) 2012년 4월 개정 당규약과 사회주의 헌법

위에서 언급한 바와 같이, 북한은 체제의 형식의 측면에서 당－국가 체제이며, 대남통일전략은 당 규약과 사회주의 헌법에 규정되어 있다. 문제는 이와 같은 대남통일전략이 김일성가(家)에 의한 권력세습이 지속되는 한 노동당 규약에서 삭제되어 공식적으로 폐기되는 것은 불가능하다는 사실이다.

2000년 6·15 남북정상회담을 계기로 김대중 전 대통령이 "김정일 위원장이 주한미군의 주둔을 인정하였으며, 이로써 한반도에서 전쟁 위험성이 사라졌다"고 언급하면서, 일부 언론에서 "노동당 규약에서 '남조선 혁명' 삭제 가능성"이 보도된 바 있다. 이 사건은 일회성 해프닝으로 끝나긴 하였지만 이와 같은 작은 소동이 발생하는 원인도 '북한체제의 특성에 대한 몰이해'에서 빚어진 것으로 볼 수 있다.

한국은 중요한 국가적 변화를 선택해야 할 경우 국회에서 의결하거나 헌법 개정과 국민투표에 부쳐 집행할 수 있다. 헌법 개정을 통해 심지어 '영토 조항' 변경도 가능하다. 북한 노동당 규약을 개정하려면 절차적으로는 당대회 또는 당대표자회를 거치게 되어 있다. 하지만 사후(事後)에 당대회 또는 당대표자회를 거쳐 결정한다 하더라도 사전(事前)에 반드시 수령(= 영도자 = 김일성·김정일·김정은)의 지시나 비준이 전제되어야 한다. 그 이유는 조선노동당을 영도하는 주체가 수령이기 때문이다. 수령은 당과 국가를 초월하는 존재이기 때문에 조선노동당은 수령의 영도를 보좌하고 실무적으로 집행하는 역할을 한다. 이렇게 볼 때 북한체제의 기본특징은 수령-당-인민대중의 지시·복종 체계이다. 이 관계를 김정일은 사회유기체설에 비유하여 수령(뇌수)-당(심장)-인민(팔다리)으로 규정하였다.

전통적인 사회주의 체제는 당-국가 체제로서 당은 지도기관, 국가는 집행기관으로서 그 지위와 역할이 부여되어 있다. 공산당은 중앙위원회와 정치국을 중심으로 운영되며 소수로 구성된 정치국 상무위원회까지 집체적으로 정책이 결정되는 특징을 갖는다. 반면 북한은 수령이 당－국가의 초월적 존재로서의 지위를 갖기 때문에 당과 국가는 수령을 보위하며 수령의 교시와 말씀을 집행하는 역할을 하게 된다. 수령은 초월적 존재이기 때문에 '당연히' 수령에 대한 역할도 규정되어 있지 않다. 따라서 수령의 권한은 무한대이며 그 책임에서는 완전히 자유롭다. 또 수령은 '인민의 생명의 어버이'이기 때문에 인민대중이 선거를 통하여 선출하는 것이 아니라 '추대'를 받아야 한다.9) 또 북한 정권은 '수령'의 출현은 역사적으로 한 번뿐이며 그다음부터는 수령에게 가장 충직한 사람(후계자)이 수령의 지위를 물려받아 추대된다고 주장한다. 이에 따라 김일성은 '영원한 수령'이며, 김정일과 김정은은 '수령의 후계자'로서 '영도자'로 표현되는 것이다. 김정일은 1970~1980년대 중반까지 이 같은 수령절대주의 체제의 이론과 실천을 완성하였다. 이 때문에 김일성은 '위대한 수령', 김정일은 '위대한 영도자', 김정은은 '최고 영도자'로 되면서 대를 이어 권력세습이 가능해진 것이다.

김정일 사망 후 제3차 당대표자회(2010.9.28)와 제4차 당대표자회(2012.4.11)에서 당 규약이 새로 개정되었다. 또 2012년 4월 13일 사회주의 헌법이 개정되면서, 조선노동당과 조선민주주의인민공화국은 "김일성·김정일의 당과 국가"로 명문화되었다. 북한이 명실상부 '왕조국가'임을 내외에 천명한 것이다. 북한이 당대회를 통해 마지막으로 당 규약을 개정한 시기는 제6차 당대회(1980.10.13)였다. 당시의 당 규약은 "조선로동당은 위대한 수령 김일성 동지에 의해 창건된 주체형의 혁명적 마르크스－레닌주의당"으로 성격을 규정하였다. '주체

---

9) 김광인, 「북한 권력승계에 관한 연구」, pp.136-137, 1998(서울).

형의 혁명적 마르크스-레닌주의당'으로 표현한 이유는, 내부적으로는 북한의 지도사상이 '주체사상'이긴 하지만 소련·중국 등 다른 사회주의 국가들을 의식하였기 때문이다. 이후 김정일은 무려 30년 동안 당대회를 개최하지 않아 오다가, 2010년 9월 28일 김정은을 후계자로 공식화하면서 권력을 세습해주기 위하여 당대회에 가름하는 '당대표자회(제3차)'를 개최하였다. 이날 당대표자회에서 개정된 당 규약의 첫 문장에서 "조선로동당은 위대한 수령 김일성 동지의 당이다"로 명문화되었다. 이로써 김정일은 노동당을 '김일성의 사당(私黨)'으로 공식화하면서 김일성 가문에 의한 권력세습이 이론적·법적으로 가능하도록 하였다. 이후 김정일은 1년여 지난 2011년 12월 17일 사망하였다. 김정은은 제4차 당대표자회, 최고인민회의 제12기 5차 회의를 통해 조선노동당 제1비서, 국방위원회 제1위원장으로 각각 추대되었는데, 제4차 당대표자회에서 노동당의 성격 규정에 변화가 있었다.

김정일이 사망함에 따라 당규약과 사회주의 헌법에도 변화가 있을 것으로 예상되었는데, 북한당국이 발표한 김정은의 '4·6 담화'에서는 '김일성·김정일주의'가 언급되었으며, 그 주요 내용이 당 규약에 추가되었을 것으로 관측되고 있다. '4·6 담화'는 김정은이 2012년 4월 6일 당중앙위원회 책임일군들에게 행한 담화로 알려져 있는데, 《노동신문》은 '위대한 김정일 동지를 우리 당의 영원한 총비서로 높이 모시고 주체혁명위업을 빛나게 완성해 나가자'라는 제목으로 보도하였다.[10] '4·6 담화'는 김정일 사망 후 북한의 사상 분야에서의 변화를 함축하고 있다. 주요 대목은 다음과 같다.

---

10) 《노동신문》, 2012.4.19.

　　“조선로동당의 지도사상은 위대한 김일성·김정일주의입니다. 조
　　선로동당은 김일성·김정일주의를 지도사상으로 하고 그 실현을
　　위하여 투쟁하는 영광스러운 김일성·김정일주의당입니다.”

　　“김일성·김정일주의는 주체의 사상, 리론, 방법의 전일적인 체계
　　이며 주체시대를 대표하는 위대한 혁명사상입니다. 우리는 김일성·
　　김정일주의를 지도적 지침으로 하여 당건설과 당활동을 진행함으로
　　써 우리 당의 혁명적 성격을 고수하고 혁명과 건설을 수령님과 장
　　군님의 사상과 의도대로 전진시켜 나가야 합니다.”

　　“온 사회의 김일성·김정일주의화는 우리 당의 최고강령입니다.
　　온 사회의 김일성·김정일주의화는 온 사회의 김일성주의화의 혁
　　명적 계승이며 새로운 높은 단계에로의 심화발전입니다.”

　　김정일 사망 이전 당 규약(2010.9.28. 개정)의 첫 문장은 “조선노동
당은 위대한 수령 김일성 동지의 당이다”11)로 되어 있었다. 이 대목
이 김정일 사망 후 “조선로동당은 김일성·김정일주의를 지도사상으
로 하고, 그 실현을 위하여 투쟁하는 김일성·김정일주의당”으로 새
로 규정된 것이다. ‘김일성·김정일주의’라는 표현은 ‘4·6 담화’에서
처음 등장하였다. 김정일은 김일성의 후계자가 된 후 1974년 2월 19
일 「온 사회를 김일성주의화하기 위한 당 사상사업의 몇 가지 과업에
대하여」라는 논문을 발표하였다. 여기에서 ‘김일성주의’라는 표현이
등장하였는데, 당시 김정일은 김일성의 혁명사상이 ‘김일성주의’이
며, “김일성주의는 주체의 사상·이론·방법의 전일적(全一的) 체계”
라고 설명하였다. 이에 따라 ‘온 사회의 김일성주의화’는 당의 최고강
령이 되었고, 김정일은 ‘수령의 유일사상체계와 유일적영도체계’라는
유일독재체계를 만들어서 모든 권력이 김일성과 후계자(김정일)를

---

11) 제3차 당대표자회(2010.9.28).

통해 구현되도록 제도화하였다. 그러다 1982년 이후 슬그머니 '김일성주의'라는 표현을 쓰지 않고 '주체사상'을 '주체의 사상·이론·방법의 전일적(全一的) 체계'로 대신하였다. 즉, '김일성주의 = 주체사상'으로 등식화한 것이다. 김일성 사망 후 1998년 김정일은 '선군정치'를 내세웠고, 이를 '선군사상'으로 확대하였으며, 2009년 사회주의 헌법을 개정하여 북한의 지도사상으로 주체사상에 '선군사상'을 추가하였다.12) 이어서 김정일이 사망하자 '김일성·김정일주의'가 북한의 지도사상으로 확정된 것이다.

당규약이 개정됨에 따라 이틀 후 개정된 사회주의 헌법 서문의 모든 표현도 '위대한 수령 김일성 동지와 위대한 영도자 김정일 동지는…'으로 일괄 개정되었다. 선군사상의 상징인 '핵보유국'도 헌법에 명기되었다. 이와 같은 논리적 귀결에 따라 조선노동당은 '김일성·김정일의 당', 조선민주주의인민공화국은 '김일성·김정일의 조국'으로 규정된 것이다. 김일성·김정일주의는 주체사상과 선군사상을 의미한다. 이에 따라 북한의 '유일사상체계'도 '주체사상', '선군사상'이 합쳐진 '김일성·김정일주의'가 되었다. 북한 당국은 지도사상으로 주체사상과 선군사상이 주민들의 의식에서 따로 두 가지로 분리되어 인식되지 않도록 하기 위해서 '김일성·김정일주의'라는 하나의 합성명사 형태로 사용한 것으로 보인다. 다시 말해, 김일성의 주체사상과 김정일의 선군사상이 합쳐져 '김일성·김정일주의'로 되고, 이 김일성·김정일주의가 '유일사상체계'가 되도록 조치한 것이다. 그런데 중요한 문제는 이 규정이 갖는 현실에서의 의미가 여러 가지로 파생

---

12) 최고인민회의 제12기 제1차 회의(2009.4.9).

될 수 있다는 사실이다. 예를 들면, 당 규약에서 김일성·김정일주의가 지도사상으로 되었고, 이에 근거하여 개정 사회주의 헌법에 김정일의 업적으로 '핵보유국'이 명기되었는데, 이 대목에 내재된 의미는 '앞으로 북한에서 그 누구도 핵보유국의 지위를 훼손하는 언행을 할 수 없게 되었다'는 뜻을 함축하는 것이기도 하다. 즉, 만약 어느 북한 당국자가 비록 협상용 발언이라 할지라도 '북한 비핵화 가능성'을 언급하게 될 경우, 그는 '유일사상체계 위반'으로 처벌받을 수도 있는 것이다.[13]

북한의 대남통일전략을 설명하면서 지도사상과 당 규약을 장황하게 언급하는 이유도, 비록 지금 북한주민들의 의식에는 주체사상·선군사상이 희박해져 있지만, 김정은을 중심으로 한 김 패밀리는 주체사상과 선군사상의 틀을 벗어나기 어려우며, 따라서 북한 당국의 대남통일전략도 이 노선에서 '결코' 벗어날 수 없다는 사실을 재확인하기 위한 것이다. 북한의 통치이데올로기는 왕조시대의 종묘·사직(宗廟·社稷)에 비유할 수 있다. 종묘(宗廟)는 '김일성·김정일의 위대성을 대를 이어 계승·발전하는 것'이며, 사직(社稷)은 주체사상+선군사상에 기반을 둔 이른바 '우리식 사회주의'를 계승·발전하는 것이다. 요약하면 북한 정권이 김일성가(家)에서 벗어나지 않는 한 김일성·김정일주의에서 이탈이 불가능하고, 대남통일전략에서의 변화도 불가능하다는 의미이다.

(4) 조국통일 3대 헌장

북한의 대남통일전략의 체계는 당 규약에서 밝힌 '온 사회의 김일

---

13) 이 관점에서 보면 북한은 향후 6자회담이 재개되더라도 '북핵폐기 논의'에서 이탈하여 이른바 핵군축과 한반도평화체제 논의를 위한 장(場)으로 활용하려 할 것으로 추정된다.

성・김정일주의화'가 최종 목적이며, 이를 남한 지역에서 관철하는 원칙과 노선, 방도를 규정한 것이 '조국통일 3대 헌장'이다.

'조국통일 3대 헌장'은 김일성이 제시한 북한의 통일방침을 집약한 것으로 △조국통일 3대 원칙(1972), △고려민주연방공화국 창립방안 (1980), △전 민족대단결 10대 강령(1993)을 지칭하는 것이다. '조국통일 3대 헌장'이란 용어는 김정일이 1996년 11월 24일 판문점 방문 시 최초로 사용했다고 알려지고 있다. 그러나 공식적으로 사용된 것은 1997년 1월 1일 신년공동사설이며, 1997년 8월 4일 김정일이 발표한 「위대한 수령 김일성 동지의 조국통일 유훈을 철저히 관철하자」라는 논문에서 새삼 강조하고 있다.[14]

나. 북한의 통일전략의 변화과정

북한의 통일전략은 시대적 조건과 환경에 따라 변화하였다. 분단 후 초기의 통일전략은 이른바 '민주기지론'에 의한 무력적화통일이 었다. 이를 위장된 평화공세 속에서 실행에 옮긴 것이 6・25남침전쟁 이었다. '민주기지론'은 1960년 '4・19혁명' 이후 '남조선 혁명론'으로 발전되었고, 이 시기에 김일성은 과도적 조치로서 '남북연방제'를 처음으로 제기하였다(1960.8.14).

남조선혁명론과 '연방제통일방안'은 1973년의 '고려연방제'를 거쳐 1980년 '고려민주연방공화국창립방안'으로 제시되었으며, 1991년 '1민족 1국가 2제도 2정부'에 기초한 연방제로, 2000년 남북정상회담 에서 '낮은 단계의 연방제'로 등장하였다.

---

14) 북한은 이를 「8・4노작」이라고 한다.

북한은 6·25전쟁 이후 여러 차례 통일방안과 통일원칙을 제시하였는데, 최근까지 집약된 통일방안은 1972년 7·4 남북공동성명에서 합의한 자주·평화·민족대단결의 '조국통일 3대 원칙'을 비롯하여 북한이 단독으로 제시한 고려민주연방공화국 창립방안, 전민족대단결 10대 강령이다. 북한의 통일방안은 '연방제' 통일방안인데, 연방제 통일방안도 시기별로 변화하였다.

(1) 연방제 통일방안의 변화

김일성은 1960년 8월 15일 경축연설에서 '과도기적 대책으로서 남북 연방제'를 제시하였다. 당시 김일성의 구상은 남북의 정치제도를 그대로 두고 남북 정부의 독자적인 활동을 보존하면서 두 정부의 동수 대표들로 '최고민족위원회'를 구성하여 남북 간 경제문화발전 등을 통일적으로 조절하는 방법으로 실시한다는 내용이었다. 이 시기부터 북한은 최고민족위원회 설치 등 정치협상을 중시하는 경향을 보여 왔다.

(가) 1970년대 고려연방공화국

북한은 1973년 6월 23일 체코슬로바키아 공산당 총서기 구스타프 후사크 환영대회의 연설을 통해 '조국통일 5대 강령'을 제시하였다. 요지는 ① 남북 간 군사적 대치상태 해소, ② 남북 간 합작·교류, ③ 남북 각계각층, 정당·사회단체 대표들로 구성되는 대민족회의 소집, ④ 고려연방공화국을 국호로 하는 남북연방제 실시, ⑤ 고려연방공화국 단일국호에 의한 유엔가입 등이었다.

(나) 1980년대 고려민주연방공화국 창립방안

북한은 1980년 10월 10일 노동당 제6차 대회에서 김일성의 사업총화 보고를 통해 '고려민주연방공화국 창립방안'을 제시하였다. 여기에서 자주적 평화통일을 위한 선결조건과 연방제의 구성·운영원칙 및 10대 시정방침이 제시되었다.

북한은 '남조선의 군사파쇼통치 청산과 민주화 실현'을 주장하면서 '자주적 평화통일을 위한 선결조건'으로 ① 반공법, 국가보안법 등 파쇼악법의 폐지 및 폭압통치기구 제거, ② 제 정당·사회단체들의 합법화 및 개별인사들의 자유로운 정치활동 보장, ③ 민주인사·애국인사 석방, ④ 군사파쇼정권의 민주정권으로의 교체 등을 제시하였다. 또 남북 긴장상태 완화 및 전쟁위험 제거를 명분으로 ① 정전협정의 평화협정 대체를 위한 미국과의 협상, ② 주한미군 철수, ③ 미국의 내정 불간섭 등을 주장하였다.

(다) 1990년대 '1민족 1국가 2제도 2정부' 연방제

1990년대 공산권이 붕괴하면서 연방제 통일방안도 변화하였다. 1991년 김일성은 신년사에서 '1민족 1국가 2제도 2정부에 기초한 연방제'를 제시하였다. 김일성은 "남북에 서로 다른 두 제도가 존재하고 있는 실정에서 조국통일은 누가 누구를 먹거나 누구에게 먹히지 않는 원칙에서 하나의 민족, 하나의 국가, 두 개 제도, 두 개 정부에 기초한 연방제 방식으로 실현되어야 한다. (…) 하나의 국가, 하나의 제도에 의한 제도통일론은 분열을 끊임없이 지속시켜 결국 통일을 하지 말자는 것이기 때문에 제도통일은 후대에게 맡기자"고 주장하였다. 김일성이 제도통일에 부정적인 입장을 밝힌 배경은 독일의 흡

수통일 방식에 충격을 받았기 때문이다.

북한은 '1민족 1국가 2제도 2정부 연방제'에서 통일국가의 형태는 남북 지역정부가 동등하게 참여하는 연방국가이며, 통일국가의 성격은 자주·평화·비동맹의 독립국가로 규정하였다. 북한은 이 시점부터 연방제 실현의 '선결조건'을 계속 주장하였다. 1993년 '전 민족 대단결 10대 강령'을 채택하면서 남한에 대해 ① 외세의존 포기, ② 주한미군 철수, ③ 외국 군대와의 합동군사연습 영구 중지, ④ 미국의 핵우산 탈퇴 등을 요구하였다. 김일성의 전 민족 대단결 10대 강령을 한마디로 압축한다면 그 키워드는 '반미 자주화'이다.

공동성명에 기술된 원칙을 살펴보면, "첫째, 통일은 외세에 의존하거나 외세의 간섭을 받음이 없이 자주적으로 해결해야 한다. 둘째, 통일은 서로 상대방을 반대하는 무력행사에 의거하지 않고 평화적인 방법으로 실현해야 한다. 셋째, 사상과 이념 제도의 차이를 초월하여 우선 하나의 민족으로 민족적 대단결을 도모하여야 한다"이다. 그러나 남북한은 각 원칙을 해석함에 있어 상당한 차이를 보여 주고 있어 유의해야 한다.[15]

첫째, 자주의 원칙이란 외세의 개입 없이 우리 민족의 힘으로 통일을 이루겠다는 원칙이다. 그런데 북한은 자기네들은 자주화가 되어 있는데, 남한은 미제의 식민지사회이기 때문에 민족자주권이 없다며, 남한사회의 자주화를 위해 '주한미군'과 '미국의 내정간섭 중지' 등이 선행되어야 함을 주장하고 있다. 둘째, 평화 통일의 원칙이란 무력이 아닌 평화적인 방법으로 통일을 하자는 것이다. 그러나 북한은 자

---

15) 북한연구소, 『북한대사전』, 동명사, 2011, p.839.

기네들은 평화적 정세가 조성되어 있으나, 남한은 팀스피리트 훈련과 같은 대규모 북침전쟁훈련과 무력증강에 열을 올리며 비평화적 정세를 조성하고 있다고 강변하면서 평화원칙을 실현하기 위해서는 '핵무기 철거', '군사훈련 중지' 등이 선행되어야 한다고 주장한다. 셋째, 민족대단결의 원칙이란 남북한 국민이 이념과 제도를 초월하여 대단결하여 통일을 이루자는 것이나, 북한은 남한 정부가 반북대결정책, 반민족반통일 정책을 전개하고 있다고 비방하며 민족대단결원칙의 실현을 위해선 '국가보안법 철폐', '공산당의 합법화', '양심수 석방' 등이 선행되어야 한다고 주장하고 있다.16)

이러한 북한의 주장은 결국 대남적화노선의 걸림돌이 되는 주한미군을 철수시켜 군사적 공백상태를 초래하고, 제한적 방어훈련인 군사훈련을 저지하여 군사력의 저하를 노리고, 국가보안법을 무력화시켜 공산당을 합법화하고 남한 내의 간첩이나 친북좌익세력의 활동을 고무하여, 남한 사회의 혼란을 조성한 다음 무력으로 적화통일하겠다는 저의를 보여 준 것이다.17)

(2) 2000년 6·15 공동선언과 대남전략

6·15 공동선언에서 북한은 '낮은 단계의 연방제'를 제시하였다. 북한은 '낮은 단계의 연방제'의 의미에 대해 "1민족 1국가 2제도 2정부의 원칙에 기초하되 남북의 정부가 정치·군사·외교권을 비롯한 현재의 기능과 권한을 그대로 보유한 채 그 위에 민족통일기구를 구성하는 것"18)으로 규정하였다.

---

16) 북한연구소, 앞의 책, P.840
17) 북한연구소, 앞의 책, p.840

이후 북한은 '6·15선언'이 연방제 방식의 통일을 지향하는 것이라고 주장[19]함으로써 연방제 통일방안에 맞추어 해석하였으나, 남측에서 해석을 둘러싼 논란이 확대되자 "북과 남이 통일방안에 대해 완전히 합의했다는 의미가 아니라 서로의 통일방안의 공통점을 인식한데 기초하여 그것을 적극 살려 통일을 지향해 나가기로 했다는 의미"라고 해명하였다.[20]

2000년 이후 북한은 통일방안에 대한 언급을 하지 않는 대신, "반미 자주화 투쟁", "우리 민족끼리", "6·15 공동선언, 10·4 선언 실천" 등에 초점을 맞춰 대남 공세를 전개해 왔다. 2002년 10월 북한의 고농축우라늄 핵개발 프로그램이 발각되어 '제네바 합의'가 파기되자 북한은 '민족공조론'을 제기하였다. 2003년 신년공동사설에서 한반도 정세를 '조선민족 대 미국의 대결'로 규정하였고, 2006년 신년공동사설에서는 "우리 민족끼리 자주통일, 반전평화, 민족대단합의 3대 애국운동"을 주장하였다.

2006년 '반제민전'(구 한민전) 신년 메시지는 "모든 투쟁을 반미로 확고히 지향시키며 미군철수 총진군, 반미 자주화 투쟁에서 승리의 돌파구를 열자"고 주장하면서 "평택 미군기지 확장저지와 미군기지 철폐"를 선동하였다.

다. 통일전선전술의 확대

'통일전선전술'이란 공산주의자들의 대표적인 조직동맹 전술로, 공

---

18) 안경호 조국평화통일위원회 서기국장은 2000년 10월 6일 '고려민주연방공화국 창립방안 제시 20돌 기념 평양시 보고회'를 통해 이같이 주장하였다.

19) 노동신문 2001년 12월 9일자.

20) 2002년 5월 30일자 ≪노동신문≫ 논평.

산당 세력이 주적(主敵)을 타도하는 데 있어서 자파(自派) 세력의 힘
만으로 불가능할 때 필요한 동조세력을 획득하고 그들과 잠정적인
동맹체를 형성하여 투쟁하는 조직전술이다.[21]

북한의 통일전선전술은 △하층 통일전선을 위주로 하되 상층 통일
전선을 유기적으로 결합, △낮은 형태의 공동투쟁에서 높은 형태의
공동투쟁으로, 부분적인 연합으로부터 전반적인 연합 실현, △전략적
동맹대상과 전술적 동맹대상을 엄격히 구별하여 양자를 적절히 연합,
△통일전선 대상이 보잘것없이 영세한 역량이라 할지라도 무시하지
않고 한 사람이라도 더 쟁취, △정세변화에 따라 조성된 여건에 맞게
신축성 있게 적응, △반미·반파쇼 민주화운동에 적극적인 사람은 과
거를 불문하고 포섭, △지하당사업과 통일전선 사업을 엄격히 분리하
여 공작하는 것 등이다.[22]

2000년 6·15 공동선언 이후 두드러진 북한의 통일전선전술의 특
징은 상층-중층-하층 통일전선공작의 배합이 정교화되고 강화된
것이다. 북한은 6·15 공동선언 이후 조성된 합법공간에 편승해 남북
대화 및 우리 사회 고위층 인사들의 방북초청을 통해 상층 통일전선
구축에 주력하고, 학술·종교·언론·체육·문화 등 각 분야의 민간
급 남북교류를 선택적으로 활용하여 방북자들을 대상으로 중-하층
통일전선전술을 구사하는 데 주력해 왔다.[23]

북한이 온라인과 오프라인을 배합하며, 민족대단결이라는 미명하
에 내세우는 각종 대남선동공세도 통일전선전술의 일환이다. 북한은

---

21) 유동열, 「최근 북한의 대화공세와 통일전선전술」(2011).

22) 네이버 백과사전 '통일전선전술' 항목.

23) 유동열, 위 논문.

기존의 대남선동수단인 ▷방송매체: 평양방송, 구국의 소리 방송,24) 위성TV25) 등, ▷기구를 이용한 전단 제작·살포 외에도, 최근에는 인터넷을 통한 대남선동공세의 확산을 추진하고 있다.26) 현재 북한은 일본·중국·캐나다 등에 북한이 직접 운영하는 조선중앙통신(KCNA) 홈페이지 외에 '구국전선'(한민전 홈페이지) 등 해외친북단체 명의로 자체 홈페이지를 100여 개 망 구축해 놓고 대남선동을 전개하고 있다.

라. '평화협정' 공세

북한의 대남통일전략은 '조국통일 3대 헌장'에 기반을 둔 전략적 노선에서 변함없는 일관성을 유지해 왔다. 하지만 1990년대 공산권 몰락이라는 외생적 요인과 장기간 축적된 사회주의 체제 내부의 모순, 식량·에너지·경화 결핍과 생산력 붕괴, 1990년대 중반 300만 명이 굶어 죽는 대아사 기간을 거치면서 2000년대 이후 우선순위에서 '통일전략'보다는 체제생존과 대남교란에 비중을 둔 전술적인 변화를 시도하였다.

김정일은 김대중·노무현 정부의 대북유화정책에 힘입어 남한으로부터 경제지원을 얻어내는 한편, 대남 통일전선전술의 확대를 통해 남남갈등 유발 등 남한사회 내부를 교란하고, 6·15, 10·4 선언에 기

---

24) 북한의 대남흑색방송인 구국의 소리방송(일명 한민전방송)에 대한 상세한 설명은 유동렬, 한국좌익운동의 역사와 현실, 299-305쪽 참조. 북한은 2003년 8월 1일자로 대남흑색방송인 '구국의 소리 방송' 송출을 중단하였으나, 2003년 8월 15일부터 동 주파수를 통해 북한관영방송인 '조선중앙방송'을 송출하고 있다.

25) 북한은 1999년 10월 10일부터 관영TV인 '조선중앙텔레비전'의 방송을 위성을 그대로 통하여 송출하고 있는데, 국내에서도 이의 수신이 가능한 실정이다.

26) 인터넷을 이용한 북한의 사이버투쟁 실상에 대해서는 유동렬, 「북한 및 좌파권의 사이버투쟁 실상」, 『자유민주연구』, 제2권 제2호, 서울: 자유민주연구학회, 2007, 35-60쪽; 「적화된 인터넷매체를 고발한다」, 『한국발전리뷰』, 2003년 6월호, 서울: 한국발전연구원, 2003, 112-118쪽 참조.

초한 '민족공조론'으로 남북관계에서 전술적 우위를 유지하였다. 핵 개발을 매개로 하여 한반도의 군사긴장을 높이면서 통미봉남(通美封南) 전술로 미국과의 양자협상을 견인하는 전략을 구사하였다.

북한은 6자회담에서 중국을 대미 외교적 방패막이로 활용하면서 협상테이블에서 이탈과 복귀를 되풀이하였고, 2006 · 2009년 두 차례 핵실험을 단행하였다.

원래 6자회담의 성격은 한 · 미 · 일 · 중 · 러 등 관련국이 한반도 비핵화를 위해 '북한의 핵을 폐기시키는 것을 목적으로 한 국제회담'이었다. 북한은 이에 대응하여 특유의 벼랑 끝 전술로 '미국의 대북 적대시 정책 포기'를 요구하면서 '자위적 핵개발'의 당위성을 주장하고 두 차례의 핵실험으로 결국 '사실상의 핵보유국'이 되는 데 성공하였다. 북한의 핵 폐기를 목적으로 한 회담이 결과적으로 '북한을 사실상의 핵보유국으로 객관화한 회담'으로 180도 변질된 것이다. 또 김정일은 6자회담 협상을 통해 한중(韓中)의 경제지원을 얻어내는 장(場)으로 활용하였다. 이는 김정일의 대외 전략의 성공이었고, 한미 양국의 분명한 패배였다.

2005년 제4차 6자회담에서 채택된 9 · 19 공동성명은 사실상 효력이 정지된 상태이다. 9 · 19 공동성명의 핵심은 "북한은 모든 핵무기와 현존하는 핵계획을 폐기하고 NPT · IAEA에 복귀하며, 6자회담 관련국은 대북 에너지 지원 및 적절한 별도 포럼에서 한반도의 항구적 평화체제에 관한 협상을 갖는다"는 내용이다. 이후 2006년 북한이 핵실험을 강행하자 미북 간 '2 · 13합의'가 이뤄지면서 북한의 핵 불능화 프로세스와 평화체제 논의가 시작된 바 있다.

문제는 북한이 김정일 사망 후 '핵보유국'임을 헌법에 명기하였기 때문에 6자회담이 재개된다 해도 현실적으로 북핵 폐기를 위한 회담이 되지 못하고 핵물질·프로그램 확산방지(non-Proliferation)로 귀착될 가능성이 높으며, 북한은 '확산방지 약속'을 매개로 하여 '대북 에너지 지원'과 '한반도 평화체제 협상'에 치중하게 될 것이라는 점이다. 북한은 주한미군 철수, 한미군사동맹 파기를 선결조건으로 하는 '한반도 평화협정' 주장을 반드시 내세우게 되어 있다.

이렇게 볼 때, 향후 '한반도 평화협정' 이슈는 한반도 주변 정세와 남한 내부 정세가 맞물리면서 대형 이슈로 비화될 가능성이 있다. 다시 말해, 북한 정권과 남한 내부의 종북·친북세력이 '평화협정'을 매개로 주한미군 철수 총공세에 나설 가능성이 있으며, 이는 2015년으로 예정된 한미연합사 해체·전시작전권 전환문제와 결부되면서 한반도의 내외적 안보환경이 급변할 잠재성을 갖고 있다는 뜻이다.

현재 주한미군 철수와 평화협정을 주장하는 세력은 작성처 불명의 '한반도평화협정 안(案) 해설집'을 만들어 인터넷을 통해 일부 유통시키고 있다. 대강의 내용은 다음과 같다.

<주한미군 내보내는 한(조선)반도 평화협정(안) 해설>[27]

> 대한민국, 조선민주주의인민공화국, 미합중국, 중화인민공화국(이하 '당사국들'이라 한다)은 한국(조선) 문제의 평화적 해결과 모든 외국군대의 철수를 규정한 '국제련합군 총사령관을 일방으로 하고 조선인민군 최고사령관 및 중국인민지원군 사령원을 다른 일방으로 하는 조선(한국) 군사정전에 관한 협정'(이하 '정전협정'이라 한다) 제4조 60항의 취지를 존중하여, 반세기 넘게 한(조선)반도에서 이어져 온 정전상태를 끝내고 전쟁 재발을 방지하며 영구적 평화를 보장하기 위해 이 평화협정을 체결한다.

---

27) 출처: http://newmj.kr/xe/4340

당사국들은 외세에 의한 분단으로 오랫동안 고통을 받아온 한국(조선)인이 하나의 민족으로서 평화통일을 이룩하는데 이 협정이 기여할 것으로 확신한다. 나아가 당사국들은 이 협정이 동북아시아의 평화와 안정 그리고 세계 평화에 이바지하기를 바라면서 이를 준수하고 이행할 것을 다짐한다.

1장 한국(조선)인의 기본 권리
1조 한국(조선)인은 자주와 주권, 영토보전, 통일의 권리를 가지며 미합중국과 중화인민공화국은 이를 존중한다.
2장 전쟁종료와 국제연합군사령부 해체 및 외국군 철수
2조 당사국들은 1950년 6월 25일 시작되어 1953년 7월 27일 정전협정의 체결로 일시 정지된 한국(조선)전쟁이 종료되었음을 확인한다. 정전협정은 이 평화협정 발효와 동시에 폐기된다.
3조 ① 미합중국은, 정전협정에 따라 군사분계선 이남에서 군사정전 임무를 맡아온 국제연합군사령부를 이 평화협정이 발효되는 즉시 해체한다.
② 당사국들은 국제연합에서 국제연합 안전보장이사회의 1950년 6월 27일 결의 83호(S/1511) 및 1950년 7월 7일 결의 84호(S/1588), 유엔총회의 1950년 10월 7일 결의 376호(Ⅴ)가 실효되었음을 확인한다.
4조 대한민국 영역에 주둔하는 모든 외국군대는 이 평화협정이 발효된 때부터 3년 안에 단계적으로 그 인원과 장비를 완전히 철수하며 외국군 기지도 모두 철거한다.
5조 미합중국은 이 평화협정이 발효된 때부터 대한민국 영역 안으로 어떤 인원이나 장비도 들여오지 않는다. 다만 주한미군의 완전 철수 시까지 병력의 1:1 교체를 허용한다.
6조 조선민주주의인민공화국 영역에서 중화인민공화국의 인민지원군은 철수하였으며, 조선민주주의인민공화국 영역 안에 주둔하는 외국군대가 없음을 확인한다.
7조 한국(조선)전쟁의 적대 쌍방 당사자들은 전쟁 과정과 정전 기간에 발생한 인적·물적 피해에 대해서 상호 이해와 화해의 정신에 따라 국내적으로나 국제적으로나 법률적 또는 정치적 문제를 제기하지 않는다. 당사국들은 한국(조선)전쟁 과정 또는 정전 기간에 발생한 인도주의 문제는 지속적으로 해결하기 위해 노력한다.

3장 조선민주주의인민공화국과 미합중국 사이의 관계 정상화 및 불가침

8조 조선민주주의인민공화국과 미합중국은 적대관계를 청산하고
국교를 수립하며 이에 필요한 상호 조치를 취한다. 조선민주주의인
민공화국과 미합중국은 각기 상대방을 적대국으로 규정한 국내법
을 개정 또는 폐지한다.
9조 조선민주주의인민공화국과 미합중국은 상대방에 대해서 어떤
경우에도 무력을 일절 사용하지 않으며 무력으로 위협하지 않는다.
10조 조선민주주의인민공화국과 미합중국은 서로 주권을 존중하고
내정에 간섭하지 않는다.
11조 조선민주주의인민공화국과 미합중국은 한(조선)반도 비핵화
와 관련한 6자회담의 9·19 공동성명과 2·13 및 10·3 합의를 준
수한다.
12조 '행동 대 행동의 원칙에 따라' 미합중국은 대한민국 영역에
주둔하는 미합중국 군대를 철수시킴과 동시에 조선민주주의인민공
화국은 핵무기를 폐기한다.
13조 조선민주주의인민공화국과 미합중국은 분쟁을 대화와 협상을
통해 평등하고 공정하게 해결한다. (이하 생략)

현재 이와 내용이 유사한 복수의 '평화협정안'들이 나돌고 있는데,
내용의 공통성은 한반도 평화를 해치고 있는 당사자가 미국이며, 한
반도 평화수립을 위한 추진 동력이 '우리 민족끼리' 가능하다고 보는
관점이다. 즉, 현재 한반도 평화를 볼모로 하여 세습독재정권을 유지
하려는 핵심집단이 북한의 통치집단이라는 인식이 결여되어 있으며,
'평화협정 체결' 그 자체로서 현실에서의 평화를 담보해줄 것이라는
착시에 빠져 있다. 또 이와 같은 '평화협정안'들은 4자 당사국의 형식
적 균형을 취하고 있는 것처럼 보이지만, 내용을 보면 한국이 소외되
고 '북미 간 협상'으로 되어 있어서 북한 정권의 논리를 추종하고 있
음을 쉽게 알 수 있다.

그럼에도 불구하고 북핵과 6자회담, 한미연합사 해체와 전작권 전
환, 동북아시아 영토분쟁과 동아시아에서의 미중 간 전략게임 등과

맞물리면서, 향후 '평화협정 논의'는 남북관계 및 한국 사회에서 주요 이슈로 부각될 것으로 보인다. 이와 함께 한국·미국·중국·일본 등 한반도 관련국은 2011년 12월 김정일 사망 이후 앞으로 '3대 세습 김정은 체제의 안정성 문제'가 동아시아 안보환경에 큰 변화를 초래할 잠재요인으로 주목하고 있다. 이렇게 볼 때 2013~2020년 기간이 속칭 '격동하는 한반도 정세'가 전개될 가능성이 높아졌다.

2. 김정은 체제의 미래

김정일 사망 후 김정은은 노동당 제1비서, 국방위원회 제1위원장, 군 최고사령관 등 당 국가 군의 최고 지위를 모두 승계하였다. 2012년 4월 김일성 출생 100회 기간 중 권력을 승계하면서 '김정은 체제'의 공식 출범을 알렸다. 하지만 김정은의 3대 세습체제가 안정되고 지속가능한 체제로 영속할 것으로 전망하는 경우는 거의 없고, 그 시점을 특정(特定)하기는 어렵지만 '체제 붕괴'에 중점을 둔 전망이 우세하다.

김정일의 장남 김정남은 일본의 도쿄신문 고미 요지(五味洋治) 편집위원과의 이메일을 통해 북한의 3대 세습을 언급하면서 "개혁개방을 안 하면 북한이 망하고, 개혁개방을 하면 정권이 망한다"[28]고 주장한 바 있다. 그는 또 "북한에서 돈 버는 사람이 생존하기 위해 고위층에 상납하지 않을 수 없는 뇌물금액이 점점 올라가고 있다. 이처럼 부패한 시스템은 반드시 붕괴한다"라고 언급하였다. 또한 러시아의

---

28) ≪조선일보≫, 2012.1.17.

IMEMO(경제·국제관계연구소)는 "북한에 시장화가 진행되면서 소외된 군부를 중심으로 권력 내부에 갈등이 발생하여 2020년대에 붕괴될 것"[29)]으로 관측하였다.

이 같은 주장들은 김정은 체제 붕괴의 시점을 특정하기는 어렵지만, '빠른 붕괴냐, 느린 붕괴냐'의 차이가 있을 뿐 붕괴를 기정사실화하고 있다는 점에서 공통성이 있다.[30)] 현재 북한 체제의 내구력 문제와 관련하여 변화의 특징을 살펴보면 다음과 같다.

가. 수령-당-대중 체계의 균열

한 사회의 변혁은 그전부터 변화의 잠재 요인들이 누적되어 오다, 어느 특정 시기 특정 요인에 의해 양적(量的)·질적(質的)으로 크게 변하게 되는 경우가 많다. 가장 최근에는 중동·북아프리카의 민주화가 중요한 사례이다. 북한의 경우, 1990년대 공산권 붕괴, 김일성 사망과 극심한 식량난 등 내·외생적 요인이 겹치면서 300만 명이 사망하는 큰 양적 변화가 있었다. 그러나 김정일의 철저한 감시·통제와 공포정치, 1960년대 이후부터 30여 년간 강화된 김일성유일사상 체계와 노예화된 주민의식, 중국의 지원과 미 클린턴 행정부의 포용(engagement) 정책, 한국 정부의 대북전략 부재 등 여러 내외적 요인으로 인해 북한 내부의 양적 변화가 총체적인 질적 변화를 추동(推動)하기 어려웠던 것으로 평가된다.

김정일이 오랫동안 건축해 놓은 수령-당-인민대중의 수직적 전체주의 수령독재체계가 이 시기를 지탱한 핵심 내구력이었고, 대외적

---

29) ≪조선일보≫, 2012.1.9.

30) 이에 관해서는 손광주, 「김정은 체제의 조기안정론은 허구이다」, 『시대정신』, 2012년 봄(54호) 참고.

으로는 핵·미사일 개발로 '우리를 건드리면 전쟁 터진다'는 벼랑 끝 생존전략을 구사한 것이 주효하였다. 하지만 모든 중요한 변화는 내부에서 시작되듯이, 배급제 붕괴와 시장을 매개로 한 주민들의 먹고 사는 방식의 변화는 지금까지 북한 내부에 잠재적 변화 요인들을 꾸준히 축적해왔다. 2002년 7·1 조치 이후 시장(장마당) 확대로 전통적인 수령─당─대중 체계에 조금씩 체제 균열현상이 진행되어 오다가, 2009년 12월 화폐개혁의 실패로 인해 이 같은 체계가 경로이탈이 시작되었다. 현재 북한 사회는 ① 수령(김일성·김정일·김정은)결사옹위 그룹, ② 당·군·보위(보안)·행정의 간부 그룹, ③ 시장을 매개로 생계를 유지하는 주민들로 크게 3분화되었다. 이에 따라 핵심계층·기본계층·적대계층의 전통적인 3대 계층에서 기본계층·적대계층의 이반현상이 증가한 것으로 판단된다.

자유민주주의 법치국가에서는 나라마다 민주주의 발전 정도의 차이는 있지만 어쨌든 헌법 체계와 법질서 안에서 정부─민간이 유기적으로 연결되어 있다. 하지만 북한은 전통적인 수령─당─대중 독재체계는 균열되었는데, 법체계를 통해 새 질서가 세워질 가능성은 낮다. 현재 북한체제가 안고 있는 모든 문제의 핵심이 바로 이 대목이다. 배급제를 근간으로 주민들의 사상생활·조직생활·물질생활을 책임져온 '수령 무한책임'이 현실에서 깨어지니까, 그 동전의 뒷면인 '수령 무한권한'도 동시에 깨어지고 있는 것이다. 북한에서는 중앙의 지시가 평양을 넘어서면 집행이 되지 않는 현상을 보여 주고 있다. 당과 국가 차원에서 지시대로 되는 일이 없는 것이다.

이에 따라 수령그룹은 정권을 지키기 위해, 간부그룹은 비리·뇌물 등으로 현존 지위를 지키기 위해, 일반주민들은 시장에서 자신과

가족들의 생존을 위해 도생하고 있는 형국이다.

김정일이 2010년 5월부터 1년간 3차례씩 방중(訪中)한 이유는 중국의 경제지원을 받아 김일성 출생 100주년인 2012년에 대비하는 목적이었다. 그러나 본격적인 개혁개방 외에는 북한이 안고 있는 문제를 근원적으로 해결할 수 있는 출로는 없어 보인다. 중국의 지원도 정권 유지를 위한 임시방편에 불과한 것이다. 북중 간 황금평·나진선봉 공동개발은 북한의 개방을 촉진할 수 있다는 점에서 바람직하지만, 현 시점에서 3대 세습정권이 계획적인 중국식 개혁개방을 시도하여 성공시키기는 여전히 어려울 것으로 전망된다. 따라서 북한은 ① 중국의 보호와 지원을 받으며 그럭저럭(muddling through) 정권 유지를 하면서 체제 내구력의 지속적 저하, ② 권력 내부 혼란 → 정권 붕괴, ③ 군(軍) 또는 민간의 촉발 요인에 의한 체제변혁의 가능성이 높다고 볼 수 있다.

현재 북한은 중국의 경제·외교적 지원으로 정권유지에 도움을 받고 있는데, 우선 이 방법이 북한 정권 입장에서 최악으로 빠지지 않는 '차악(次惡)의 선택'으로 볼 수 있다. 하지만 김정일 사망 이후 김정은 체제의 내구력에 대한 평가는 김정일 사망 전보다 좀 더 약화되었다고 보는 것이 일반적이다.

나. 체제변화의 요인

북한에서는 2000년대 이후 시장에서의 소규모 항의 사태, 대학가 반정부 삐라 유포 사건, 김일성 항일유적지 훼손 등 반체제적 사건들이 간헐적으로 발생해왔다. 화폐개혁 실패 이후에는 방화, 살인 등 강력사건도 과거보다 빈번해지고 있다. 그러나 2000년 이후에는 1990년대 중반 극심한 식량난 시기에 발생한 황해제철소 노동자 항의사태 (1998)와 같은 시위는 발생하지 않았다. 중동 민주화 과정에서 초기에 촉발되는 시민봉기적 사태는 발생하지 않았으며, SNS 등 소셜네트워크가 활용되는 시위는 현재 그 인프라조차 제대로 형성되어 있지 않은 편이다. 즉, 상호 연결고리가 없는 반체제적 성격의 단독 사건들은 꾸준히 발생해 왔으나 사회적 네트워크가 가능한 '운동(movement)'으로 전개되지 않고 있는 것이다. 또 민주화 운동으로 추동(推動)할 반(反)체제 단체와 주요인물 등 민주화 운동의 구심점이 존재하지 않는 것으로 파악된다.

현 시기 북한에 재스민 혁명과 유사한 민주화 운동이 전개되지 못하는 이유로는, △당·보위·보안·군 감시통제 체제가 유지되고 있으며, △상시적으로 이른바 '남조선·미국에 의한 전쟁책동' 선동으로 주민들을 상시 동원체제에 묶어 놓고, △중국이 북한의 붕괴를 방지할 수준의 경제분야 등의 지원을 하고 있으며, △주민들이 연좌제와 정권에 대한 공포가 누적되어 반체제 활동을 전개하기가 쉽지 않기 때문이다. 하지만 북한에도 체제변화를 촉발할 수 있는 요인들이 잠재하고 있으며, 그중에는 비교적 장기간 누적되어 온 요인들이 적지 않다. 열거하면 다음과 같다.

- 주민 의식변화·시장 확대·생계 불안
- 생계형 항의사건 및 원한에 의한 사건사고. 보위·보안원 등에 대한 복수심
- '전시(戰時) 물자 창고' 절도 등 체제 말기형 사건사고
- 주민 쌍방 간 당국 고발현상 약화
- 공장·기업소 남성노동자들 일거리 없어 부유자(浮遊者) 다수
- 상좌(중령)급 이하 하급부대 보급 어려움(탈영, 영양실조 다수)

- 부모 친인척 등 90년대 중반 300만 명 아사(餓死)에 대한 기억 유지
- 청진 6군단 쿠데타 음모 사건(96년), 황해제철소 노동자 항의사태(98년), 김일성대 등 대학생 서클조직 사례 존재
- 외부 정보 유입, "개혁개방 해야 산다"는 인식
- 청년·대학생층·노동계급·인민군 하급부대 체제 불만
- 한국에 온 2만 4천여 명[31] 탈북자들의 휴대전화, 삐라 등을 통한 북한 내 정보 유입

북한에는 90년대 초 동유럽 붕괴를 가져온 사회주의 내부의 오래된 모순들을 비롯하여 중동 북아프리카보다 더 심한 만성적인 경제난, 극심한 감시와 통제, 공포정치, 공개처형 등 인권유린, 일상적인 고문이 자행되고 있다. 따라서 북한에 누적된 필연적 요인들은 충분히 존재한다고 볼 수 있다. 다만 우연적 요인들이 언제, 어떤 형태로 촉발될지 예측이 쉽지 않다. 따라서 비교적 범위를 넓게 설정하여 카테고리를 제시하면 다음과 같다.

① 김정은의 정치 미숙에 따른 권력 내부 갈등
② 신구(新舊) 엘리트 간의 갈등과 대립
③ 군(軍) 쿠데타 등 이상 동향
④ 구소련 말기 체르노빌 원전 사고와 유사한 북한 군수공장 폭발 등 체제말기형 대형사건·사고에 의한 내부 혼란
⑤ 시장·대학가에서 관－민 마찰과 주민 봉기

향후 북한의 변화와 관련하여 위의 항목이 주요 관찰 포인트이며, 김정일 사망 후 ②는 이미 수차례 숙청이 있었고, 현재도 물밑에서 진행되고 있을 것으로 관측된다. ③과 관련해서는 2012년 7월 군의 1

---

31) 2012년 9월 현재 기준.

인자였던 이영호 총참모장이 전격 숙청되었으며, 이후 '이영호 계열'에 대한 후속 조치들이 진행된 것으로 알려졌다.

북한체제의 내구력 수준을 체크할 수 있는 과학적인 지표를 찾아내기 어렵겠지만, 탈북자들의 계층 분포를 주요 관찰대상으로 한다면, 앞으로 군(軍) 장교, 고급 군수공업 기술노동자, 지식인 계층의 주요 세 그룹의 탈북현상이 특정 기간 꾸준하고 균질하게 관찰될 경우, '북한체제 내구력의 현저한 저하 단계'라는 판단이 가능할 것이다.

다. 절대권력의 분점

북한 정권의 안정성 평가는 특히 북한 내부적 관점에서의 관찰이 필요한데, 이 경우 다음 네 가지가 중요하게 고려되어야 할 것으로 본다.

첫째, 수령제하에서 수령이 갖는 영도력이다. 즉, 지도자가 갖고 있는 고유의 능력이다.

둘째, 권력 내부의 안정성이다. 지도자를 중심으로 당·군·국가 엘리트들의 충성심과 결속력이다.

셋째, 체제운영 시스템이다. 북한의 경우 당의 지위와 역할의 견고성, 당－군 관계, 당－국가 체제의 원활한 작동이다. 지도자와 함께 관료들이 당과 국가의 목표 및 정책에 대한 이해를 공유하고 있어야 한다.

넷째, 대내외적인 변화에 대응하여 적절한 정책을 수립하고 집행하는 능력이다.[32]

이상 네 가지 요소들 중에서 북한체제의 특성을 고려하여 순위를 매긴다면 첫 번째인 수령(김정은)의 영도력으로 볼 수 있는데, 김정일

---

32) 손광주, 위 논문, p.218.

사망 후 이 대목에서 자연스럽게 변화가 진행되었다.

(1) 권력 4인방: 김정은 · 장성택 · 김경희 · 최용해

김일성 · 김정일로 이어져 온 1인 절대권력이 사실상 무너지고, 김정은을 중심으로 장성택 · 김경희의 가족통치+최용해에 의한 권력 분점 형태로 이행하였다. 장성택은 권력의 2인자이지만 '사실상의 1인자' 역할을 하는 것으로 추정되고 있다. 2012년 8월 중국을 방문한 장성택은 '김정은의 대리인' 자격으로 활동하였다. 문제는 장성택의 권력이 김정은이 '수령'으로서 제대로 역할을 할 때까지 한시적으로 지원하는 형태로 그치게 될 것인지는 명확하지 않다는 것이다. 만약 임의의 시기에 김정은이 권력의 유일영도체계를 수립하려 할 경우 장성택 · 김경희의 입지는 좁아지게 될 것이다. 그러나 김정일 사망 이후 당 · 군에 장성택의 사람들이 포진해 온 현실을 고려해 볼 때, 앞으로 김정은+장성택 · 김경희+최용해의 권력구도가 '불안정 속의 안정' 형태로 계속 유지될 수도 있고, 시간이 흐르면서 사실상 김정은 · 장성택 · 김경희 공동정권으로 고착될 수도 있으며, 또 내부 갈등이 전개될 수도 있을 것이다.

만약 김정은이 권력을 유일하게 행사하겠다고 나설 경우, 장성택에게 닥칠 최악의 경우를 상정해 본다면 김정일이 후계자로 공식화된 후 자강도로 쫓겨 간 삼촌 김영주의 신세가 되거나, 아니면 해외로 떠나게 될 수도 있을 것이다. 또한 김일성 가(家)의 권력투쟁사를 죄다 알고 있으며, 스스로 산전수전 공중전을 다 겪은 장성택에 의해 어느 순간 김정은이 도리어 실각할 가능성이 전혀 없는 것도 아니다. 즉, 북한 권력은 지금도, 앞으로도 유동성을 많이 내포하고 있다.

김정일이 사망하기 1년 3개월쯤 전인 2010년 9월 28일 제3차 당대표자회에서 시작되었듯이, 선군정치하에서 불균형적이었던 당-군-국가의 시스템 조율(system tuning)이 2012년 4월 4차 당대표자회와 최고인민회의에서 인사 조치를 통해 그 추세가 지속되었다. 당중앙위원회 정치국 강화를 핵심으로 하는 당의 역할이 강조되고, 내각의 역할이 강화되었다. 이에 따라 권력구조의 질적(質的)인 측면을 살펴보면, 김정은을 상징적 중심으로 하고 김경희·장성택·최용해에 의한 권력분점 현상이 김정일 시기와 분명히 달라진 중요한 변화로 등장하게 되었다.

김정일 사망 후 권력 내부의 주요 변화를 정리하면 다음과 같다.[33]

첫째, '김정일 사망' 그 자체가 가장 중요한 변화였다. 그가 사망함으로써 모든 권력과 권위가 한 사람에게 집중되었던 김일성·김정일식 유일독재체제는 현실에서 더 이상 유효하지 않게 되었다.

김정일은 김일성 사망 후 선군노선을 내걸고 핵개발 등으로 체제생존을 하였다. 그는 사망 전 1년여 동안 세 차례 중국을 방문하여 3대 세습체제로의 안정적 이행을 위하여 중국의 협조를 요청하였다. 김정일이 김정은에게 물려준 유산은 ① 노예화한 2,400만 주민, ② 권력의 3대 세습 및 당과 국가의 김씨 일가 사유화, ③ 파산된 경제, ④ 핵무기, ⑤ 중국 의존성이다.

둘째, 권력분점 현상에 따라 당-군-국가의 시스템이 조정되는 과정에 들어가게 되었다. 2012년 4월 15일 김일성 100회 생일을 전후하여 4차 당대표자회, 최고인민회의, 장거리 미사일 발사 등으로 김

---

33) 손광주, 「김정은 정권 전망과 북한인권운동 추진 전략」, 『NK vision』 39호 참고.

정은 체제의 공식출범을 알렸다. 이후 당－국가 시스템, 당－군 관계를 다시 조정하고 군 외화벌이를 내각으로 이전하는 과정에서 군(軍)을 대표하는 이영호 총참모장이 7월 15일 숙청되었다. 이영호의 숙청은 당·군 관계 조율, 군 외화벌이 내각 이관에서 촉발된 것으로 보인다. 하지만 이영호 숙청사건은 북한체제의 특성을 고려할 때 1회성 단순 사건으로 보기 어려운 측면이 있다. 오히려 이 사건을 매개로 하여 객관적 추상력(追想力)을 동원하여 북한의 권력 내부를 들여다보려는 시도를 해 볼 필요가 있을 것 같다.

독재권력이 생존하기 위해서 중요한 분야는 조직 관리(당·군), 정보 장악, 자금(국가재정) 관리이다. 김정은을 김씨 권력의 중심으로 할 때 장성택·김경희·최용해는 이 세 분야를 장악해야 한다. 먼저 최용해의 역할은 분명한 것 같다. 군 총정치국을 통한 군부 장악이다. 군의 반란, 쿠데타를 방지하고 군을 철저히 당의 관리통제하에 두는 것이다. 장성택은 김경희와 함께 당 조직을 관리하고, 정보·치안(보위·보안·검찰) 분야 장악, 대중(對中)관계 총괄인 것 같다. 장성택은 김정일 시기부터 가장 중요한 중국 채널이었다. 김경희(조직비서 역할 추정)는 장성택과 함께 당 인사를 관장하는 한편, 특히 내각의 국가재정 분야를 관리하는 것으로 관측된다. 현재 내각의 최우선 과제는 농업·경공업 해결이다. 이를 해결하려면 '국가재정 관리통제'가 매우 중요하다.

이런 각도에서 중앙당 비서국 조직을 보면 오래전부터 '김경희 사람'으로 알려져 온 박봉주 경공업부장(전 내각 총리)이 눈에 띈다. 원래 경공업부장은 김경희가 오래 해온 자리이기 때문에 김경희가 박봉주에게 물려준 것으로 보인다. 김경희는 중앙당의 박봉주·곽범기를 통해 최영림 내각을 관리하고 있는 것으로 관측되는데, 여기에서 핵심은 국가재정에 대한 관리통제일 것이다. 군 외화벌이 사업을 내각으로 이관한 것도 김정은·장성택·김경희가 효율적인 국가재정 관리를 위해 단일화해 둘 필요성이 있었을 것이다. 김경희 입장에서는 인민경제를 살리기 위해 국가재정이 중요하고 따라서 군 외화벌이 사업을 내각으로 이관해야 하는 것이다. 이렇게 볼 때, 현재 북한의 권력구조는 당 조직관리 및 인사는 김정은·장성택·김경희가 서로 협의하고, 정보·치안 분야는 장성택이, 돈(국가재정)은 김경희가 관리하는 것으로 추정된다. 그럼에도 한 가지 중요한 의문이 생긴다. 북한 경제에서 가장 중요한 분야는 군수산업이다. 1966년 김일성의 국방·경제 병진노선 채택 이후 군수산업은 전통적으로 50% 정도 차지해온 것으로 알려진다. 유엔의 대북제재로 2005년경부터 군수산업이 타격을 받고 있지만, 그럼에도 전체에서 차지하는 비중은 높다고 봐야 할 것이다.

군수산업 관련 자금을 누가 관리하고 있느냐의 문제는 권력의 내용과 관련하여 가장 중요하다고 볼 수 있다. 예컨대 북한이 미사일을 밀수출하기 위해 미국 PSI망을 뚫고 현재 혼란스러운 시리아를 통해 이란에 밀매했다고 가정할 때, 그 수금한 돈을 최종 누가 관리통제하고 있을까. 김정일 생존 시기에는 군수공업 담당 비서가 중앙당 작전부 등과 실무를 집행하여 중앙당 38호실에 돈을 넣어 놓으면 김정일이 사용해온 것으로 파악되었다. 김정은 체제 출범 후 중앙당 38, 39호실이 유엔 대북제재를 피하기 위해 폐지된 것으로 알려지고 있다. 하지만 그 기능은 어디선가 하고 있을 것으로 추정할 수 있다. 왜냐하면 현재 중국에 수출하는 광물의 비중이 큰 것은 사실이지만 북한

경제에서 군수산업이 차지하는 비중은 결코 무시하기 어렵기 때문이다. 김정일이 사망하기 이전 '후계자 김정은'에게 넘겨주었을 것으로 짐작되는 분야는 핵무기·미사일 통제권 및 군수산업, 스위스 은행 등 해외금고 비밀번호, 금광·철광·우라늄·마그네사이트 등 돈이 될 만한 노른자 산업에 대한 관리권일 것으로 추정할 수 있다. 만약 김정일이 나이 어린 김정은을 위해 따로 보완조치를 해두었다면 당사자는 '김경희'일 가능성이 가장 높아 보인다.

결론적으로, 북한은 비록 권력분점 현상에 따라 당-군-국가의 시스템이 조정되는 과정에 들어가게 되었지만, 결국은 '사람'에 의해 시스템이 작동하게 될 것이다. 예를 들어, 대한민국은 헌법에 따라 '대통령직'에 적절하다고 추정되는 사람을 국민이 선출하여 헌법시스템 속에 집어넣지만, 북한은 김정은, 장성택, 김경희, 최용해라는 '사람'이 자신들의 생존에 유리하게끔 시스템을 억지로 맞추게 될 가능성이 높다는 것이다. 앞으로 북한 권력 내부를 관찰할 때는 이 같은 각도에서 살펴야 할 필요가 있을 것이다.

(2) 경제 분야 변화 모색

북한은 2012년 6월 28일 "우리식의 새로운 경제관리체계를 확립할 데 대하여"라는 지침을 내부적으로 하달하였다. 이 조치는 농업분야 및 공장·기업소에 대한 개혁조치를 담고 있는데, 핵심은 집단농장 분조제 4~6명으로 축소, 국가대 개인(분조) 7:3 분배, 공장·기업소 자율 확대이다. 이러한 개혁조치는 초기 중국식 농업개혁의 농가생산제와 유사한 측면이 있는 것으로 보인다.

이와 함께 장성택은 중국을 방문하여 △나진선봉 지역과 황금평

지구관리위원회 설립, △정부 인도, 기업 위주, 시장원리, 북중 상호 이익이라는 개발원칙을 확인하였다. 원자바오는 장성택에게 법규 정비, 지방정부 간 협조 강화, 시장 시스템 활성화, 기업 투자유치 노력 확대, 세관 서비스 개선 등 구체적인 부분에 대하여 조언을 해주었다.

이러한 개혁적 시도가 성공적으로 진행되려면 먼저 북한이 당과 국가 운영의 전반적인 방향을 새로 조정해야 하는데, 김정은 정권 출범 후 이와 관련한 북한 당국의 언급은 정반대의 모습을 보여 주고 있다. 북한의 조평통은 '새 경제관리조치'(6·28방침)를 둘러싸고 '북한 개혁개방설'이 유포되자 "우리에게서 정책 변화나 개혁개방을 기대하는 것은 해가 서쪽에서 뜨기를 바라는 것과 같은 어리석은 개꿈이며, 모든 정책은 절세위인들(김일성·김정일)의 사상과 위업을 대를 이어 계승, 완성하기 위한 것이며 추호의 변화도 있을 수 없다"고 주장하였다.34)

향후 북한의 변화 여부와 관련한 전망은 김정은 정권의 출범을 전후하여 북한 당국이 발표한 세 가지 문건을 통하여 추지할 수 있다. 세 가지 문건은 김정은의 '4·6 담화', '4·15 열병식 연설', '4·27 담화'이다. '4·6 담화'는 노동당, 4·15 연설은 인민군, 4·27 담화는 식량문제 해결을 위한 국토관리에 대한 김정은의 언급을 담은 것이다. 김정은은 이 3종의 담화와 연설을 통해 당·군·국가(경제) 운영의 대강(大綱)을 언급하였으며, 이는 김정은 체제 출범 후 첫 당·군·국가 운영에 관한 지침으로 간주할 수 있다. '4·6 담화'의 주요 내용은 다음과 같다.

---

34) 조선중앙통신, 2012.7.29.

우리는 인민들의 먹는 문제, 식량문제를 원만히 해결해야 합니다.
지금 식량문제를 해결하기 위하여 여러 가지 조치들을 취하고 있
는데, 농업생산에 대한 국가적 투자를 결정적으로 늘리고 전당, 전
국, 전군, 전민이 떨쳐나와 당의 농업혁명방침을 철저히 관철하여
야 합니다.
내각은 나라의 경제를 책임진 경제사령부로서 경제발전목표와 전
략을 과학적으로 현실성 있게, 전망성 있게 세우며 경제사업 전반
을 통일적으로 장악하고 지도관리하기 위한 사업을 주동적으로 밀
고 나가야 합니다.
경제사업에서 사회주의 원칙을 고수하며 생산과 건설의 담당자인
근로자들의 책임성과 역할을 높여 생산을 최대한 늘리도록 하는
데 힘을 넣어야 합니다.
사회주의 강성국가건설을 위한 투쟁은 온갖 적대적이며 비사회주
의적인 현상들을 없애기 위한 심각한 계급투쟁을 동반하게 됩니다.

'4·6 담화'의 핵심은 △경제사업에서 사회주의 원칙 고수, △내각
의 역할 강화이며, 이는 김정은의 당과 인민에 관련한 지침이라 할
수 있다. 4월 15일 열병식에서 김정은의 연설은 군(軍) 관련 연설로
군의 중요성을 강조하면서도 군에 대한 당의 영도적 역할을 강조하
고 있다.35) '4·15 열병식'의 주요 내용은 다음과 같다.

- 인민군대는 앞으로도 당의 영도에 따라 생눈길을 앞장에서 헤치
  며 당의 위업을 총대로 굳건히 담보해 나가는 선군혁명의 믿음
  직한 척후대, 억척의 지지점이 되어야 합니다.
- 세월이 흐르고 세대가 열백 번 바뀌어도 변할 수 없는 것이 우리
  수령님과 장군님을 그대로 닮은 우리 인민군대의 혁명적 본태이
  며 조노당(조선노동당: 필자주)의 붉은 깃발을 제일군기로 높이
  들고 나가는 백두산혁명강군의 투쟁방식입니다.
- 세상에서 제일 좋은 우리 인민 만난 시련을 이겨내며 당을 충직
  하게 받들어온 우리 인민이 다시는 허리띠를 조이지 않게 하며

사회주의 부귀영화를 마음껏 누리게 하자는 것이 우리 당의 확고한 결심입니다.

'4·27 담화'는 식량문제 해결을 위한 국토관리에 대한 주요 언급을 담은 것이다. 김정은은 김일성 100회 생일기간이 끝난 후 4월 27일 당·국가 경제기관, 근로단체 책임일군들과의 담화에서 토지 사용 문제를 비롯하여 산림·환경 등 국토 전반에 대한 관리를 주제로 발언하였다. '4·27 담화'의 제목은 "사회주의 강성국가건설의 요구에 맞게 국토관리사업에서 혁명적 전환을 가져올 데 대하여"이며, 담화의 내용을 보면 새 정권이 '국토'라는 생산수단을 어떻게 활용해야 할 것인지를 언급한 것이다. '4·27 담화'의 주요 내용은 다음과 같다.

- 국토의 면모를 사회주의 강성국가의 체모에 어울리게 일신시켜 나가야 합니다. 바로 이것이 국토관리 부문에서 틀어쥐고 나가야 할 총적방향, 총적과업입니다.
- 무엇보다도 평양시를 혁명적 수령관이 선 성스러운 혁명의 수도로, 웅장화려하고 풍치수려한 세계적인 도시로 훌륭히 꾸려야 합니다.
- 사회주의 강성국가를 건설하자면 무엇보다도 인민들의 식량문제부터 풀어야 하며 그러자면 알곡 정보당 수확고를 높이는 것과 함께 부침땅 면적을 최대한 확보하고 적극 늘리도록 하여야 합니다. 새 땅 예비를 찾아 한 평의 부침땅이라도 더 늘리기 위하여 애쓰는 사람이 진정한 애국자입니다.
- 토지를 보호하고 효과적으로 리용하기 위하여서는 토지리용 질서를 엄격히 세워야 합니다. 모든 부침땅을 국가에 등록하고 리용하며 토지를 묵이거나 침범하는 일이 없어야 합니다.[36]

위의 세 종류의 언급을 종합하면, "김일성·김정일주의 원칙에서 벗어나지 않으면서 먹고사는 문제를 해결하는 것"이 핵심 메시지인

---

36) ≪노동신문≫, 2012.5.9.

데, 이는 북한의 현실에서 중국식 개혁개방을 비롯한 변화가 사실상 어렵다는 점을 말해주는 것이기도 하다.

라. 거시적 판단: 북한 체제 붕괴의 유형

김정은 체제는 근본적으로 김일성·김정일의 사상·정치·군사·외교·경제적 유산(遺産)을 이어받았다. 따라서 개혁개방 연착륙에 성공하기는 현실적으로 어렵다. 설사 중국식 개혁개방을 추진한다고 해도, 북한지역은 개혁의 종심(縱深)이 짧아서 중국처럼 점(點)·선(線)·면(面)으로 점진적으로 개혁개방이 진행되지 않고 급격하게 변화가 진행되면서 체제전환으로 이행될 가능성이 상존한다.[37]

중국 인민들은 덩샤오핑 개혁개방 정권에 대한 신뢰가 있었고, 덩 정권은 이를 바탕으로 과감한 개혁을 추진할 수 있었지만, 현재 북한 주민들은 3대 세습 정권에 대한 신뢰를 갖고 있지 못하다. 정치적 숙청과 연좌제, 가혹한 인권탄압 등으로 적대계층이 늘어났고, 정권의 주민관리 방식으로 감시·통제 및 착취 구조가 지나치게 장기간 지속되었다. 이로 인해 개혁개방을 추진하는 과정에서 과거 김정일 정권의 가혹한 탄압과 1990년대 중반 대아사(大餓死) 시기를 거치면서 누적된 민심이 폭발할 가능성이 잠재해 있다.

북한 정권이 개혁개방을 추진하지 못하는 주요 이유 중 하나가 한국이라는 '북한 대체 정권'이 엄존한다는 것이다. 한국은 이승만 정부 이후 공식적으로 통일노선을 포기한 사실이 없다.[38] 이 때문에 북한

---

37) 김정일은 2007년 10월 제2차 남북정상회담에서 노무현 대통령에게 북한이 개혁개방을 하지 못하는 이유를 이 대목을 들어 설명한 것으로 알려져 있다.

38) 이 때문에 김대중·노무현 정부 그리고 이명박 정부 초기에 북한의 핵 포기와 북한체제 인정을 빅딜하려는 시도가 있었던 것으로 알려졌다.

은 개혁개방으로 나가는 것이 결국 동서독의 경우처럼 북한의 체제 붕괴→국가 붕괴로 이어지고 한국에 흡수될 것으로 간주하고 있다. 역사적으로 볼 때, 모든 변화는 자기 내부에서부터 시작된다는 사실을 알 수 있는데, 김정은 체제도 그럴 가능성이 높다. 중국이 북한의 붕괴를 막기 위해 노력하게 될 것이며, 일반적 국제관례까지 무시하면서 북한을 비호하게 될 것이라는 예상은 가능하다. 그러나 중국은 북한에게 가장 중요한 국가일 뿐, 북한의 모든 문제를 대신해 주기는 어렵다. 중국이 과거 소련과 동유럽 위성국가의 관계처럼 북한 내부 문제들을 일일이 '지도'해 줄 수 없으며, 김정은 정권이 이를 받아들이는 것도 가능하지 않다.

앞으로 김정은 정권의 선택은 ① 김일성·김정일주의를 고수하여 체계 균열을 최대한 막으면서 제한적으로 경제개혁을 하는 방안이 가장 유력하다. 이는 구체적으로 △권력엘리트에게 외화벌이 이권 배분, △탈북자 방지 등 주민 감시·통제·공포정치의 강화, △중국·한국 등으로부터 현금·현물 경제지원(곡물·에너지·달러) 요구, △모기장 개방(제한적 특구), △핵·미사일 업그레이드 등으로 나타날 것이며, 이 생존 전략은 김정일 시기와 거의 유사할 것이다. 또 한편으로는 ② 한국·중국과의 경제협력→국가 주도, 시장 메커니즘, 기업 위주의 개혁개방→핵 폐기 프로세스 진입과 대미관계 개선→한반도 평화협정으로 진행되는 경우이다. 현실적으로 본다면 ①의 가능성이 훨씬 높지만 한국·중국·미국 등 주변국은 ②를 선호하게 될 것이므로, 김정은 정권은 ①과 ② 사이의 어느 지점에서 불균형적인 대내외 정책을 보일 것으로 전망된다.

그러나 어떠한 대내외 정책을 선택하게 되든, 김정은 정권의 행로는 다음 두 가지 중 하나의 방향성을 갖고 진행될 것으로 보인다. 첫째, 앞의 ①의 경우와 같이 김일성·김정일주의를 고수하면서 제한적인 개혁을 한다면, △지구촌 세계화·정보화를 선도하고 있는 한국·미국·중국 등 주변국 외부정보의 지속 유입, △내부 체제불안 요인 증가, △시장화 가속→체제 내구력 약화→내부 분열→느린 붕괴→임의의 시기 체제전환으로 진행될 가능성이 있다. 둘째, ②의 경우와 같이 개혁개방을 추구한다면, 북한 내부의 현실은 △개혁개방 지도부 구성의 난망, △개혁개방 로드맵·마스터플랜 부실, △당·군 갈등 및 수구-개혁 간 갈등→각 공안기관·민간분야 이완(弛緩)→각종 일탈형 사건사고→빠른 붕괴(급변사태)로 진행될 가능성이 있다.

위 두 가지 중 김정은 정권은 첫 번째 행로를 보이게 될 가능성이 더 높다. 그 이유는 거의 대부분의 정권이 그 이전에 전혀 시도해보지 않았던 새로운 길을 선택하게 되는 경우는 극히 드물기 때문이다. 더욱이 김정은 정권이 김일성·김정일에 의해 금기시되었던 새로운 길을 선택한다는 것은 그 자체가 '자기 부정'을 의미하는 것이다. 따라서 대한민국 대북정책의 큰 방향은 ① 평시(平時)에는 △북한 정권이 군사도발을 못하도록 확실히 억지(deterrence)하는 가운데 △남북+국제 협력으로 북한을 개혁개방으로 촉진하여(내용적으로는 개혁개방으로 강제하여) △북한을 시장화·정보화·민주화의 방향으로 추동하면서 △남북 간 경제·정치·사회문화 분야의 격차를 줄이고 한반도 평화통일로 나아가는 것이다. ② 북한 내부의 급변 시기에 대비하여 상황별 시나리오에 따라 계획을 수립하고, 미·중·일·러를 상대로 통일외교를 추진하면서 급변사태가 발생할 경우, 북한 2,400만 주민들의 생명보호와 질서유지를 위해 지체 없이 통일프로세스에 진입하는 것이다.

제5장

통일지향의 대북정책

1. 독재자(정권)의 경제운용 방식

우리의 대북정책이 '통일준비과정의 일환'이라는 소기의 목표를 달성하기 위해서 독재자 또는 독재정권의 경제운용이 어떤 논리에 의해서 작동하는가를 확인하는 것이 중요한 과제이다.

일반적으로 독재자 또는 독재정권의 경제운영 목적은 자신의 지지 기반이 되는 집단이 원하는 것을 정책으로 실천하고, 독재정권을 옹위하는 집단의 이익을 우선적으로 고려함으로써 독재를 지속하고자 한다. 즉, 독재자는 자신의 정치적 입지를 공고하게 다지기 위해 자신을 지지하는 집단의 경제적 이익을 극대화해 주어야 한다. 독재자가 배분할 경제적 자원이 일정한 상태에서 소수 독재집단에게 과도한 자원의 배분은 다수 국민에게는 과소한 배분으로 이어진다.[1] 이는 대다수의 독재국가에서 다수 국민이 빈곤의 함정에서 벗어나지 못하는 근원이다. 다시 말해 독재자는 국가경제를 성장시키고 국민의 삶

---

[1] 북한의 식량분배실상을 보면 알 수 있다. 북한은 식량분배에서 1순위는 당 중앙기관, 각급 당위원회 소속 구성원과 평양중심구역 거주주민으로 약 100만 명 정도로 추산되고 있다. 양문수, 『북한경제의 시장화』, 한울, 2011, p.49.

의 질을 개선시키는 경제정책을 수행하지 않고 독재자 권력을 유지하기 위해 정치논리에 따라 비합리적 경제정책을 수행하게 된다는 것이다. 이를 '독재의 경제논리'라고 한다.[2]

'독재의 경제논리'에 의하면 독재자 또는 정권은 경제운영의 대상과 목표는 국민의 삶의 질을 개선하는 것도 아니며, 국가경제 전반의 성장과 발전을 도모하는 것도 아니다. 오로지 독재자는 자신을 지지하는 집단의 경제적 잉여를 극대화해주기 위해 다수 국민으로부터 경제적 잉여를 추출하여 이를 소수 독재집단에게 이전해주는 것에만 관심이 있다. 이는 소수 독재집단은 경제적 잉여를 창출하는 데 거의 기여하지 않고, 독재자로부터 거의 공짜로 얻은 이전소득(transfer income)으로 '독재자의 정치적 지대(rent)'[3]라고 할 수 있다. 이처럼 정치적 지대는 독재자와 독재집단을 연결해주는 고리의 역할을 하지만 정치적 지대 추출과 분배과정에서 갈등이 발생될 수 있다는 점도 고려해야 한다.[4]

정치적 지대 추출과정에서 유발된 갈등은 소수 독재집단과 다수 국민 간에 발생되며, 지대분배과정에서 갈등은 소수 독재집단 내에서 발생한다. 갈등이 증폭되지 않고 균형이 유지되기 위해서는 독재자와 다수 국민 간의 균형뿐만 아니라 소수 독재집단 내에서 균형도 유지되어야 한다. 이처럼 이중의 균형－독재자와 국민, 독재집단 간의 균형－이 유지될 때 독재정권은 정치적 안정을 도모할 수 있다. 그러나 이중의 균형 중에서 하나의 균형이 깨어지면 정치적 불안정이 발생

---

2) 박형중 외, 「통일대비를 위한 북한변화 전략」, 통일연구원, 2011, pp.68-70.

3) '정치적 지대'란 독재집단에 소속되었다는 기득권적 이유만으로 특권적 기회를 갖는 것이다. 이들은 이 기득권을 활용하여 각종 재부를 획득하고 있기 때문에 비생산적 경제행위이며, 이들이 획득한 경제적 잉여는 거의 공짜소득에 가깝다.

4) 박형중 외, 2011, pp.69-70.

하게 된다. 따라서 독재자는 정치적 안정을 위해 경제적 합리성을 무시하게 되며, 이는 독재국가의 경제가 장기 침체되는 중요한 원인으로 작용하고 있다.

한편 독재자는 소수집단에게 경제적 잉여를 창출할 수 있는 특권적 기회를 부여함으로써 정치적 안정을 도모한다. 소수집단에게 자원(부)을 배분하는 일반적 과정은 독재자와 독재집단 간의 유착과 결탁, 이로 인한 부패가 만연하게 되는 구조가 정착하게 된다. 또한 계약준수, 소유권, 조세수준, 정부규제 등에 관한 불확실성을 의도적으로 유지하게 함으로써 정치적 지대의 추출을 용이하게 한다.5) 따라서 독재자나 독재집단의 목표는 시장을 지대추출을 극대화하는 도구로 활용하고 정권유지에 필요한 자원을 최대한 확보하는 데 있다.

1990년대 북한의 경제위기는 자연스럽게 주민들은 생계를 위한 수단으로 시장을 확대했고, 배급중단은 시장 확대로 이어졌다. 여기서 우리가 주목하여야 할 점은 식량위기를 극복하기 위해 자생적으로 생겨난 시장이 계획경제를 변화시킬 수 있는 요인으로 이해하고 관측했다.6) 그리고 이런 자생적 시장의 확대는 주민이 수혜자이고 북한 당국은 피해자라는 인식이 암묵적으로 인정되고 있다. 그러나 북한 당국이 시장(세력)과 결탁하여 시장에서 잉여를 수취하는 구조로

---

5) 불확실성은 경제운용이 제도에 의존하는 법치(法治)보다는 인치(人治)에 더 많이 의존하는, 즉 법치와 제도가 작동하지 않는 상태를 의미한다. 불확실성이 큰 사회일수록 분쟁 해결은 소위 힘 있는 자－독재자, 독재기관 및 요원－가 완력을 사용하여 자신들에게 유리한 방향으로 해결이 용이하게 하는 구조이다. 따라서 이윤창출의 기회는 생산성에 의해서 결정되는 것이 아니라 정치적 결탁, 연줄에 의해서 결정된다.

6) 북한은 시장과 시장경제를 엄격하게 구별하고 있다. 북한이 발간하는 『경제연구』에 의하면 "계획경제와 시장경제의 결합은 계획경제와 시장경제와의 결합과는 근본적으로 다르다. (…) 시장을 계획경제를 강화하기 위한 보충적 수단으로 이용하는 것이다. (…) 계획가격과 시장가격을 경합시키는 데서는 어디까지나 계획가격을 기본으로 하면서 시장가격을 결합시켜 나가야 한다"라고 주장하고 있다. 정명남, 「집단주의 경제관리의 중요특징과 그 우월성을 높이 발양시키는 데 나서는 기본요구」, 『경제연구』, 2006년 제2호.

재편된다면 시장 확대가 오히려 독재권력의 지지기반을 공고히 다지는 기제로 활용될 수 있다.

북한 당국은 시장의 필요성을 인정하는 한편, 시장에서 창출된 잉여를 국가의 재정수입의 원천으로 활용하면서 부족한 재정을 보충했다. 북한 당국이 시장에서 거두어들인 잉여는 공공기관과 국영기업을 유지하거나 구성원들의 생계 유지에 활용되었다. 즉, 계획경제가 작동하지 못하여 생긴 공백을 국가는 시장을 통해 그 공백을 채웠다. 이 공백을 메우기 위해 '7·1 조치' 이후 각종 국가납부금 및 사용료 제도가 개편되거나 신설되었다. 문제는 주민들의 입장에서 각종 국가납부금과 사용료는 잉여를 국가가 착취해 가는 구조로 인식되었다.[7] 물론 잉여를 착취하는 과정에서 권력기관 종사자가 유용하거나 착복하기도 했다. 시장잉여를 유용하거나 착복하는 정도는 권력기관의 힘에 따라 결정되었다.

북한과 같은 1인 유일지배구조가 작동하는 국가체제에서는 법률체제는 작동하지 않고 경직된 정치구조 아래서 당·군·정에게 과도하게 허용된 자의적 결정권, 행정체계의 부패 등으로 인해 주민들에 대한 공공서비스는 사실상 거의 제대로 이루어지지 않고 있다. 비록 '고난의 행군' 이후에 자생적 시장이 등장한 시장화를 묵인한 후 시장화의 팽창을 막고 이를 체제 내에 수용하기 위해 '7·1 조치'를 취했다. '7·1 조치'는 기존지배구조의 안정을 위한 것이었지만 시장화의 관성은 지속되었다. 북한 당국은 '7·1 조치' 이후 시장활동을 통해 시장영역에서 발생된 잉여를 수취해갔다. 2007년부터 본격화된 시

---

7) 북한 당국의 수탈구조는 공식적 부담금이나 사용료 이외에도 각종 현물이나 현금을 부담하는 세외부담, 외화벌이동원, 보호세 명목의 뇌물징수 등이 있다.

장에 대한 단속과 통제는 다방면에 걸쳐 나타났고,8) 2009년부터는 종합시장의 물리적 폐쇄와 150일 전투와 100일 전투를 추진하면서 주민들의 시장활동에 타격을 가하고자 했고 11월 단행된 화폐개혁은 시장억제의 절정이었다. 화폐개혁의 주된 목적이 계획경제의 복원과 시장억제라는 점은 주지의 사실이다.9)

2. 대북정책과 통일정책의 연관성

가. 대북정책과 통일정책과의 상호연관성

남북한 간의 관계는 민족 내부의 관계만도 아니고 국가 대 국가의 관계만도 아니다. 그래서 남북한은 이 관계를 '특수관계'로 규정하고 있다.10) 남북한이 남북한의 관계를 '특수관계'로 인정한 것은 분단의 당사자인 남북한이 분단을 평화적으로 관리하는 것뿐만 아니라, 분단의 평화적 관리를 넘어 분단을 적극적으로 해소하는 통일을 지향한다는 의미를 내포하고 있다. 일반적으로 분단을 평화적으로 관리하는 각종 정책을 '대북정책'이라고 하며, 분단을 해소하는 각종 정책을 '통일정책'이라고 한다.

여기서 대북정책과 통일정책과의 상관성은 대북정책이 지향하는 범위가 어디까지인가에 따라 결정된다. 즉, 대북정책의 지향점을 분단관리에만 국한할 것인가, 아니면 분단을 해소하는 과정까지로 그

---

8) 종합시장의 매대상인에 대한 상행위 연령, 상행위 시간과 장소, 품목 등에 대한 조치가 지속적으로 취해졌다.

9) 조선중앙은행 조성현 책임부원의 발언, ≪조선신보≫, 2009.12.4(≪통일뉴스≫, 2009.12.7에서 재인용).

10) 남북한은 1991년 남북기본합의서를 채택하면서 남북한 사이의 관계를 "나라와 나라 사이의 관계가 아닌 통일을 지향하는 과정에서 잠정적으로 형성되는 특수관계"로 규정하고 있다. '남북기본합의서'가 채택된 이후 이러한 특수관계는 남북한이 합의서나 공동보도문을 채택할 경우 '대한민국'과 '조선민주주의인민공화국'이라는 국호를 쓰지 않고 모두 '남과 북'이라는 주어로 시작하는 것이 관례가 되었다.

지향점을 확대할 것인가에 따라 대북정책과 통일정책과의 상관성의 여부가 결정된다. 대북정책의 지향점이 단순히 분단관리에 불과한 경우 대북정책은 통일정책과 무관할 것이며, 이때의 대북정책의 목표는 분단의 균형을 유지하는 분단의 안정적 관리에 국한될 것이다. 그러나 대북정책의 지향점이 분단 상태의 안정적 관리뿐만 아니라 분단 상태를 해소하는 것을 목표로 한다면 대북정책은 통일준비과정의 일환으로 작용하기 때문에 대북정책과 통일정책과의 상관성은 매우 높아진다. 대북정책이 통일준비과정으로 이해된다면 대북정책은 통일정책의 하위개념이라고 할 수 있다. 이런 의미에서 대북정책이 전술이라면 통일정책은 전략이라 할 수 있다. 이처럼 대북정책이 분단을 적극적으로 해소하려고 하는 경우 대북정책의 목표는 북한의 변화를 통해 북한이 정상국가('normal' state)가 되도록 유도하고 지원하여야 한다. 우리의 대북정책은 바로 북한의 정상국가화에 초점이 맞추어져야 한다는 것이다.

대북정책의 논리적 근거는 '교역을 통한 평화이론(peace through trade)'이다. '교역을 통한 평화이론'이란 남북한이 교역·투자 등의 경제적 활동을 통해 남북한이 경제적 상호의존성을 높여줌으로써 상호갈등－무력충돌 또는 전쟁－의 가치를 하락시키고 평화의 실질적 가치를 제고한다는 것이다. 우리의 대북정책이 통일정책과의 연관성에서 추진되어야 한다면 대북정책은 북한이 정상국가('normal' state)로 진화할 수 있는 정책방향을 모색하여야 한다. 따라서 향후 대북정책의 방향은 '무엇을 얼마나 줄 것인가'에서 '무엇을 어떻게 줄 것인가'로 바뀌어져야 한다는 점이다.

남북경협이 본격화된 이후 대북정책은 평화이론에 근거하여 남북경협에 치중하였고 이러한 노력은 양적 측면에서 보면 규모가 확대되었고 일정부분 성장해 왔다. 그러나 질적 측면에서 보면 대북정책이 북한의 실질적인 개혁을 유도하지 못했다는 비판을 받고 있다. 또한 지난 시기 북한체제의 독특한 특성 때문에 대북정책의 초점을 북한 정부에 두었으며, 이로 인해 대북정책이 북한의 실질적 개혁을 위한 지렛대로 활용되지 못한 측면이 있다. 이는 북한체제의 특징 때문에 불가피한 측면을 무시할 수 없지만 처음부터 대북정책이 북한의 비위를 맞추어 가면서 정책을 추진했기 때문에 나타난 결과라고 할 수 있다. 이런 대북정책은 대북정책이 독재정권을 변화시키는 기제로 작용하기보다는 오히려 독재정권을 강화시켜 준다는 비난을 받아 왔다. 이제 대북정책의 초점은 정부에서 북한 주민으로 그 중심이 옮겨져야 한다. 왜냐하면 북한 주민의 삶을 고려하는 인간 중심의 대북정책이 보완돼야 할 것이고 이것이 대북정책의 정통성을 국내외적으로 강화하고 지지기반을 넓히는 방책이 될 수도 있을 것이기 때문이다.

20세기 말 평화이론은 통일 전 서독의 '접근을 통한 변화' 정책이 우리에게 많은 교훈을 주고 있다. 서독은 '접근을 통한 변화' 정책을 추진하면서 동독에 재정지원을 해주는 대신 동독으로부터 정치범 석방, 동독 주민의 서독 방문과 같은 많은 인도적·정치적 양보를 받아냈다. 그리고 서독은 동독과의 내독교역(內獨交易)을 '필요한 경우 동독에 대한 물자공급을 중단할 수 있다'는 위협수단으로 활용했다. 한국의 포용정책이 북한에 애걸하는 일방적 지원정책이라면 서독의 '접근을 통한 변화' 정책은 철저한 상호주의에 입각해 주도적으로 추진된 정책임을 알 수 있다. 비록 포용정책과 '접근을 통한 변화' 정책이 '북한(동독)'을 개혁·개방하고 한반도(독일)의 평화를 유지하여 통일의 기반을 닦는다'는 목표를 공유했지만 실효성에는 현격한 차이가 있다. 실효성의 관점에서 보면 남북경협은 민족공존과 번영을 위해 새로운 패러다임에서 추진되어야 한다는 것을 강조하고 있다.

물론 북한은 우리의 대북정책－특히 경제교류·협력－의 확대가 가져올 황색바람의 폐해를 우려하여 남북교류·협력의 활성화에 소극적이었고, 경제적 지원을 체제유지수단으로 적극 활용했다. 즉, 남북교류·협력이 활성화되지 않는 것은 경협의 실효성을 의심하기보다는 체제유지에 대한 두려움 때문이며, 이는 남북교류·경협이 비시장친화적으로 운용되고 있는 이유이기도 하다. 따라서 교류·협력의 활성화와 시장친화적 운용을 위해서는 북한의 자세전환이 절실히 요구된다.

남북한 간 40배 이상의 경제적 격차를 고려할 때 남북경협은 일정부분 대북지원의 성격을 띨 수밖에 없다는 것을 인정해야 한다. 따라서 남북경협이 '상생의 원리'에서 운용되기 위해서는 한국의 경제적 지원에 대한 북한의 반대급부를 여하히 확보할 것인가가 운용의 관건이다. 여기서 한국이 북한으로부터 얻을 수 있는 반대급부는 물질적인 것이 아니라 북한의 개혁·개방을 유도할 정책전환의 장치를 마련하는 것이어야 한다. 이런 정책전환이 있을 때 북한의 정상국가로의 변혁과 북한동포의 삶의 질을 개선할 수 있다는 것이다.

나. (평화적) 분단관리정책의 한계

대북정책과 통일정책은 추진과정과 그 대상에서 차이가 있다. 대북정책은 북한 정권을 상대로 분단의 평화적 관리, 변화－개혁과 개방－유도, 통일준비 등의 내용을 협의하여야 하지만 대북정책의 대상은 북한 주민이 되어야 한다. 그러나 통일정책은 북한 주민을 상대로 북한 주민을 위한 정책수단을 개발하여야 한다.

　(평화적)분단관리정책의 목표는 분단 상태를 평화적으로 관리·유지하는 것이다. 즉, 분단관리정책은 분단현상(stauts quo)을 타개함으로써 나타날 수 있는 위험을 선택하는 것이 아니라 현재의 분단 상태를 관리·유지하는 데 치중하게 된다. 따라서 분단현상이 관리·유지되기 위해서는 북한의 요구를 무조건 수용하고 무조건 지원해 주는 것이 최상의 정책이다. 이러한 무조건적인 지원으로는 북한의 변화를 유도할 수 없으며, 북한 주민의 인권을 개선할 수 없으며, 북한 독재 정권의 물적 지지기반을 강화하는 부작용을 낳는다. 즉, 북한에 대한 무조건적 지원은 북한의 비정상성을 영속화시킨다는 문제가 있다.

　분단관리정책에서 주의하여야 하는 점은 분단관리의 지속은 분단의 영구화를 고착시킬 가능성이 높아지며, 이는 통일을 더욱 어렵게 만드는 요인이다. 물론 분단을 평화적으로 관리하는 과정에서 남북한의 교류·협력이 확대됨으로써 자연스럽게 상호 의존이 증대되어 통일의 길을 찾을 수도 있을 것이다. 그러나 이 논리는 이론적 가정일 뿐 오랜 적대적 대치관계가 지속된 현실을 무시한 것이라 할 수 있다. 한국의 햇볕정책과 포용정책에 맞서 북한은 '조선은 하나다'라는 구호로 대응하면서 햇볕정책과 포용정책을 무력화시켰다. 이는 북한이 한국과의 관계 개선으로 인해 북한 주민의 대남 적개심이 약화될 것을 우려하여 대남정책에서 주도권 고수의 원칙으로 견지해왔고,[11] 한국에서 통일지상주의를 확산시키는 부작용을 낳았다. 평화적 분단

---

11) 우평균, 「김대중 정부 이후 한반도에서의 통일노력」, 『한반도는 통일독일이 될 수 있을까?』, 송정, 2012, pp.200-201.

관리가 북한의 변화를 유도하기보다는 오히려 북한의 통일전선전략의 도구로 활용된 측면을 직시하여야 한다.

분단을 평화적으로 관리하기 위해서는 비용이 소요되는데 이를 분단비용(division cost)이라고 한다. 즉, 분단비용은 국가가 분단되지 않았더라면 생산이 필요 없거나 구조적으로 생겨나지 않았을 일체의 경제적 부담을 말하며, 분단 상태가 끝날 때까지 지불하여야 한다. 따라서 분단비용은 '기회손실(opportunity loss)'의 개념12)으로 파악되어야 한다. 물론 분단비용은 대립적인 분단 상황이 지속되는 분단국가에만 독특하게 존재하는 것이며, 통일과 더불어 단일경제가 되면 통일비용으로 전환되면서 점차 소멸되는 특성을 갖는다. 경제적 관점에서 보면 분단비용은 분단 상태하에서 생산의 의미를 갖는 경우도 있고13) 소모(dissipation)의 속성도 갖고 있다. 그러나 분단비용은 분단이라는 특수한 상황에서 발생되는 경제적·비경제적 손실이기 때문에 소모의 속성을 갖는다.14) 따라서 분단비용은 분단국 특유의 생산이나 소모를 포괄하는 기회손실 일체를 비용의 측면에서 접근하는 개념이다. 즉, 분단의 대치상황 때문에 발생되는 통일 이전의 비용이라고 할 수 있다. 이처럼 분단이 지속되는 경우 분단을 평화적으로

---

12) 기회손실(opportunity loss)이란 이미 선택된 생산기회에 의한 현시적 생산량이 그러한 생산 때문에 단념된 생산기회의 기대생산량의 차이를 의미한다. 단적으로 불합리한 선택에 의해 현시적 생산량이 단념된 기대 생산량(합리적 생산량)보다 적을 경우 그 차이를 말한다. 기회손실의 개념은 분단문제를 분석하는 데 유용한 수단이 될 수 있다. 역사적으로 볼 때 대부분 국가분단의 요인은 국가역량 부족, 내전 등의 국제정치 역학적 작용 때문이며, 결국 분단당사국은 당사국의 합리적 선택에 의하여 이루어지지 않았다는 점에서 기회손실의 개념은 매우 유용하다고 할 수 있다.

13) 분단상황하에서는 통일행정, NGO단체의 통일노력 등은 생산적 의미를 갖는 경우이다. 그러나 분단으로 야기된 정치군사적 긴장을 조장하거나 대립과 갈등을 해소하기 위한 생산에 불과하기 때문에 국민경제의 순후생(net welfare)을 증대시키는 경제적인 생산은 아니라고 할 수 있다.

14) 분단상황 때문에 발생되는 코리아디스카운터 또는 컨트리리스크로 대변된다. 예를 들면 긴장상황으로 외화유출, 국내의 경제질서 교란행위, 높은 위험으로 기업의 리스크프리미엄으로 인한 높은 이자부담 등이 있다.

관리하기 위해서는 소모성 비용을 지속적으로 부담하여야 한다.

한반도 분단은 주변 4국의 영향력을 강화하는 반면 남북한의 입지는 상대적으로 위축시킨다. 그러나 주변 4국이 분단을 관리할 권리가 국제법으로 전혀 보장되어 있지 않다. 분단관리도 분단극복도 법률상(de jure) 남북한의 문제이다. 하지만 현실적으로 주변 4국이 분단관리와 극복에 관해 가질 사실상(de facto)의 영향력을 간과할 수 없다. 따라서 한반도 분단관리정책의 지속은 국가의 자주성을 심대하게 훼손할 우려가 내재해 있다.

다. 적극적 대북정책의 기조

분단국에서 통일의 실현은 특히 분단 당시 국제정세의 맥락에서 밖으로부터 분단이 부과된 경우에는 분단국가가 추구해온 통일정책의 결과에 의해서 통일이 이루어진다기보다 통일이 가능한 기회가 외부로부터 도래할 때 이를 놓치지 않고 통일을 달성할 수 있는 지도자의 능력, 그리고 주변 열강을 통일에 이의가 없도록 설득하는 외교력이 복합적으로 작용한다. 즉, 통일 과정 자체는 무력에 의한 경우가 아니라면 기회포착능력·추진력·협상력이 주가 되며, 이와 같은 능력을 과시하는 것은 특히 지도자 요인, 리더십이 요체라 할 수 있다.

우리의 대북정책의 기조는 ① 우리에게 위협이 되지 않는 북한, ② 북한 주민이 잘사는 북한, ③ 가치지향의 통일기반의 준비 및 확보 등이다. 남북교류협력이 본격화되면서 우리의 대북정책기조는 북한을 도와주면 북한의 대남위협이 감소할 것이라는 기대에서 남북교류협력에 치중하여 왔다. 또한 우리의 대북지원이 북한의 변화를 초래하여 통일기반을 다질 수 있다는 강한 믿음도 있었다. 그러나 지난 시기 우리는 북한을 도와주었지만 오히려 북한위협은 줄어들지 않았고 독재정권의 기반은 더 강화되었다. 이런 결과 때문에 대북정책의 성과는 반감되었고 남남갈등을 유발하는 요인으로도 작용했다.

북한이 중국과 베트남처럼 변할 수 있다는 믿음은 북한체제의 특성과 한국이 북한의 대체정부라는 현실을 무시한 것에서 연유한다. 이러한 체제특성과 대체정부의 가능성은 북한 리더십의 선택지는 제한될 수밖에 없고, 북한 리더십은 중국이나 베트남과 달리 '개혁'에 대해 신경질적인 반응을 보여 온 것도 사실이다.[15] 따라서 북한에 개혁적 리더십이 나오기 전에 우리의 대북정책이 북한의 개혁과 개방을 유도하는 데 일정한 한계가 있을 수밖에 없다. 하지만 우리는 북한의 개혁과 개방을 이끌어내기 위해서는 대북정책은 '유연하고', '참을성을 가지고', '원칙에 충실하도록' 노력하는 것이다.

우리의 대북정책 방향은 '북한이 어디로 갈 것인가?'와 밀접한 관련이 있다. 북한체제의 진로는 '김정은 체제의 안정성'과 '개혁·개방의 추진 여부'에 따라 달라질 것이다. 이를 기준으로 하면 4가지의 시나리오가 가능하다.

<표 5-1> 북한체제의 가능한 시나리오

	개혁·개방의 추진	개혁·개방의 미추진
김정은 체제의 안정	(가)	(나)
김정은 체제의 불안정	(다)	(라)

4가지의 시나리오 중에서 우리가 가장 바라는 시나리오는 (가)이

---

15) 2007년 제2차 남북정상회담을 마치고 귀국과정에서 개성공단을 방문한 자리에서 고 노무현 대통령은 북한 김정일 위원장이 '개혁'이라는 단어에 강한 거부감을 보이고 있기 때문에 이제는 북한에 대해 '개혁과 개방'이라는 용어를 사용하지 못하도록 지시했다. 이에 통일부는 홈페이지에서 북한의 '개혁과 개방'이라는 용어를 삭제하는 촌극을 벌인 일이 있다.

다. 이 경우 북한은 중국이나 베트남처럼 개혁개방에 주력할 것이고 우리는 북한의 정상국가화를 위한 대북정책을 적극적으로 추진하여야 할 것이다. 시나리오 (나)는 북한 군부 또는 강경파가 가장 바라는 것으로 북한의 변화를 기대할 수 없으며, 우리의 대북정책의 성과는 매우 미약할 것이다. 시나리오 (다)는 구소련의 고르바초프 정권처럼 북한체제는 의도되지 않은 변화(unintended change)가 초래될 가능성이 높으며 남북관계에도 큰 변화가 올 가능성이 높다. 시나리오 (라)의 경우는 김정은 체제의 불안정이 지속되고 현재의 경제위기가 지속됨으로써 북한의 미래는 매우 암담한 상황이 될 가능성이 높다. 이러한 4가지의 시나리오 중에서 우리에게 가장 바람직한 시나리오는 (가)이지만 현재 북한의 대내외 환경을 고려하면 시나리오 (다)와 (라)가 일어날 확률이 높아 보인다. 따라서 우리의 대북정책은 (다)와 (라)에 대비하고 (가)의 시나리오가 일어날 수 있도록 초점을 두고 역량을 결집하여야 할 것이다.

3. 대북정책의 목표와 원칙

가. 대북정책의 목표: 북한의 정상국가화

우리의 대북정책을 통일준비과정의 일환으로 인식한다면 대북정책은 통일한국이 지녀야 할 가치를 추구하는 것이어야만 한다. 그 가치는 민족공동체를 복원하고 인간의 삶의 질을 높이며, 세계와의 소통을 통한 평화와 번영을 도모하기 위한 일반적 규범을 준수하고 창조하는 것이어야 한다. 바로 민주화, 자유화, 세계화를 통해 '북한의 정상국가화(normalization of North Korea)'를 도모하고 이를 통해 민족공동체를 복원하는 것이다.

정상국가화('normal' state)란 국내적으로는 국민들이 정치·경제적 자유가 보장되고 인권이 보장되는 근대국가를 의미하며, 국제적으로는 국제사회의 책임 있는 일원으로 참여하여 국제사회의 보편적 규범을 존중하는 국가를 의미한다. 그런데 북한 주민은 가난과 폭압의 전근대적 사회에서 살고 있으며, 가난과 기아에도 불구하고 대량살상무기로 무장한 전근대적 비정상적 국가이다. 즉, 북한의 현실은 정상국가화의 모습과는 너무도 차이가 있다. 한편 북한의 정상국가화는 민족의 일원인 북한 주민들의 고통을 무시할 수 없다는 측면에서 대내적 시급성을 가지며, 북한이 보편적 국제규범을 준수하도록 협력하고 강제하여야 한다는 측면에서 국제적 시급성을 가지고 있다. 따라서 북한의 정상국가화가 전제되지 않은 대북정책은 남북관계의 진정한 발전과 북한 동포의 삶의 질 개선을 외면하는 반인륜적 행위이며, 북한이 보편적 국제규범 위반행위를 묵인하는 비도덕적 행위이다.[16]

근대국가의 중요한 가치는 정치적으로는 봉건적 압제를 청산하고 국민이 스스로 정부를 선택하는 민주화-절차적 민주주의-를 완성하고, 이를 바탕으로 국민의 자유의 질을 높이는 자유화-실체적 민주주의(자유민주주의)-를 완성하는 것이다. 또한 경제적으로는 산업화를 통해 빈곤문제를 해결하는 것이다. 이런 의미에서 민주화의 가치는 '억압으로부터의 자유'를 부여하는 것이고, 자유화의 가치는 민주주의를 통해 선출된 정부가 국민의 자유와 권리, 생명과 재산을 지키는 인간 존엄성을 회복하는 것이다. 그리고 산업화의 가치는 '결핍

---

16) "악(惡)에 맞서지 않는 것은 악(惡)에 동의하는 것이며 악(惡)을 위해 일하는 것이다." 에릭 메택시스, 『디트리히 본회퍼: 목사, 순교자, 예언자, 스파이』, 포이에마, 2011.

(기아)으로부터의 자유'를 부여함으로써 삶의 질을 높이는 것이다. 또한 민족공동체를 복원한다는 의미는 단순히 분단된 국토를 재결합(re-unification)하는 것이 아니라 분단 해소를 통해 민족공동체 구성원의 삶의 질을 높일 뿐만 아니라 동북아의 평화와 안정의 토대를 마련하는 새로운 국가를 창조하는 새로운 통일(new-unification)이어야 한다.

세계화란 상품, 노동, 자본, 기술·정보가 국경을 자유롭게 넘나들면서 국가 간의 상호의존성과 관계성이 급속하게 증대한다는 것이다. 특히 시장경제의 세계화는 중국의 개혁·개방을 초래했고 소련 사회주의체제의 붕괴를 가져왔다. 이런 세계화의 흐름을 어떻게 선택하고 기회로 활용하는가에 따라 국가의 명운이 달라졌다. 북한은 세계화가 가져올 후과가 두려워 세계화 자체를 거부하고 있다. 그러나 세계화는 북한의 개혁과 개방을 유도하는 기제일 뿐만 아니라 국제사회의 보편적 규범을 준용하는 지름길이다.

나. 대북정책 추진원칙

대북정책은 추진대상에 따라 국내(관련)정책(domestic policy), 남북(관련)정책(inter-korea policy), 국제관계와 관련된 정책(international policy)으로 구분할 수 있다.

(1) 국내 관련정책: 국민합의

대북정책의 국내 관련정책은 한국 내에서 대북정책의 정당성과 대북정책의 추진방법에 대해 국민 간의 합의를 도출할 수 있는 제도적 장치가 결여된 상태에서 추진되었다. 이는 일부 정치인들이 자신의 정치적 입지를 강화하기 위해 대북정책을 자의적으로 악용했다는 것을 반증하고 있다. 사실 북한문제는 국내정치에서 정치적 입지를 강화하기 위한 수단으로 이용되거나, 개인의 사익을 추구하기 위한 도구로 악용되어 온 것을 부인할 수 없다. 이는 대북정책이 자의적 구조로 악용되어 왔다는 점을 반증하는 것이다. 문제는 이런 대북정책의 자의적 구조가 한국 사회에 나쁜 영향을 끼쳐 왔다는 데 그 심각성이 있다. 주지하는 것처럼 자의적 구조는 필연적으로 남남갈등을 초래했고, 북한은 이런 한국의 약점을 악용하여 남남갈등을 부추기는 한편 최대한 대북지원을 이끌어내는 도구로 활용해 온 것이 사실이다. 이제 이런 대북정책의 자의적 악용구조를 방지하고 제도적 선용(善用)의 구조로 전환하는 국민적 합의기반을 마련하여야 할 것이다. 국민적 합의기반은 국회를 통해 대북정책의 정당성, 대북정책과 통일정책과의 연관성, 대북정책의 추진주체 등에 대한 제도적 틀을 마련함으로써 갈등을 억제하고 합의기반을 제고할 수 있다.

(2) 남북 관련정책: 북한 변화와 정상국가화

지난 기간 동안 우리의 남북 관련정책은 목표와 수단이 전도됨으로써 늘 북한에 끌려 다녔다는 비판을 받아 왔다. 대화·협력·지원이라는 정책수단이 정책목표로 둔갑함으로써 북한의 변화, 즉 개혁과 개방을 통해 북한의 정상국가화라는 정책목표는 사라졌다. 그래서 대북정책은 오로지 대북지원, 그것도 북한의 요구를 무조건 수용하는 것에 초점이 맞추어짐으로써 북한의 비정상국가화를 강화시키는 어리석음을 자행하게 되었다. 즉, '왜 우리가 대북정책을 추진하여야 하는가?'에 대한 정당성은 상실되고 대북지원이 정책의 전부인 것처럼 호도되었다. 또한 대북정책이 자신의 정치적 입지와 국제환경에 따라

'냉탕과 온탕'을 오가는 일관성이 결여된 정책을 남발함으로써 대북정책은 방향성을 잃고 극단을 오갔다. 특히 우리의 일방적 지원구도가 정착됨으로써 북한의 자생력 기반을 훼손시키거나 지연시켰고 북한 당국은 남한의 일방적 지원이 당연한 것으로 인식하게 하는 신호를 제공하였다. 따라서 대북정책에서 무조건적 일방주의가 아니라 남북한 모두의 이익을 증진시키는 호혜주의로 방향이 선회되어야 한다. 물론 남북 관련정책에서 호혜주의는 동시성과 등가성을 의미하지는 않지만 통일을 준비하는 차원에서 남북한이 상호 존중과 신의성실의 기반을 다지는 중요한 제도적 장치이다.

대북정책의 목표와 수단의 전도, 일관성의 결여는 북한을 객관적으로 파악하고 분석함으로써 북한의 변화와 정상국가화를 극대화하기 위한 전략과 정책이 결여되었다는 것을 반증한다. 대북정책 중에서 남북 관련정책이 대북정책의 핵심인 것은 자명하다. 왜냐하면 남북 관련정책의 올바른 추진이 북한의 변화와 정상국가화를 유도할 수 있는 기제로 작용하기 때문이다. 그러나 우리는 '유화정책이 옳은가, 아니면 강경정책이 옳은가' 하는 소모적 논쟁만이 지속되었다. 바로 대북정책의 정당성과 방향성을 상실한 채 불필요한 논쟁으로 국력을 낭비했다. 이제 대북정책을 추진하는 과정에서 남북 관련정책은 북한의 변화와 정상국가화라는 뚜렷한 목표를 기반으로 대북정책을 재정립하여야 한다. 따라서 대북정책은 강온전략을 병행하고 관여(engagement)와 통합(integration)의 적절한 배합이 요구된다. 관여와 통합전략을 통해서 북한의 정상국가화와 통일준비의 기반을 마련하여야 할 것이다.

(3) 국제 관련정책: 국제협력과 설득

국제사회-특히 주변 4강-는 북한이 보편적 국제규범을 준수하는 정상국가화에는 모두 동의할 것이다. 특히 북한 핵문제만 해결된다면 북한이 보편적 국제규범을 준수하는 정상화의 과정에 접어든 것으로 국제사회는 인식할 수 있다. 그러나 우리의 입장은 분단을 해소하고 통일을 지향하여야 하기 때문에 국제사회의 입장과는 다를 수밖에 없다. 이것이 대한민국의 이해와 국제사회의 이해가 상충되는 지점이다. 이는 한반도 주변 4강이 북한의 핵문제만 해결된다면 북한의 실질적인 정상국가화에는 별다른 관심이 없다는 것을 암시하고 있다.

주변 4강이 북한의 실질적 정상국가화를 절실한 이슈로 인정하지 않는 이유는 북한 주민들이 받고 있는 많은 정치적·경제적 고통이 북한에만 한정된 문제가 아니라는 점이다. 또한 북한의 정상국가화가 자국에 미칠 영향에 대한 불확실성이 존재하기 때문이다. 특히 중국은 북한이 완충지대로서의 역할을 통해 자국의 경제발전에 지장을 초래하는 상황이 발생되는 것을 막고자 하며, 장기적으로는 한반도 통일이 가져올 손익계산이 마무리되지 않았기 때문이다. 반면 미국은 북한 핵문제가 해결되는 것이 1차적 목표이기 때문에 북핵 문제만 해결되면 그 정도의 선에서 문제를 봉합하려고 한다. 그래서 중국이나 미국은 북한의 실질적인 정상국가화를 서두르지 않는다. 이는 북한의 정상국가화가 가장 절실한 국가는 한국뿐이라는 것을 의미한다. 따라서 한국이 주변 4강을 어떻게 설득하고 어떤 협력을 하는가에 따라 북한이 정상국가화의 길로 가는가 아니면 비정상화의 상태를 지속하는가의 기로에 놓여 있다. 문제는 한국의 분명한 태도와 입장이다.

한반도 통일은 한반도에 국한된 문제가 아니라 국제적 성격을 띠고 있는 복합적 문제이다. 따라서 우리가 어떤 비전과 목표를 가지고 대북정책을 추진하는가에 따라 주변 4강의 인식을 전환시킬 수 있다는 점이다. 바로 북한의 변화와 정상국가화가 주변 4강의 국가이익에 도움이 되는 전략과 정책대안을 마련하여야 하는 것이다. 즉, 북한의 변화와 정상국가화가 절실한가에 대한 논리개발뿐만 아니라 우리의 의지도 천명되어야 한다. 우리의 대북정책이 북한의 변화와 정상국가화에 어떻게 기여할 것인가, 그리고 북한의 변화와 정상국가화가 동북아의 평화와 번영에 필수적 요소이고 관건임을 가지고 주변 4강을 설득하고 협조를 구하여야 한다. 또한 통일 이후 동북아의 발전과 평화를 위한 청사진도 마련하고 이를 국제사회의 협력을 이끌어내는 기제로 활용하여야 한다. 바로 우리의 적극적 의지와 확고한 추진전략과 정책이 절실한 시점이다.

4. 대북정책의 기조 및 원칙

가. 대북정책의 기조: 관여와 확장

북한의 변화와 정상국가화를 유도하기 위해서는 북한에 대해 관여와 확장정책이 필요하다. 관여(engagement)와 확장(enlargement)정책의 목표는 인류의 보편적 가치를 추구하고 삶의 질을 제고하는 것이어야 한다. '관여정책'이란 외교·군사·경제·문화 등 다양한 영역에서 대상국가와의 교류를 광범위하게 증진시킴으로써 대상국가의 정치적 행위에 영향을 미치려는 정책이다. 그리고 '확장정책'이란 자유민주주의와 시장경제의 가치를 확장시키는 것이다.

우리의 햇볕정책과 포용정책은 관여정책의 논리적 근거에 따른 대북정책이다. 우리의 건설적 관여정책의 목표는 북한의 변화와 정상국가화를 통해 북핵문제의 해결, 개혁·개방을 통한 산업화, 인권문제의 개선 등 민주화를 달성하는 것이다. 그동안 우리의 대북정책-관여정책-은 오로지 북한 당국자와의 대화교류에만 신경을 써 왔기 때문에 북한 주민을 대상으로 하는 대민정책(對民政策)이 없었다. 이는 대북정책의 특성상 불가피한 측면이 있지만 대북정책의 대상이 주민으로 바뀌어져야 한다는 것을 의미한다. 이런 의미에서 우리의 대북정책은 관여정책은 있었지만 자유민주주의와 시장경제 확산을 통해 인간의 존엄성을 신장시키는 확장정책은 없었다고 할 수 있다. 따라서 우리의 대북정책은 관여를 통해 북한의 변화를 유도하고 자유민주주의와 시장경제의 가치를 확장시키는 확장정책이 필요하다.

(1) 북한의 민주화

현재의 북한체제는 1960년대 말 수령 1인 지배체제가 확립된 이후 구 사회주의국가에서도 매우 이질적인 형태로 변질되었다. 이런 북한의 봉건적 수령주의는 3대 세습으로 이어지면서 현대사회의 보편적 기준인 인권과 민주주의를 외면하는 독재국가의 전형을 보여 주고 있다. 다시 말해 현재 북한의 정치체제는 마르크스·레닌주의에 입각한 전통적 당·국가체제가 아닌 김일성 유일사상체계에 따라 작동하는 1인 독재국가의 모습을 숨김없이 보여 주고 있다. 그리고 사회주의 계획경제를 강조하고 있지만 1990년대 중반 이후 배급체계가 와해되면서 자생적 시장(장마당)이 확대되고 있다. 또한 1990년대 이후 지속된 경제위기는 경제계획 수립 자체가 불가능하였을 뿐만 아니라 외부지원 없이는 생존이 불가능한 '대외 의존형 무(無)계획경제'로 방치됐다.

이처럼 1인 독재체제와 장기간의 경제위기는 북한 주민의 인권과 민주주의에 심각한 저해요인으로 작용하고 있다. 특히 여기서 강조하고자 하는 점은 북한민주화가 단순히 '민주주의와 인권 실현'이라는 도덕적 문제만이 아니라 8천만 한반도 주민의 안정과 번영, 동북아의 평화와 번영에 심대한 영향을 미치는 요인이라는 현실적 관건적 문제라는 점이다. 따라서 북한민주화는 '하면 좋겠지만 하지 않아도 그만인 사안'이 아니라 '우리가 반드시 완수'하여야 할 당면한 절실한 과제이다.

북한민주화는 전근대적 북한이 근대국가로 탈바꿈하는 정상국가화의 과정이며 자유민주주의적 통일을 준비하는 토대로서 작용하게 된다. 따라서 북한민주화는 북한 주민이 '독재정권의 압제와 억압으로부터의 자유'를 부여함으로써 정치사회적 지위를 회복시켜 준다. 또한 북한민주화는 북한이 보편적 국제규범인 평화를 준수하도록 강제하기 때문에 한반도에서 안보위협을 낮추어 준다. 따라서 북한민주화는 직접적으로는 북한 주민의 인권신장에 기여할 뿐만 아니라 한반도의 안보문제를 해결하고 한반도의 안정과 번영, 더 나아가서는 동북아의 평화와 발전을 도모하는 중요한 핵심과제라 할 수 있다.

북한민주화라는 시대적 과제를 해결하기 위해서는 국제협력을 통한 북한의 개혁개방을 유도할 수 있는 전략과 정책수단이 요구된다. 특히 '헬싱키 프로세스'가 북한민주화에 주는 시사점은 국제협력의 관여정책이 매우 유용하다는 점이다. '헬싱키 프로세스'란 미국과 구소련, 동서독 등 냉전시기 양 진영 35개국이 안보·경제·인권 협력에 관한 원칙을 발표한 의정서를 시작으로 1989년 베를린 장벽 해체,

1991년 소련 해체에 이르는 과정을 말한다. 이는 북한민주화가 실질적으로 이룩되기 위해서는 '북한 인권 프로세스(안)'와 같은 국제협력방안이 필요하다는 것을 의미한다. 또한 '북한 인권 프로세스(안)'는 '악에 대해 공동투쟁'만이 성공을 담보할 수 있는 제도적 기반이라는 것이다. 이런 제도적 기반이 북한민주화를 강제하는 유용한 수단이 될 수 있다는 점이다.

(2) 북한 경제의 시장화·정상화

인간 자유의 신장이 높은 경제적 성과를 가져왔다는 사실은 역사가 증명하고 있다. 왜 영국에서 산업혁명이 최초로 일어났고 서유럽에서 시장이 발달되고 평등한 인간관계가 형성되었는가 하는 사실은 인간의 자유와 밀접한 관계가 있다는 것이다. 경제적 자유의 신장은 시장경제원리와 부합되는 부분이 많다. 즉, 개인의 자유로운 선택, 자발적인 거래, 자유로운 경쟁, 가격기구의 작동, 사유재산권의 보호가 시장경제체제의 핵심이기 때문이다.[17] 한편 경제적 자유는 '법의 지배하에 자발적인 거래를 통해 자신의 이익을 추구할 수 있는 권리'이며, 성장과 발전, 행복, 복지 그리고 정치적 자유를 뒷받침하기 때문에 경제적 자유는 인간생활에서 중요한 과제임이 분명하다. 바로 경제운용방향이 시장원리를 지향해야 하는 이유가 여기에 있다.

시장지향성이 높을수록 경제적 자유는 높아지고 경제적 성과도 높아진다. 자본주의와 사회주의 간에 발생된 경제적 격차는 당연한 귀결이며, 같은 자본주의 국가라도 보다 시장지향적일수록 경제는 더 성장해 왔다. 여기서 중요한 문제는 경제적 자유도가 높을수록 높은

---

17) 한국개발연구원·시장경제연구원, 『시장경제의 재발견』, 한빛비즈, 2011, pp.33-34.

경제성장을 이끈다는 것이 일반적 관측이다. 경제적 자유도가 높은 것은 시장지향성이 높다는 것을 의미한다. 시장지향성은 투자 증가를 유도하고, 기존 생산요소를 효율적으로 사용하게 하며, 기술혁신을 자극한다. 특히 외국인직접투자는 기술이전의 중요한 수단이기 때문에 국내투자보다 경제성장에 미치는 영향이 더 크다. 시장지향적일수록 외국인이 직접투자에 긍정적으로 작용한다.

1990년대 중반 이후 북한 주민의 소득원천은 공식적인 경제활동을 통한 소득보다는 비공식적인 경제활동에 더 의존하고 있는 것으로 조사되고 있다. 즉, 텃밭이나 뙈기밭 경작, 시장에서의 상업활동 등을 통해 가계소득을 창출하고 있다.[18] 이처럼 북한 경제에서 비공식화 또는 시장화가 확산된 것은 경제난으로 배급이 중단되면서 북한 당국은 '생존형 시장경제행위'에 대해 묵인할 수밖에 없었다. 이는 사회주의적 물적 기반인 배급체제가 붕괴된 상태에서 나타난 자연스러운 현상이었다. 그리고 2002년의 '7·1 경제관리개선조치'와 2003년의 종합시장 개설은 1990년대부터 시장화 현상을 조직화·체계화하는 데 기여했다. 그러나 시장화 확산에 불안을 느낀 북한 당국은 2005년 이후부터 '시장억제정책'을 펼쳤고,[19] 시장활동을 억제 내지 폐지하기 위해 2009년 11월 화폐개혁이라는 초강수를 두었다.[20]

1990년대 이후 북한 주민에게 생계유지의 원천인 시장은 북한 당

---

18) 북한은 1998년 헌법을 개정하면서 주민들의 뙈기밭 경작을 허용하는 내용을 처음 포함했다.

19) 대표적인 '시장억제정책'은 시장에서 장사할 수 있는 상인들의 연령제한(40~50대 이상의 여성), 영업시간의 제한, 종합시장을 농민시장으로의 전환 시도 등이 있다.

20) 2009년 북한 화폐개혁에서 교환한도를 설정한 것은 소비자의 구매력을 약화시키고, 공급자의 공급능력을 감소시키는 효과가 있기 때문에 시장화의 확산을 억제하고, 그 시장규모를 축소하려는 시도로 평가된다. 이는 ≪조선신보≫가 조선중앙은행 관계자와의 인터뷰에서 화폐개혁의 주된 목적이 계획경제의 복원과 시장억제라는 점을 명시적으로 밝히고 있다.

국에게는 양날의 칼로 작용해 왔다. 즉, 시장은 공식 경제활동의 연명을 보완하는 보완재로서의 역할과 주민들의 생계를 일정부분 책임지는 기능을 수행하고 있다는 측면에서는 시장의 존재는 정권의 유지와 안정에 도움이 될 수 있다. 그러나 시장은 자본주의라는 '황색바람'을 확산시키고 시장활동을 통해 부를 축적한 자들이 사회주의 이념과 북한 정권에 반대할 수 있다는 점에서 잠재적 위협 요인이 될 수 있다. 따라서 1990년대 중반 이후 북한은 시장화의 확산을 허용할 것인가, 아니면 시장화의 확산을 억제할 것인가라는 선택의 기로에 직면했다. 그리고 1990년대 중반 이후 북한 당국의 시장에 대한 정책은 묵인－허용－억제의 순으로 전개되어 왔다.[21]

사회주의계획경제는 계획의 미비한 부분을 시장이 보완해 주는 정도로 인식하고 있다. 그러나 시장은 상품이 교환되는 단순한 장소(marketplace)로서의 기능뿐만 아니라 각종 정보가 모이고 확산되는 정보유통의 공간(information-space)의 기능도 수행하고 있다. 이처럼 시장은 닫힌 사회(closed society)를 열린 사회(open society)로 전환할 수 있는 기능을 충분히 이행할 수 있는 공간이라는 점이다. 우리가 북한의 시장화에 주목하는 것은 북한의 열린 사회로의 가능성 때문이다. 주지하는 것처럼 1990년대 초반에 야기된 북한 경제난은 북한 당국의 의지와 달리 북한의 시장화를 촉진하는 요인으로 작동해 왔다. 북한 경제의 시장화는 북한의 경제적 자유를 보장하고 경제적 자유는 열린 사회로의 디딤돌이 될 수 있다. 또한 북한 경제의 시장화는 북한 산업화의 관건인 외국인투자의 바로메타로 작동하여 산업화

---

21) 김병연·양문수, 『북한경제에서의 시장과 정부』, 서울대학교출판문화원, 2012, pp.4-6.

를 촉진시킨다. 따라서 북한 경제의 시장화는 북한 경제의 정상화를 위해 반드시 달성하여야 할 중요한 과제 중의 하나이다.

북한 경제의 정상화란 축소지향의 악순환의 고리를 끊고 확대지향의 구조전환을 도모하는 경제의 근대화―특히 산업화―를 의미한다.22) 이는 북한 경제가 생산자로서의 구조를 유지하면서 소비자로서 자유로운 선택을 확대해 나가는 경제의 자율화를 의미한다. 또한 북한이 보편적인 국제규범과 통념을 준수함으로써 북한이 더 이상 불법적인 무역에 의존하지 않고 국제사회의 일원으로 보편적 경제질서를 준수한다는 것을 의미한다.23) 그리고 북한 경제의 정상화는 북한 경제가 자본주의시장경제와의 협조와 상호의존을 통해 폐쇄형 경제구조를 포기하고 대외지향의 경제기반을 구축하는 것을 의미한다.24)

한편 북한에서 '먹는 문제와 주민의 삶의 질'에 대한 문제가 어제오늘의 일은 아니다. 하지만 1990년대 경제난 시기에 수많은 아사자가 발생했다는 점에서 북한 경제의 시장화와 정상화는 시급한 문제가 아닐 수 없다. 우리가 북한 경제의 시장화 내지 정상화를 추구하는 이유는 먹는 문제를 해결하고 북한 주민의 삶의 질을 개선하는 요체이기 때문이다. 바로 북한 경제의 시장화 내지 정상화는 북한 주민들에게 '빈곤(결핍)으로부터의 자유'를 주는 관건적 문제이다.

(3) 북한주민에 대한 정보화

북한은 지구상에서 가장 폐쇄적이고 폭압적인 국가이다. 영국

---

22) 북한은 '근대화'라는 용어보다는 '현대화'라는 용어를 더 선호하고 있다.

23) 임강택, 「북한의 대외개방을 촉진하기 위한 경제협력 추진방안」, 『이명박 정부 대북정책 비전 및 추진방향』, 통일연구원, 2008, p.149.

24) 조영기, 「북한경제의 정상화 전략」, 『선진화정책연구』, 2권 1호, 2009, pp.119-120.

의 『이코노미스트』지가 매년 발표하는 민주주의 지수(Democracy Index 2011)에 따르면 북한은 2011년 조사대상 167개 국가 중에서 167위인 것으로 나타났다.25) 이는 '1인 독재체제'에 의해 북한 주민들에 대한 반인륜적 탄압과 압제가 자행되고 있지만 외부정보가 차단됨으로써 북한 주민들은 이런 사실을 알지 못하고 연명하고 있다는 것을 의미한다.

북한 주민들에게 전달되어야 할 정보는 북한 외부의 정보뿐만 아니라 북한 내부정보가 얼마나 오도되고 왜곡되었는가를 알려 주어야 한다. 북한 독재집단의 왜곡된 정보가 북한 주민들의 삶을 얼마나 황폐화시켰는가, 우리가 얼마나 많이 속고 살았는가를 자각할 수 있는 판단근거가 될 것이며, 이는 향후 '제2의 재스민 혁명'의 힘의 원천이 될 것이다. 특히 김일성 항일무장투쟁의 과장 및 왜곡, 친일청산, 6·25전쟁의 전쟁책임 회피 등과 같은 근현대사가 얼마나 많이 왜곡되었는가를 알려 주어야 한다. 또한 한국이 북한 주민에 대한 동포애를 전달하고, 우리가 북한 주민의 자유와 경제재건의 든든한 버팀목이라는 사실을 알려줌으로써 '남북이 함께 통일을 준비하려고 한다'는 메시지를 전달하여야 한다. 그래야만 남북이 함께 통일 이후를 대비할 수 있을 것이다.

동구권과 구소련의 붕괴는 독재체제의 잔혹상을 낱낱이 밝혀 주었다. 특히 루마니아의 차우체스쿠 전(前) 대통령에 의한 인권탄압의 실상과 차우체스쿠의 최후를 알려 주어야 한다. 바로 북한 주민에게 독재자의 최후에 대한 정보를 알려줌으로써 북한 주민이 자유와 민주

---

25) 민주주의 지수를 산정하는 기준은 ① 선거과정의 투명성과 다원주의 존중(Electoral process and pluralism), ② 정부의 기능성(Electoral process and pluralism), ③ 정치 참여(Political participation), ④ 정치문화(Political culture), ⑤ 시민자유(Civil liberties) 등이다.

에 대한 희망을 가질 수 있도록 할 수 있을 것이다. 또한 북한 주민의 고통을 해결하기 위한 인도적 지원에 적극적으로 임하고 있다는 사실과 함께 국제기구와 협력하여 우리의 인도적 지원이 북한 주민에게 직접 전달될 수 있는 방안을 강구하고 있다는 점도 알려 주어야 한다. 그리고 북한 당국은 인도적 지원을 독재자의 정치적 입지를 확보하기 위해 악용한다는 사실도 알려 주어야 한다. 지금까지 우리의 대북정책은 북한 당국과의 대화에 치중하였기 때문에 북한 주민의 마음을 사는 정책을 소홀히 했다. 이는 불가피한 측면이 있지만 분명 잘못된 정책이다. 이제 가능한 모든 수단과 방법을 동원하여 북한 주민들에게 우리의 진심을 알리는 것이 중요하다. 그래야만 통일을 준비하고 통일 이후를 대비할 수 있을 것이다.

나. 대북정책의 추진원칙

대북정책의 목표는 통일준비과정에서 발생할 수 있는 남북한 간의 갈등과 분쟁을 평화적으로 관리하는 것이기 때문에 대북정책은 통일을 준비하고 통일 이후를 대비한 정책이어야만 한다. 따라서 대북정책의 목표는 북한의 국가정상화를 유도하고 통일기반을 마련하기 위한 제도적 토대를 정착시키는 데 주력하여야 한다.

제1원칙: 북한의 정상국가화에 적극 기여한다

현재 북한은 비정상국가이다. 북한의 정상국가화는 비핵화, 개혁과 개방, 인권존중, 국제규범의 준수 등을 통해 달성할 수 있다. 우리가 북한을 정상국가로 변화시키고자 하는 것은 자유민주주의적 통일의 길로 가는 토대이기 때문이다. 또한 북한의 정상국가화가 없으면 북한 동포는 정치적 억압과 경제적 궁핍에서 벗어날 수 없을 뿐만 아니라 북한으로부터 각종 위협이 상존한다. 또한 북한의 정상국가화 없이는 동북아의 안정과 평화, 발전을 담보할 수 없다. 따라서 북한의 정상국가화는 동포의 생존문제의 해결, 우리의 안보불안의 해소, 동북아의 평화와 발전을 담보하는 핵심적 과제일 뿐만 아니라 통일을 준비하기 위해 반드시 달성하여야 할 시대적 과제이다.

제2원칙: 원칙 있는 효과적 관여정책으로 북한의 개혁·개방을 유도한다

우리의 대북정책은 북한과의 대화·협력을 통해 북한의 변화-개혁과 개방-를 유도하는 관여정책이어야 한다. 우리의 대북정책이 북한의 긍정적 변화로 나아갈 때는 적극적 지원과 협력을 하지만 변화를 거부할 경우에는 지원을 중단하고 견제하여야 한다. 또한 모든 대화와 협력과 지원의 결과로 북한의 변화를 점진적으로라도 실현시키는 관여정책이어야 한다. 우리가 북한의 변화-개혁과 개방-를 강제하는 것은 북한이 개혁과 개방을 통해 국제사회의 당당한 일원이 되도록 하기 위한 것이다. 북한의 개혁과 개방이 없는 대북정책은 북한 독재정권을 강화하는 부작용을 낳기 때문이다. 또한 북한의 개혁과 개방은 북한이 국제사회와의 새로운 관계를 모색하는 전환점이다. 따라서 우리의 대북정책은 세계에서 가장 폐쇄적 국가 중의 하나인 북한이 국제화, 세계화의 길로 나설 수 있도록 적극 지원하여야 한다.

제3원칙: 일방적 지원이 아니라 호혜주의를 견지한다

진정한 남북관계 발전은 남북이 상대방을 상호 인정하고 존중하며

신의성실의 원칙을 지키는 방향에서 되어야 하며 일방적 지원의 형식은 남북관계의 진전에서 명백한 한계가 노정되었다. 즉, 조건 없는 일방주의는 북한의 개혁과 개방을 유도하는 데에 실패했을 뿐만 아니라 북한의 일방적인 기대수준만 높였을 뿐이다. 남북관계가 진정하고 견고한 발전의 기틀을 다지기 위해서는 일방주의의 잘못된 관행을 종식시키고 남북한 모두의 이익을 증진시키는 양방향 관계를 확립하여야 한다. 물론 남북한 간의 호혜주의는 동시성과 등가교환을 의미하지 않는다. 바로 호혜주의는 상호존중의 정신과 신의성실의 원칙을 바탕으로 남북한의 교류와 협력이 이루어지기 때문에 남북한 모두가 이익이 되는 정책이기 때문에 통일 과정에서 반드시 준수되어야 할 소중한 가치이다.

제4원칙: 남북한 경제교류·협력의 불가역적 제도화를 구축한다

선진화 통일을 달성하기 위해서는 남북교류협력의 가장 큰 폐단인 남한의 일방적인 지원구조를 동북아시아의 글로벌 시장경제에 북한 경제를 편입시키는 방향으로 경제교류협력의 패러다임을 바꿔야 한다. 이를 통해 남북교류협력이 제도적으로 정착되어야 한다. 그동안 남북교류협력은 북한의 배타적 행정권이 일방적으로 작동하는 구조 속에서 진행되어 왔다. 이러한 구조에서는 북한에 의한 정치적·군사적 긴장이 초래될 경우 경제교류협력의 중단과 재개의 악순환의 고리가 반복적으로 재생산될 수밖에 없다. 또한 남북경제교류협력이 평화를 정착시키는 측면보다 북한의 체제유지 수단으로 전락되어 북한 주민의 생활에 전혀 도움을 주지도 못한다. 남북경제교류협력은 대한민국의 일방적인 지원과 교류가 아닌 상호 간의 교류와 협력의 방식으로 진행되어야 한다. 그러기 위해서는 동북아시아의 시장경제질서에 북한 경제를 편입시켜 북한을 지역경제권, 나아가 세계 경제와 소통하도록 유도해야 한다. 북한의 배타적 행정권이 작동되지 못하도록 불가역적인 시장경제질서에 북한 경제를 편입시킬 경우 북한도 다양한 재화와 서비스 그리고 제도와 아이디어 등을 제공받을 수 있다. 이를 통해 북한 경제는 새로운 활력을 얻을 수 있다. 또한 우리로서도 막대한 통일비용을 절감할 수 있어 통일 대한민국의 부담을 줄일 수 있다.

제5원칙: 국제사회와의 협조·공조를 통해 대북정책의 효과를 제고한다

국제사회와 유리된 채 '자주'라는 미명 아래 대북정책을 추진하는 것은 국제적 고립을 자초하는 것이다. 특히 북한 핵과 한반도 통일문제는 우리가 단독으로 해결하기 어렵고 힘든 과제들이며, 이러한 문제들을 해결하기 위해서는 불가피하게 국제사회의 지지와 협조가 필요하다. 물론 대북정책에서 우리의 통일의지와 능력을 우방에게 알리고 우리가 주도적으로 통일준비를 한다는 것도 국제사회에 피력하는 것도 중요하다. 국제사회와의 굳건한 협조·공조체제는 북한의 개혁과 개방에 효과를 높일 수 있는 강력한 수단이다.

제6원칙: 인도적 대북지원의 제도화와 투명성을 강화한다

'인도적 지원'이란 사람에 의해 야기된 위기 또는 자연에 의해 야기된 재난에 대한 단기 긴급구호활동을 의미한다. 여기서 긴급구호활동은 고통스러운 상태를 완화하는 데 집중하며, 증세를 유발한 원인은 치료하지 않는다. 인도적 지원 과정에서 지적되는 문제는 인도적 지원이 나쁜 제도와 정책을 수정하기보다는 오히려 나쁜 제도와 정책을 장기화시키는 요인으로 작용될 수도 있다는 점이다.[26]

북한 경제의 만성적 경제난으로 인해 북한 주민들은 기본적인 의식주도 해결하지 못하고 있는 실정이며, 매년 상당수의 북한 주민들이 기아와 아사의 고통에서 시달리고 있다. 따라서 북한 주민에 대한 인도주의적 지원[27]을 통해 북한 주민의 고통을 경감시키고 삶의 질을 개선해 주어야 한다. 이는 단기적으로는 남북관계의 발전에 기여하지만 장기적으로는 통일준비과정에서 '북한 주민의 마음을 사는 정책'이다. 그동안 우리가 인도주의적 차원에서 북한에 지원한 식량과 물자들은 이를 해소하는 데 어느 정도 기여하였으나 정작 지원을 절실히 필요로 하는 주민들에게 골고루 분배되지 못하였다. 더군다나 북한 경제의 어려움으로 북한 주민의 인권문제는 더욱 악화되었다. 문제는 우리의 인도적 지원이 본래의 목적에 부합되도록 사용되지 않았다는 것이다. 바로 투명성이 결여되었다는 것이다. 투명성에 대한 감시감독을 철저하고 확실하게 하기 위해서는 사후검증절차도 중요하다. 또한 국제기구와 협조하여 투명성의 효과성을 높이는 방안도 고려하여야 한다.

---

26) 이런 현상을 '사마리아인의 딜레마'라고 한다. 즉, "인도주의 위기 발생 → 외부세계의 인도주의적 개입 → 위기 완화 → 나쁜 제도와 정책을 방치 → 위기 발생 → 외부세계 개입 → 위기 완화 → "와 같은 악순환이 지속하게 된다.

27) 엄밀한 의미에서 한국 정부와 NGO단체가 북한에 지원했던 행위는 인도적 지원이라고 분류할 수 있는 것은 극히 드물다. 즉, 한국 정부와 NGO단체는 인도지원과 다른 행동을 하면서 '인도적 지원'이라고 주장하고 있지만, 인도적 지원의 원래의 목적인 취약계층 수혜원칙보다는 남북관계 개선 등과 같은 정치적 목적을 추구한 경우가 많았다. 이런 정치적 목적을 달성하기 위한 지원을 '정치적 원조'라고 할 수 있고, 대북 식량지원이 정치적 원조의 중심에 있다.

제7원칙: 민족동질성 회복을 위한 사회문화교류의 제도화를 강구한다

남북한은 약 60년 이상 사회성격이 서로 다른 체제에서 적대관계로 살아왔다. 이 과정에서 남북한 간의 사회·문화적 이질성이 심화되었을 뿐 아니라 서로에 대한 적개심까지 심어졌다. 사회·문화적 교류는 이러한 적대감과 이질성의 해소 및 동질성 회복을 위하여 필요하다. 독일의 경우 인적 교류를 포함한 다양한 문화교류가 통일을 촉진하였다. 남북한은 장기간 이념 대립 상태에 있으므로 정치·군사적 교류보다는 민간 차원의 사회·문화적 교류가 더욱 용이할 뿐 아니라 효과적이다. 문제는 남북한 간에는 북한의 무력도발이 지속되고 있기 때문에 적대관계가 공고해진다는 점이다. 이는 기존 사회문화교류 방식의 패러다임의 변화를 요구한다. 즉, 사회·문화교류의 방식을 한반도의 틀에서 벗어나 국제수준의 교류협력의 틀 속에서 진행하여 자연스럽게 북한 주민들이 대한민국의 사회와 문화를 접하게 함으로써 사회·문화교류의 불가역적인 구조를 만들어 가야 한다는 점이다. 이러한 구조는 장기적으로 볼 때 북한 사회에 민주화의 토양이 될 수 있기 때문이다.

제8원칙: 북한체제의 변화와 급변사태에 적극 대비한다

현재 북한은 경제위기와 대량 탈북사태 그리고 핵문제와 체제 불안정이 맞물리면서 급변사태가 초래될 가능성이 현저히 높아지고 있다. 현 북한체제의 위기를 분단을 평화적으로 관리하는 대북정책으로 대비하기에는 분명한 한계가 있다. 우리는 흡수통일을 지향하지 않지만, 의도하지 않는(unintended) 북한의 급격한 변화에도 반드시 대비해야 한다. 그러기 위해서는 보다 적극적으로 통일을 준비하는 정책이 필요하다. 이를 위해서는 남북협력기금을 적립해 북한체제의 급변사태에 대비해야 할 것이다. 우리가 북한의 급변사태를 철저하게 대비해야 하는 이유는 북한의 급변사태가 발생할 경우 소요될 통일비용 규모가 국가경제에 커다란 영향을 미치기 때문이다. 또한 북한문제는 남한과 북한의 내부문제에 국한된 것이 아니라 국제적 성격을 띠고 있기 때문이다. 이 때문에 한반도 통일 과정은 주변 강대국들의 이해관계를 제대로 반영하지 못할 경우 혼란스럽게 전개될 수 있다. 최근 북한에 의한 천안함 폭침사건과 연평도 무력도발 사건을 처리하는 과정에서 보인 중국의 태도는 북한 내 위기상황 발생 시 중국의 적극적 개입 가능성을 배제하기 어렵게 만들었다. 북한체제의 불확실성과 이에 따른 한반도 및 동북아시아 안보환경의 변화는 기존 통일정책의 변화를 요구한다. 당당한 평화와 선진화 통일정책은 단순히 분단을 관리하는 대북정책을 넘어 북한체제의 변화를 적극 반영하고 비상사태까지 고려한 정책이다.

제9원칙: 국민적 합의를 도출하고 이를 바탕으로 적극적 대북정책을 추진한다

대북정책이 특정정파나 특정부처의 전유물이 되지 않도록 국민적 합의에 기초한 대북정책이 추진되어야 한다. 그동안 우리의 대북정책은 국내정치의 정파적 도구로 악용됨으로써 국민은 분열되고 극심한 남남갈등을 초래했다. 대북정책이 본래의 목적에 기여하기 위해서는 대북정책을 수립, 집행하는 과정에 전문가들의 사전 참여를 제도화하고 그 과정을 투명화하고 국민 다수의 의견을 수렴하는 절차를 거치도록 한다. 이를 바탕으로 우리가 보다 공세적인 남북대화와 함께 인도주의적인 문제를 다룰 남북회담을 북한에 적극 제안할 경우 남북대화의 주도권을 확보할 수 있으며, 나아가 국민과 국제사회로부터 남북관계의 개선의지를 보여 줄 수 있을 것으로 기대된다.

5. 대북정책의 기본전략

가. 기본전략방향

(1) 복합추진전략

우리의 통일정책은 여야가 합의하고 국민 모두가 지지한 1989년의 「한민족공동체통일방안」이며 이를 보완하고 발전시킨 것이 1994년의 「민족공동체통일방안」이다. 이 방안은 대한민국 「헌법」 제4조에 명시된 자유민주주의적 기본질서에 입각한 통일을 달성하기 위한 것이다. 대북정책은 통일정책의 하위개념이기 때문에 당연히 「민족공동체통일방안」의 정신과 원칙을 준수하여야 한다. 바로 교류와 협력의 대북정책을 통해 북한의 정상국가화를 유도하는 것이다. 여기서 지적하고자 하는 것은 「민족공동체통일방안」의 교류협력은 북한의 개혁과 개방을 통한 북한의 정상국가화를 지향하지만 햇볕정책과 포용정책에 의한 교류협력은 북한의 개혁과 개방이라는 명확한 목표를 가지고 있지 않다는 점이다. 오히려 햇볕정책과 포용정책에 의한 교류협력은 중장기적으로 연방제로 가기 위한 교류협력이 아니었나 하는 의구심이 있다.28)

지난 시기 우리의 대북정책은 대화와 교류협력을 할 것인가 아닌

가가 논란의 중심에 있었다. 분단을 평화적으로 관리하고 통일을 준비하기 위해서는 대화와 교류협력은 항상 하여야 한다. 그러나 대화와 교류협력은 수단이지 목표가 아니라는 점을 잊지 말아야 한다. 뿐만 아니라 대화와 교류협력의 수단이 효과적이었는지 점검하고, 더 효과적인 수단을 끊임없이 찾아야 한다. 그래야만 우리의 대북정책이 북한에 주는 메시지가 확고하고 일관성을 유지할 수 있다. 또한 대북정책이 강경정책이어야 하는가, 유화정책이어야 하는가를 놓고 이전 투구했다. 대북정책이 소기의 목표를 달성하기 위해서는 유화정책도 필요하고 강경정책도 필요하다. 양 정책의 결합도 필요하다. 문제는 대북정책의 성과를 면밀하게 분석하고 진단하질 않고 상황변화에 따라 대응하는 등 기본전략이 부재했다. 바로 우리의 올바른 대북정책의 방향을 북한에 제시한 일이 없었기 때문에 북한의 정상국가화를 유도하는 데 실패했다.

이제 우리는 북한에 확실한 대북 메시지를 전달해야 한다. 즉, 북한이 정상화의 길로 나아간다면 우리가 제시할 수 있는 지원과 협력의 크기는 클 것이며, 북한이 비정상화를 고집한다면 북한이 받을 고통과 압박의 크기도 클 것이라는 메시지를 주어야 한다. 물론 북한의 정상화를 위해 국제사회와 긴밀히 협조할 수 있는 통일외교도 강화해야 할 것이다.

(2) 국내·국외 대북정책의 조화

우리의 대북정책이 더 큰 효과를 얻기 위해서는 국제사회의 협조

---

28) 박세일, 『창조적 세계화론』, 서울대학교출판문화원, 2010, p.133.

는 필수적 요소이다. 예를 들면 우리가 대북강경정책을 사용할 때 국제사회가 이에 응하지 않으면 대북정책의 효과는 거의 거둘 수 없다. 이와 같은 대북정책의 미스매치가 발생되는 요인은 북한의 정상국가화에 대한 인식의 차이 때문이다. 즉, 우리는 대북정책을 통해 북한의 정상국가화를 달성하고 이를 기초로 통일을 완성해야만 한다. 그러나 국제사회, 특히 주변 4강이 바라는 북한의 정상국가화는 핵문제만 해결되는 것으로 인식하면서 오히려 한반도 분단이 자국의 이익에 더 큰 도움이 된다고 생각한다.

우리는 대북정책을 통해 북한의 변화를 강제할 관여정책과 통일정책을 병행하여야 한다. 우선 북한의 실상을 국제사회에 알리고 이를 북한 변화의 동력으로 활용해야 한다. 만약 북한이 변화를 거부한다면 국제사회와 협력하여 국제적 압력의 수준을 점진적으로 높여 나가야 한다. 동시에 주변 4강으로부터 우리의 대북정책과 통일정책에 대한 지원과 지지를 얻기 위한 통일외교를 강화하여야 한다. 지난 시기 우리의 대미외교정책과 대중국외교정책은 있었지만 적극적인 통일정책은 없었다. 즉, 한반도 통일이 동아시아의 발전과 평화에 얼마나 중요한 의미를 가지는지를 적극적으로 설득하는 노력이 거의 없었다. 이는 대북정책은 있었지만 통일정책이 없었다는 것을 반증한다.

대북정책은 통일정책의 하위개념이기 때문에 통일정책과는 불가분의 관계이다. 따라서 우리가 대북정책에 어떤 철학과 비전을 담는가에 따라 주변 4강을 설득하고 더 많은 지지와 지원을 얻을 수 있다. 따라서 대북정책은 통일정책과의 연관성을 극대화하고 이를 주변국에게 알리는 발신주의시스템을 강화해야 한다. 그리고 대북정책을 추진하는 과정에서 한국은 통일 과정에서 주변국의 이해관계의 균형을 보장하고, 북한의 불안정한 미래와 급변사태를 관리할 충분한 역량이 있으며, 한국 주도의 통일방안에 대한 주변국의 사전적 동의를 얻는 것이 필요하다. 또한 통일 과정에서 한국의 국제법적 지위와 한국의 통일과 대북정책의 국제적 정당성을 확보하고 북한지역에 대한 관할권을 획득하여야 한다.

또한 대북정책은 통일 과정에서 남북한의 발전을 연계할 뿐만 아니라 이웃국가와의 발전과도 연계하여야 한다. 바로 중국의 동북 3성, 러시아 극동지역과의 발전과 연계할 수 있는 전략적 구상이 필요하다. 통일 후 북한의 개발에는 한국의 근대화 경험, 중국의 개혁과 개방 경험, 미국과 일본의 자본과 기술력, 국제금융기구의 협력 등이 융합된 청사진을 만들어야 한다. 그래야만 동북아의 진정한 평화와 발전을 도모할 수 있을 것이다.

(3) 대북정책과 인권정책과의 연계

대북정책의 협상상대는 북한 당국이다. 따라서 북한과의 협상과정에서 북한당국을 상대할 수밖에 없고 북한과의 협상을 통해서 남북 현안을 해결하여야 한다. 그러나 대북정책이 통일을 지향한다면[29] 그 대상은 당연히 북한 주민이어야 한다. 왜냐하면 북한 주민들은 정권의 정책실패와 폭압정치로 피해를 받고 있다는 현실적 문제뿐만 아니라 통일 이후 함께 한반도의 발전을 도모하여야 할 동포이기 때문이다. 그러나 지금까지 대북정책은 분단의 평화적 관리에 치중하면서 북한 주민을 위한 정책은 전무한 상태라고 할 수 있다.

---

29) 물론 대북정책은 '분단의 평화적 관리'와 '통일준비'라는 목표가 있다.

인권은 인류의 보편적 가치이며 북한도 인권보호에 예외 국가일 수 없다. 따라서 북한 인권문제는 인류의 보편적 가치를 실현하고 통일을 준비한다는 관점에서 접근하여야 한다. 즉, 북한 인권신장의 문제는 한반도의 궁극적인 평화와 통일을 위해서 해결하여야 할 문제이다. 이를 위한 최우선적 과제는 아동, 여성, 노약자 등 사회취약계층에 대한 인도주의적 원칙을 강화하는 것이 필요하다. 북한 정권에 이익이 되고 북한 동포에게 혜택을 주지 않았기 때문에 북한의 독재정권을 강화시켜 왔다는 비판을 받고 있다. 예를 들면 우리의 대북지원 식량이 특권층과 군부에 할당됨으로써 지원불필요성이 대두되기도 하였다. 따라서 우리의 대북식량지원이 북한 주민들에게 직접적인 혜택을 줄 수 있는 옥수수를 지원하는 것도 하나의 방안이다.

보편적 가치로서 북한의 인권 상황을 개선하기 위해서는 개발협력 과정에서 국제공조를 통해 북한 주민의 인권 가치가 최대한 반영되도록 하여야 한다. 또한 북한 인권법을 제정하고 북한 인권 개선을 위한 국제공조를 강화하고 공개총살, 영아살해, 정치범수용소 등과 같은 인권 침해실태에 대한 자료를 수집하여 북한의 자의적 행동을 간접적으로 강제하여야 한다.

나. 대북정책의 전략화 · 종합화

(1) 남북경제교류 및 협력의 제도화 국제화

북한의 변화를 유도하기 위해서 남북한 경제교류협력은 확대되고 지속되어야 한다. 이런 명분론에도 불구하고 개성공단이 확대되지 못하고 금강산관광이 중단된 근원적인 이유는 경제협력의 지정학적 환경이 비대칭적이기 때문이다. 바로 남북한의 긴장과 갈등이 지속되는 상황임에도 불구하고 남북경협이 북한지역에 국한해서 이루어져야 한다는 점이다. 이런 경협환경의 비대칭성이 지배적인 상황에서는 북한의 배타적 행정권의 위력은 큰 힘을 발휘해 왔고 앞으로도 이 힘은 위력을 발휘할 것이다.30) 따라서 북한의 배타적 행정권이 일방적으로 적용되는 구조를 완화하기 위한 방안이 마련되어야만 한다. 한국 정부가 강구할 수 있는 방안으로 북한지역에 위치한 경제특구에 중국, EU 등의 국가들과 공동 개발하는 국제협력체계를 구축하여 북한의 배타적 행정권이 일방적으로 적용되는 시스템을 완화할 필요가 있다. 그리고 남북한이 공동으로 행정권이 작동될 수 있는 '남북한 공동자유경제특구'를 개발하여 북한 행정권의 일방적 작동을 사전에 차단하는 장치가 필요하다.

남북한 경제교류·협력은 북한경제의 발전을 통해 개방적 한반도 경제권을 조성하기 위한 것이다. 그러나 남북한 경제격차의 현실을 감안하면 남북경협은 북한의 산업을 먼저 육성하는 것이 요구된다. 바로 북한의 산업화를 통해 북한 경제의 발전을 도모하고, 이를 기반으로 '신한반도부흥계획'의 청사진을 그리는 것이 요구된다. '신한반도부흥계획'의 출발점은 개성공단이지만 한국 기업의 입주만으로 개성공단의 생산성은 높아지지 않는다는 점이다. 개성공단의 생산성을 높이기 위해서는 남북협력뿐만 아니라 국제사회의 도움이 절실하다. 따라서 배타적 행정권이 일방적으로 적용되는 개성공단은 국제공단

---

30) 북한은 2008년과 2009년 일방적으로 개성공단 관계자와 차량의 방북을 통제하고 개성공단 관계자의 귀환(북 → 남)도 불허했다. 이는 북한은 마음만 먹으면 개성공단 근무자들을 언제라도 '인질'로 악용할 수 있다는 것을 의미한다.

으로 변화되어야 한다. 또한 개성공단을 한국의 수도권 공단과 연계하여 발전시키는 '남북한 공동자유경제특구'의 개발을 적극 강구해야 한다. '남북한 공동자유경제특구'는 남북한의 접경지역에서 호혜와 상생의 남북경협구조를 형성하고 장기적으로는 한반도경제공동체를 만드는 데 기여할 것이다.

(2) 인도적 대북 지원의 정례화

한국의 대북지원은 인도적 지원이라는 명목으로 포장되어 지원된 것을 부인할 수 없다. 즉, 인도적 지원과 정치적 지원을 구분하지 않고 지원함으로써 한국 사회의 갈등요인으로 작용해 왔다. 인도적 대북지원은 북한 주민의 마음을 얻는 중요한 정책 중의 하나라는 사실을 차치하고서라도 인류애의 발로이기 때문에 지속되어야 한다. 그러나 대북 인도적 지원이 북한 주민들에게 실질적인 도움을 주는 것이 아니라 북한체제의 유지수단으로 전락하여서는 곤란하다. 인도적 지원은 **WFP, FAO** 등과 같은 국제기구의 기준을 준용하여 한국의 인도적 지원규정과 절차를 마련하여 지원하고 대북인도지원조건을 차관지원에서 무상지원으로 변경하여야 한다.31)

인도적 대북지원 과정에서 남북이 지켜야 할 원칙은 '인도주의 존중의 원칙', '근본적 문제해결 추구의 원칙', '상호협조의 원칙'이다. '인도주의 존중의 원칙'은 어떤 정치적 상황에서도 이산가족 교류협

---

31) 정부는 2000년부터 6차례에 걸쳐 식량차관의 형식으로 쌀 240만 톤과 옥수수 20만 톤을 북한에 제공했다. 이때 총액은 7억 2,000만 달러에 달하며 상환일은 2012년 5월 말이었다. 그러나 북한은 식량차관의 상환일이 도래했지만 어떤 조치도 취하지 않고 있다. 당시 정부는 '대북 퍼주기' 논란을 무마하기 위해 차관이라는 편법을 동원했다. 그러나 이런 편법이 오히려 남북관계를 악화시키는 요인이 되고 있다. 어차피 상환받지 못할 것이라는 사실을 알고도 차관이라는 편법을 사용했다는 점에서는 비판받아야 한다. 또한 상환받지 못할 바에는 차라리 무상으로 지원하는 태도가 훨씬 당당해 보인다.

력사업을 추진한다는 원칙이며, '근본적 문제해결 추구의 원칙'이란 일회성 상봉이 아니라 상시적 상봉이 가능한 환경을 정착시킨다는 원칙이며, '상호협조의 원칙'이란 납북자, 국군포로 문제해결에 상호 협력하는 원칙이다. 이런 원칙에 따라 인도적 대북지원과 관련하여 이산가족 상봉이 상시적으로 이루어질 수 있도록 정례화의 기반을 마련하고 서신교환, 영상통화 및 만남의 활성화도 이루어져야 한다. 특히 이산가족 상봉이 특정한 정치적 목적을 위한 일회성 이벤트를 경계하여야 한다. 그리고 납북자 및 국군포로의 생사확인과 송환에 대해서는 북한의 적극적인 협조를 촉구하는 동시에 대북 인도적 지원과 연계시키는 방안도 적극 고려하여야 한다.

(3) 대(對)동포정책의 강화

기존의 대북정책은 대(對) 당국자정책은 있었지만 대(對)민정책, 즉 대(對)동포정책이 없었다는 문제점이 지적되고 있다. 즉, 북한 당국에 대해 어떻게 대할 것인가에 대한 논의는 많았지만 북한 동포에게 우리가 어떤 메시지를 주어야 하는가에 대한 고민과 노력은 없었다. 북한 동포에 대한 정책이 중요한 것은 통일 과정에서 북한 주민들이 어떤 선택을 할 것인가에 지대한 영향을 미치기 때문이다. 바로 북한 동포들이 남한을 호의적으로 생각하게 하는 정책은 향후 한반도의 장래를 결정짓는 중대한 변수이기 때문에 대(對)동포정책이 중요하다.

북한 동포들에게 국제사회의 정확한 정보를 전달하기 위해 남북한 방송을 완전 개방하고 필요시 TV수상기를 보급해준다. 또한 북한장 마당을 통한 시장화가 종국적으로는 시장경제를 구축하는 가교역할 을 하기 위해 종합시장을 건립해 준다. 개성공단에 근무하는 근로자를 대상으로 경제·기술교육을 강화하고, 북한 경제관료들에게 시장경제 마인드를 높여 주기 위해 국내외 연수기회를 제공해 줌으로써 시장에 대한 인식을 확산시키고, 북한 이탈주민의 안정적 정착이 가능하도록 취업제도를 활성화하고 실질적 정착과정에서 성공사례를 발굴하여 이를 북한주민들에게 전달할 수 있는 제도적 장치를 강구한다.

(4) 민족동질성 회복을 위한 종합전략

'민족문화'란 일반적으로 공동의 혈통, 언어, 문화, 역사를 기반으로 한 공동체의식을 말한다. 남북한 주민들은 여전히 공동의 언어와 문화를 공유하고 있지만 60년이란 긴 세월은 서로 다른 이념과 체제, 역사로 인해 극명한 정체성의 차이를 보여 주고 있다. 즉, 남북한 분단의 역사는 대결과 반목, 증오의 역사가 점철됨으로써 민족공동체의 정체성은 훼손되고 파괴되었다. 이는 남북한은 더 이상 단일민족공동체가 아니라는 것을 역설하고 있다. 문제는 남북한은 분단의 반목과 증오의 역사를 끝내고 통일국가를 완성해야 한다는 것이다.

남북분단의 장기화는 남북한의 이질성이 심화되어 통일의 장애요인으로 작동하고 있으며, 이산의 고통을 가중시키고 있다. 이런 이질성을 극복하기 위해서 남북한의 사회문화교류·협력은 필연적인 과정이다. 그러나 남북한의 사회문화교류·협력은 민간 차원의 학술적 연구나 이벤트 중심의 접근이 주종을 이루어 왔기 때문에 한계가 노정되었다. 민족의 동질성을 회복할 수 있는 좀 더 근원적인 차원의 접근이 요구된다. 즉, 남북한이 공동으로 민족 일체감을 고양시키는 문화·역사적 콘텐츠를 개발하는 것이 필요하다. 예를 들면 남북한이 협력하여 북한문화재의 세계문화유산 등록을 위한 공동대응 등이 있다.

(5) 통일장애담론에 대한 적절한 대응

'통일장애담론'이란 국민들이 통일을 실질적으로 두려워하도록 하는 담론으로 매우 그럴듯한 일반적 사실로 인식되고 있다. 그러나 '통일장애담론'은 통일에 대한 다양한 견해 중의 하나임에도 불구하고 일반론인 것처럼 확산·정착되는 것은 통일을 어렵게 하는 요인이다. 즉, '통일장애담론'은 통일의 당위성에 대한 국민의 공감대를 희석시킬 뿐만 아니라 분단고착을 당연한 것처럼 받아들이게 한다. 따라서 '통일장애담론'의 주창자들은 '반통일세력, 반통일주의자'라고 할 수 있다. 우리 사회에 침투해 국민을 현혹시키는 '통일장애담론'은 ① 북한의 정치적 무능을 은폐하기 위한 '북한식 통일지상주의', ② 천문학적 비용 때문에 통일 후 삶의 질이 파괴될 것이라는 '과도한 통일비용부담론',32) ③ 이질화된 남북의 정치문화 때문에 통일 후 엄청난 혼란을 겪을 것이라는 '통일한국의 치안불안론', ④ 제도적 통일을 미루고 남북관계를 개선해 가면 언젠가는 통일이 될 것이라는 '사실상 통일만족론', ⑤ 통일은 단계적으로 진행될 것이기 때문에 지금 준비하지 않아도 된다는 '단계적 통일론' 등이 있다. 이러한 주장들은 국민들에게 통일에 대한 부정적 인식을 심어주기 때문에 반드시 극복되어야 한다. 그래야만 '분단모드'에서 '통일모드'로 넘어가는 통일당위성을 새롭게 정립할 수 있다. 즉, 우리의 인식은 '북한식 통일지상주의'는 파괴적 인식을 불식시키는 '생산적 통일론'으로, '통일비용부담론'은 '통일번영투자론'으로, '통일한국

---

32) 통일비용과 관련하여 고려되어야 할 점은 비용의 부담주체와 편익의 수혜주체이다. 우리 사회에서 통일비용의 부담주체는 한국이고 통일혜택의 수혜자는 북한이기 때문에 한국은 실익이 없다는 주장이 광범위하게 주장되고 있다. 이는 편견에서 비롯된 매우 잘못된 주장이다. 통일혜택은 당연히 통일한국 모두의 몫이며, 모두에게 기회의 창(窓)이라는 점이다.

치안불안론'은 냉전의식의 해체로 인한 '치안질서의 정상화론'으로, '사실상의 통일만족론'은 '분단고착에 대한 경계론'으로, '단계적 통일론'은 '상시통일준비론'으로 전환되어야 한다.

(6) 국내외 북한 이탈주민 보호

북한 이탈주민 문제는 기본적으로 인권 및 인도주의 차원에서 접근하고 맞춤형 지원대책을 추진하는 것은 당연한 국가적 의무이다. 현재 한국에 입국한 북한 이탈주민에 대한 정착프로그램을 운영하고 이들이 한국 사회에 적응할 수 있는 제반조치를 강구하고 있다. 하지만 탈북자의 수가 급증할 경우 현재의 적응프로그램은 한계를 가지게 된다. 이러한 한계를 극복하기 위해서는 지방자치단체와 시민단체와 협조하여 다양한 프로그램을 개발하고, 성공사례를 발굴하고 맞춤형 자생력프로그램을 개발한다. 또한 중앙정부는 탈북자관리의 지원 및 감독의 역할만 수행하고 실질적 운영은 유관기관에 위임하여 관리시스템을 전환하여야 한다.

문제는 한국에 입국하지 못하고 중국, 유럽 등에서 도피생활을 하는 탈북자에 대한 대책을 전혀 수립하지 않고 방치하고 있다는 점이다. 이제라도 정부는 '헌법정신에 따라 북한지역을 떠난 탈북자는 모두 대한민국의 국민이며, 대한민국이 이들을 보호하겠다'는 의지를 천명하고 이들을 보호하기 위해 관련국들과 적극적으로 협력하여야 한다. 그리고 이들을 보호하기 위해 소요되는 재원은 한국이 부담하겠다는 의지도 천명하여야 한다. 또한 탈북자들이 몽골, 러시아 등지에서 정착하여 생활할 수 있는 정착촌을 만들고, 더 나아가 탈북자들의 자력생존 기반을 마련하기 위한 산업기반을 조성하는 데 적극 노력하고 재정부담도 하여야 할 것이다.

(7) 개발역량 강화를 통한 자생력 제고

북한은 만성적 식량난을 해결하고 경제성장을 통해 빈곤국에서 벗어나기 위해서는 개발협력을 위한 역량발전(capacity development)이 뒷받침되어야 한다. 북한은 2010년 1월 조선대풍투자그룹(대풍그룹)을 국가개발은행의 외자유치창구로 신설하고 본격적인 활동을 시작하였지만 2012년 8월 해체된 것으로 알려지고 있다.[33] 하지만 북한은 세계경제 및 시장경제에 대한 이해가 부족하고 개발협력기구와의 사업추진 경험이 없는 상황에서 이러한 기구들을 만든다고 해서 외자유치의 문제가 자동적으로 해결되는 것도 아니며 경제개발역량이 저절로 생기는 것도 아니다. 바로 당면한 과제는 '어떤 기구를 만들 것인가'가 아니라 '어떤 인식을 가지고 개발역량을 발전시킬 것인가'라는 점이다. 중요한 문제는 개혁과 개방에 대한 인식의 전환이다. 아직 북한이 개혁과 개방에 본격적으로 나선다는 신호는 없지만,[34] 향후 북한이 개혁과 개방에 적극적으로 나서게 될 때 가장 시급하게 추진하여야 할 것 중의 하나가 북한의 역량발전이라고 할 수 있다.

유엔개발계획(UNDP)은 역량발전을 "개인, 조직, 사회가 시간이 흐름에 따라 그들 스스로 개발목표를 설정하고 달성하기 위한 역량을

---

33) 조선대풍그룹이 해체된 것은 외자유치 실적이 나빴기 때문이다. 그러나 또 다른 원인은 내각의 외자유치 기구인 '합영투자위원회'로 단일화함으로써 군부의 입김을 약화시키고 효율성을 높이려고 한 것이라고 한다. ≪연합뉴스≫, "북 대풍그룹, 실적부진으로 해체", 2012.8.5.

34) 최근 북한은 농업과 기업 부문의 인센티브를 확대하는 '6 · 28 조치'를 발표하면서 개혁 · 개방으로 방향을 전환한 것이 아닌가 하는 기대가 있었다. 그러나 북한의 '6 · 28 조치'는 시장화에 대한 구체적인 내용이 없을 뿐만 아니라 개혁 · 개방에 대한 언급도 없다. 이런 점을 미루어 보면 '6 · 28 조치'는 사회주의 틀 내에서 공급을 확대하기 위한 조치로 판단된다.

획득, 강화, 유지하는 과정”으로 정의하고 있다.35) 즉, 역량발전이란 ‘개발을 위한 수원국의 인적·제도적·사회적 역량의 발전과정’이라고 할 수 있다. 문제는 북한이 국제원조를 기반으로 역량을 발전시키기 위해서는 북한 스스로 원조의 효과성(aid effectiveness)을 높일 수 있는 주인의식(ownership)이 관건이다. 아무리 잘 기획된 원조가 북한에 제공되더라도 수원국인 북한이 정책개혁에 대한 주인의식이 없으면 원조프로그램이 성공할 수 없기 때문이다.36)

북한에서의 시장화 확산이 시장경제로의 자생적 진화로 이어질 것인가는 여전히 의문이다. 북한은 변화의 필요성을 절감하고 있지만 체제존속을 위협할 수 있기 때문에 변화를 거부해야만 하는 자기모순에 빠져 있는 것이다. 이러한 북한체제의 현실 때문에 국제사회는 북한의 피폐한 경제를 회복하고 ‘자생력’을 제고시키기 위한 개발지원이 제공되더라도 근본적인 수용 능력의 문제를 제기하는 것이다. 따라서 북한이 개발역량을 제고하는 관건적 문제가 개혁과 개방이라는 것은 분명하다.

(8) 북한 주민이 ‘2등 국민’으로 전락 방지

독일 통일의 경험은 내적 사회통합의 충분한 준비와 연습, 학습과정 없는 통일은 통일 이후 많은 부작용을 낳는다는 것이다. 독일 통일 이후 동독 주민들은 동독지역이 서독인의 사실상의 내부 식민지(internal colony)로 변화되었다고 주장하고 있다. 이러한 인식은 서독

---

35) UNDP, “Frequently Asked Questions: The UNDP Approach to Supporting Capacity Development”, *Bureau for Development Policy*, 2009, p.3.

36) 수원국의 역량발전과 관련한 연구는 다음을 참조. 임강택 외, 「북한경제발전을 위한 국제협력 프로그램 연구」, 통일연구원, 2011.

인의 동독인에 대한 멸시와 동독인의 서독인에 대한 증오로 나타났다.[37] 통일 독일에서 동독인에 대한 차별구조는 통일한국에서 남한 주민이 북한 주민에 대한 편견과 질시를 충분히 예견할 수 있다. 바로 대북정책을 추진하는 과정에서 북한 주민들이 '2등 국민'으로 전락하는 것을 방지하는 종합적 전략이 필요하다.

대북정책, 특히 대북지원을 하면서 북한 주민들의 자존심을 건드리지 않는 것이 무엇보다 필요하다. 대북지원 과정에서 한국 기업의 행태가 북한 주민들에게 미래 통일한국에서 일어날 지역차별을 미리 보여 주는 것이 되면 오히려 북한 주민의 반(反)통일적 정서와 의식을 심화시키는 결과만을 초래할지 모른다. 교류와 협력의 증대가 통일의 이점을 일깨워 주는 확산효과(spill-over)를 낼 수도 있지만 상대방에 대한 약점을 노출시키고 통일이 가져다 줄 부작용, 문제점을 상기시키면서 다시 분단으로 회귀하려는 역류효과(spill-back)를 초래할 수 있다. 따라서 우리의 대북지원-교류·협력-은 사회통합적 관점에서 추진해야 할 것이다.

(9) 주도적 대북정책

대북정책의 목표는 북한의 변화를 유인하고 이를 기반으로 통일을 완성하는 것이다. 그러나 지금까지 대북정책의 과정을 보면 북한이 선제적 행동을 하고 한국이 이에 추수하는 과정을 밟아 왔다. 즉, 북한의 변화를 유도하기 위한 선제적 주도적 대응보다는 늘 북한이 먼저 제안하고 이를 한국이 검토하는 수동적 자세를 견지하였다. 한국

---

37) 동독 사람들은 점령군처럼 행세하는 서독 사람들을 증오하고 서독 사람들은 동독 사람들이 자신들의 세금이나 축내는 게으르고 의타적인 사람으로 멸시하고 있다.

의 국력이 북한의 국력과 비슷한 시기에나 가능한 일을 아직도 하고 있다는 것은 우리의 대북정책에 대한 전략과 전술이 미비하다는 것을 의미한다.

물론 대북정책의 상대방이 북한이기 때문에 한계가 있다는 현실을 감안하더라고 한국의 입장을 분명히 전달하는 것에서부터 시작해야 한다. 북한이 개혁과 개방을 통해 국제규범을 준수한다면 한국이 모든 지원을 확실히 하겠지만 그렇지 않으면 한국 주도의 국제공조를 통해 압박을 가하겠다는 메시지를 확실히 전달해야 한다. 이때 북한이 개혁과 개방을 통해 국제규범을 지키는 정상국가화의 길을 간다면 한국이 제공할 수 있는 지원과 협력은 크게 제공해야 한다. 반면 북한이 비정상화의 길을 고집한다면 강한 고통을 수반하는 압박정책도 반드시 준비해야 한다. 물론 고통과 압박정책을 수행하는 과정에서도 대화의 통로는 유지되어야 한다. 여기서 중요한 점은 강한 압박정책은 인내와 국민의 동의가 필요하다. 우리의 압박정책이 확고한 안보를 바탕으로 추진되어야 하지만 북한을 위협하는 태도를 보여서는 오히려 북한의 변화를 유도하는 데 장애가 될 수 있다. 이때 중요한 것은 우리의 대북정책의 목표와 방향을 확실하게 정하고 이를 실행하는 것이다.

(10) 급변사태 대비

급변사태란 매우 빠른 시간 내에 대규모 또는 근본적인 변화를 초래할 상황을 의미한다. 이런 의미에서 예측하지 못한 깜짝 놀랄 만한 사건이라고 해도 근본적인 변화와 연계되지 못하면 급변사태로 다룰 수 없고, 근본적인 변화를 초래할 중대한 사태라 하더라도 사전에 충분히 예측가능한 점진적 변화일 경우에는 급변사태라고 규정할 수 없다.

　북한 급변사태에 주목하는 이유는 그러한 사태가 북한체제와 국가로서의 북한에 불러올 근본적 변화와 연결되기 때문이다. 북한 급변사태는 체제 내의 변화가 아니라 체제의 필연적 변화를 의미하며, 체제의 변화는 북한의 국가성격이 변화를 초래하기 때문에 국가붕괴와 남북통일과도 연결될 수 있다. 북한은 1980년대 중반 이후 동구권의 붕괴를 지켜보면서 체제안정을 위해 대내적으로는 물리적 통제수단을 강화하고 대외적으로는 개혁과 개방을 거부하고 핵무기를 개발하면서 고립화의 길을 자초했다. 최근 김정은으로의 3대 세습은 단기적으로는 안정적인 모습이지만 김정은의 지도력은 김일성과 비교하면 1/3 수준에 불과하다. 이런 대내외적 폭압정치와 고립화, 김정은의 지도력의 미흡 등은 급변사태의 가능성을 높여 주는 요인이다. 실제로 북한 상황에 대해서는 우리보다 국제사회가 더 민감하다. 러시아의 국책연구기관인 세계경제·국제관계연구소(IMEMO)의 보고서는 북한의 붕괴를 기정사실화하였고,38) *Economist*지는 '지상 최악국가의 정권 교체를 바라기만 해서는 안 되고 계획적으로 추진해야 한다고 하였다.39)

　북한의 급변사태는 정치, 외교, 군사, 경제, 사회 등 여러 분야에서 일어날 수 있다. 어떤 유형의 급변사태가 발생하더라도 우리는 이를 통일의 기회로 활용하여야 한다.40) 문제는 북한의 급변사태를 활용하

---

38) ≪세계일보≫, "북한 붕괴 중이라는 IMEMO 보고서", 2011.11.4.

39) ≪Economist≫, 2011.12.31.

40) 독일의 유력 일간지 ≪디벨트(Die Welt)≫는 "북한의 비밀친구들"이라는 제하의 보도에서 자신들의 국가이익 때문에 북한체제의 몰락을 바라지 않는 중국, 러시아, 일본, 미국 심지어 한국의 태도를 지적하고 있다. ≪디벨트≫지(誌)의 보도에서 알 수 있는 것처럼 한반도의 주변 4강은 한반도의 분단 상황을 즐기고 있다. 따라서 우리는 북한의 급변사태뿐만 아니라 철저한 통일준비를 통해 통일의 기회를 마련하고 이를

여 어떻게 통일의 기회로 연결시키는가이다. 통일의 기회의 창(window of opportunity)은 협소할 것이기 때문에 사전준비와 주도면밀한 노력이 요구된다. 북한의 급변사태와 관련해서 급변사태 자체에 대응하는 위기관리용 대처방안과 급변사태 전후 과정에 임하는 국가정책차원의 종합적인 대응책이 수립되어야 한다. 물론 한국 사회의 이념갈등은 북한 급변사태에 대한 대비가 지체되는 요인임은 분명하다.

북한지역에 무정부상태가 발생하였을 경우 한국이 북한지역으로 공권력을 투입하여 안정시키는 문제는 국제법적인 관점에서 보면 내정간섭일 수 있지만 남북은 통일을 지향하는 특수관계라는 측면에서 통일의 기회로 적극 활용하여야 한다. 이제 우리에게 주어진 과제는 통일의 기회를 성공적인 통일로 만드는 것이다. 물론 그 통일은 자유민주주의와 시장경제를 토대로 통일을 완수하는 것이다.

통일로 연결하여야 한다는 것은 너무도 당연한 과제가 아닐 수 없다. 이춘근 외, 「북한급변사태와 한국의 대응전략」, 한국경제연구원, 2011, p.25.

 한반도 블루오션, 선진통일

제6장

통일정책

역사적으로 우리 민족은 일본과 중국 사이에 위치해 늘 침략의 위협 속에서 살아왔다. 나라를 지키기 위해 사대주의를 대중국외교의 근간으로 삼았고 1910년에는 일제로부터 강제합병을 당하고 직접적인 지배를 받아 왔다.

대한민국 건국 이후 산업화와 민주화를 성공적으로 이루어 현재의 한국을 건설해 역사상 이 시기는 우리 민족의 최대 전성기이기도 하다. 건국 이후 한미동맹을 체결해 북한의 위협과 지정학적 장애를 극복하고 경제개발에 매진할 수 있었기 때문이라는 것이 정론이다.

현재의 전성기가 앞으로도 계속될 것인가에 대해서는 이론(異論)의 여지가 있다. 존 미어세이머는 경제대국으로 성장해 가는 중국과 이웃하고 있는 나라들의 미래에 불확실성의 그림자가 드리워져 있다고 한다.[1] 대한민국은 물론이고 인도, 베트남 등 주변국가들이 중국의 패권에 어떻게 대응하는가에 그 나라의 미래가 달려 있다는 입장이다. 중국이 나쁜 나라이기 때문이라기보다 아시아에서 패권국이 되는

---

[1] 최근 센카쿠 열도나 남중국해를 둘러싸고 중국과 주변국들의 갈등이 심화되고 있다. 이런 와중에 중국의 무차별적 대응 수위가 화제에 오르고 있다. 도요타 자동차를 불태우고 파나소닉 매장이 약탈당해도 중국에는 '애국은 범죄가 아니다'라는 정서가 지배적이다. ≪조선일보≫, 2012.9.28. 자 참조.

것이 중국을 가장 안전하게 지킬 수 있기 때문이라는 것이다. 따라서 주변국들은 연합전선을 펴 중국에 대항해야 한다고 주장한다.[2]

냉엄한 국제정치적 현실이다. 이런 의미에서 한반도 통일은 우리가 미래에 택해야 할 최우선의 과제이다. 최근 우리 사회에 통일을 상대적 가치로 인식하는 시각들이 드러나고 있다. 경제력으로나 정치적으로 통일을 감당할 여력이 없다는 논리다. "굳이 통일할 필요가 있느냐"고 반문하는 청소년들이 늘고 있다.[3] 하지만 통일은 대한민국이 만들어 가야 할 미래의 첫 단계이다. 남북통일을 통해 동북아 지역의 안정과 평화를 정착시키고 한·일·중·러 주변국들의 협력과 교류가 동북아 모든 사람들에게 자유와 번영과 풍요로움을 가져다줄 것이라는 비전이 필요하다.

1. 한반도 통일에 대한 인식의 전환

냉전이 끝나면서 분단국들이 예외 없이 통일을 이루었다. 베트남, 예멘에 이어 독일이 통일되었다. 독일 통일은 현실적으로 거의 불가능했던 사건이었다.[4] 유럽에서 전범국의 오명을 쓰고 있었던 독일에 대해 연합국은 물론이고 기타 유럽 국가들도 분단을 유지하는 것을 당연한 것으로 여겼다. 신(新)동방정책을 내걸고 전쟁 피해국에 무릎을 꿇고 소련 및 동유럽 사회주의 국가와 외교적 관계를 회복한 사민당(SPD)의 빌리 브란트(Willy Brandt) 총리는 통일의 감격을 "동생동

---

2) 존 미어세이머, 이춘근 역, 『강대국 국제정치의 비극』, p.9.
3) 통일부가 지난 10년간 청소년들의 통일의식을 조사한 바에 따르면 통일에 대한 긍정적인 의식을 갖고 있는 청소년들의 수가 1997년 85%에서 66.6%로 줄어들었다. ≪세계일보≫, 2012.8.23.
4) 통일 전 독일 통일이 현실적으로 가능하다고 믿었던 숫자는 국민의 5% 미만이었다.

거(同生同居), 즉 함께 태어난 것이 이제야 함께 자라게 되었구나(Jetzt waechtst zusammen, was zusammen gehoert)"5)라는 말로 표현했다. 분단은 인위적이었으며, 역사는 통일을 선물했다는 의미였다.

이 역사의 흐름이 대서양을 건너 태평양으로 몰려오고 있다. 한반도에 절대 변할 것 같지 않은 폐쇄국가 북한이 있다 해서 이 역사의 흐름에서 벗어난 것은 아니다. 그렇다고 인위적으로 탈냉전을 선언해 대북정책을 추진하는 것도 안 된다. 햇볕정책의 실패는 인위적으로 북한이 변한다는 전제를 깔았기 때문이다.6) 탈냉전이 의미하는 것은 미국과 소련으로 대변되는 이념적 대립이 끝났다는 선언만을 뜻하지 않는다. 구 사회주의 국가들에서 체제 전환을 추진하고 인권과 자유 등 인류 보편적 가치들이 지구촌 곳곳에서 존중되고 있음을 의미한다.

아직도 공개처형이 일어나고 인권이 유린되며 3대 세습이 자행되고 있는 북한은 탈냉전과 무관하다. 전 인류가 반대하는 핵 실험을 강행하고 시도 때도 없이 NLL을 침범하는 북한에는 강요된 변화만이 유효하다. 이런 의미에서 남한도 시대착오적이었고 국제사회의 흐름으로부터 멀어졌으며 통일이라는 국가적 어젠다는 국민의 뇌리에서 멀어져 갔다. 그저 막연히 북한을 안정시키고 남북이 협력해 통일을 이루어 간다는 허구에 빠져 있었다.

통일은 우리가 원하는 시기에 우리의 뜻대로 이루어지지 않는다. 북핵을 둘러싸고 주변 강대국들의 이해가 대립되는 것도 통일은 선

---

5) 1989년 11월 10일 베를린 장벽이 해체(11월 9일)된 다음날 서독 쇠네베르거 청사 앞에서 벌어진 집회 현장에서 빌리 브란트(당시 SPD 총재)가 감격에 겨워 행한 연설이다.

6) 남한도 인위적인 탈냉전을 강조하며 민족공조에 바탕을 둔 남북관계를 유도해 왔다. 대북 퍼주기라는 비판을 받으면서도 북한을 개혁과 개방으로 유도하기 위해 안간힘을 써 왔다. 하지만 북한은 겉으로는 개혁을 외치면서도 내부적으로는 통제를 강화하고 세습권력의 체제수호를 위해 군사강국화의 길을 걸었다. 햇볕정책은 북한 정권이 스스로 변해야겠다는 의지가 확고해야 성공할 수 있다.

택이 아니라 역사적 기회임을 말해준다. 기회는 잡는 것이고 잡지 못하면 사라지는 것이다. 예를 들어 위기를 극복하고 안정된 북한이 우리의 뜻대로 통일을 원하고 주변국들이 이에 동의할 것인가 의문이다.

중국은 동북아 지역의 안정과 평화를 명분으로 내세워 한반도 분단을 고착화시키려 한다. 하지만 이면에는 동북공정(東北工程)을 통해 고구려를 중국의 역사에 편입시키려 하고 있고, 천안함 폭침이나 연평도 도발에 대해 북한 편을 들고 있다.

일본은 최근 센카쿠 열도를 둘러싸고 우경화하고 있다. 일본이 센카쿠 열도를 국유화하자 중국은 군사적·경제적으로 무차별적인 보복을 감행하고 있다. 평화헌법을 대체하려는 일본에 '울고 싶은 아이 뺨 때린 격'이다. 더욱이 북한의 핵과 미사일 등 대량살상무기 개발은 일본의 군사강국화에 힘을 실어 주고 있다. 이런 국가적 목표가 이루어지기 전에 북한이 몰락하는 것은 일본으로서도 바람직하지 않다.

남한도 예외가 아니다. 평화공존과 북한과의 화해 협력을 통한 통일이라는 허상에 사로잡혀 통일의 역사적 기회를 무산시키고 있다. 통일은 해야 하지만 지금은 안 된다는 논리로 통일에 대한 부정적인 이유들을 확대 선전하고 있다. 대량 탈북사태가 발생하면 감당하기 어렵다. 통일비용을 어떻게 조달할 것이냐? 독일도 힘든데 우리가 통일을 감당할 수 있겠느냐? 국민의 머릿속에 통일에 대한 온갖 불안감을 조장시키고 있다. 보수정권이라는 이명박 정권하에서도 이런 성향은 개선되고 있지 않다.

독일의 유력일간지 ≪디벨트(Die Welt)≫는 "북한의 비밀친구들(Nordkoreas heimliche Freunde)"이라는 제하의 보도를 통해 자국의 국가이익 때문에 북한 정권의 몰락을 바라지 않는 중국, 러시아, 일본,

미국 심지어 한국의 태도를 지적하고 있다.7)

북한의 미래 나아가서 한반도의 미래가 우리 뜻대로 이루어지리라는 생각이야 말로 단순하다. 서독의 전례에서도 보듯이 우리가 통일을 회피한다면 어떤 나라도 우리에게 통일을 안겨 주지 않는다. 우리가 통일의 주체이기 때문이다. 통일은 결코 우리의 선택이 아니다. 한반도 상황은 물론이고 미국, 중국, 러시아, 일본 등 주변국가들이 우리의 통일에 반대하지 않아야 한다.8) 통일이야말로 21세기 역사적 과제이자 우리가 추구해야 할 최대의 국익이다. 동북아 평화를 구실로 한반도 분단을 고착화시키고 시간을 두고 북한에 친중정권을 수립하려는 중국, 그리고 더 나아가 한반도에 '통일조선'9)을 세우려는 중국의 의도를 읽어야 한다.

우리의 우방인 미국도 우리가 적극적으로 원하지 않는 한 통일을 도와줄 처지가 아니다. 향후 50년 앞만 내다보더라도 통일이야말로 우리의 유일한 희망임을 알 수 있다. 지금과 같은 저출산 고령화 추세라면 2100년이 안 돼 우리나라 인구는 2천만 명 이하로 감소할 것이라고 한다. 2천만 명의 인구로 한미동맹은 약화되고 강대국 중국과 일본에 둘러싸인 대한민국이 존재할 수 있는가도 의문이다.10)

---

7) *Die Welt*, 2006.10.26.

8) 서독의 콜 총리가 숨 가쁜 통일외교를 벌여 전승국인 미국, 소련은 물론이고 영국과 프랑스의 동의도 얻어 낸 통일외교를 면밀히 검토해야 한다. 박상봉, "독일의 통일외교", 〈독일분단극복〉, blog.daum.net/german unification.

9) 통일한국과 대립되는 개념으로 통일한국이 자유민주주의와 시장경제를 전제로 하는 반면 통일조선은 중국의 주도하에 한반도에 중국과 유사한 체제를 수립한다는 개념으로 이해할 수 있다.

10) 한국의 출산율 감소는 당연히 인구증가율 급감으로 이어지고 있다. 한국전쟁 직후부터 인구증가율이 급증해 1950년대 후반~1960년대 초 3%대 증가율을 보였으나 1996년 이후에는 1% 아래로 떨어졌고 2009년 현재 0.29%에 머문 것으로 추산되고 있다. 이 같은 추세가 지속될 경우 2019년부터는 인구가 감소하는 시대에 접어들게 된다. 이미 2000년대 이후 65세 이상 인구비율이 가파르게 상승해 2009년 현재 12.9%에 이른 것으로 추정되고 있다. 한국은 세계에서 유례를 찾아보기 힘들 정도로 급격한 인구감소와 고령화가 진행되고 있다. 현재 상태가 계속될 경우 이 같은 추세는 향후 더욱 가속화될 것으로 전망되고

통일의 부정적인 이유들을 나열하고 국민으로부터 통일에 대한 자신감을 잃게 하는 한 통일의 기회는 사라지고 만다. 통일된 한국이 200만 조선족과 50만 고려인과 더불어 만주와 시베리아를 우리의 일터로 만들어야 한다는 비전을 제시하고 통일의 자신감을 회복해야 한다.[11] 통일은 타협의 대상이 아니다.

가. 통일은 역사적 기회

통일은 독일의 전례에서 보듯이 두 가지 차원의 접근이 요구된다. 하나는 통일의 역사성이고 다른 하나는 통일의 현재성이다. 역사성은 현재의 분단 상황을 종결된 상황으로 인식하지 않으며 역사의 필연인 통일이 완성될 때까지 변화를 거듭하는 과정으로 인식한다. 현재성은 통일에 대한 막연한 감상주의에 대한 경고이다. 통일은 통일 이후 숱한 부작용과 혼란을 극복해야 의미가 퇴색되지 않는다.

20세기 냉전체제는 소련의 해체와 동서독 통일이라는 역사적 사건을 겪으며 막을 내렸다. 이 과정 속에서 역사적으로 공통적인 현상이 나타난 바 있다. 공산독재하에서 강제 통합되었던 민족에게는 독립과 자유를, 인위적인 분단으로 고통받던 민족에게는 통합을 허락한 사건들이다. 소비에트 연방이라는 공산독재체제하에서 갈등하던 16개 민

있다. OECD, 통계연보 『Factbook 2009』 참조; 심지어 한국수양부모협회 박영숙 회장은 "미래예측에 의하면 한국은 2005년 인구가 4,800만 명이지만, 2050년에 3,400만 명, 2100년 1천만 명, 2200년 80만 명, 2300년 6만 명으로 줄어들어 2305년 소멸하게 된다. 이 근거는 서울대 조영태 · 전광희 교수팀이 보건복지부의 의뢰를 받아서 시행한 연구(「사회적 합의에 의한 적정인구연구」, 2005) 결과와도 연장선상에 있어 충분한 과학적 설득력을 갖는다"고 주장하고 있다. ≪나눔뉴스≫, 2008.10.29.

11) 서독의 경우 분단 이후 매년 평균 20만 명의 동독인을 수용했으며 베를린 장벽이 세워지고도 매년 평균 2만 명의 동독 주민을 서독으로 받아들였다. 하지만 서독 경제는 성장을 지속했고 서독인들은 근검절약해가며 국가적 과제를 성실히 담당해 "라인 강의 기적"을 일궈냈다. 통일은 감당할 수 있느냐 아니냐의 사안이 아니라, 국민이 어떤 태도와 각오로 통일에 임하느냐가 관건이다. 따라서 문제를 확대하기보다 가능성을 확대해 통일된 한국의 비전을 제시하는 것이 책임 있는 지도자들의 몫이다.

족이 분리독립하여 독립국가연합체제를 이루었고, 티토 공산정권하에 강제통합되어 살던 유고연방도 6개 나라로 분리 독립했으며 체코슬로바키아는 체코와 슬로바키아로 나뉘어 독립된 민족으로 살아가고 있다.

다른 한편 민족이 분단된 채 고통받고 살아가던 나라들은 하나가 되었다. 베트남과 월맹, 남예멘과 북예멘 그리고 동서독이 통일을 이루어낸 것이다. 이런 통일들은 우리의 이성적 판단으로는 쉽게 이해가 되지 않는다. 영원히 평화적으로 공존할 것 같았던 서독과 동독이 하나로 통합되었으며 경제적으로 우월했던 월남이 월맹에 흡수되었고 평화통일을 이루었다던 예멘은 통일 후 내전까지 치러야 했다.

분단이 냉전의 산물이었다면 냉전이 종결된 21세기의 역사적 산물은 통일이다. 분단의 상징인 베를린 장벽이 붕괴되고 예상치 못했던 동서독 통일이 가능했던 것이야말로 역사성에 기인한다. 남북 사이 250km를 가르는 DMZ 비무장지대는 또 하나의 분단의 상징이다. 서방의 분단의 상징인 베를린 장벽이 해체된 것같이 비무장지대의 해체도 시간문제이다. 이것이 역사적 순리이며 통일의 역사성이다.

나. 통일의 위험요인

역사성이 한반도 통일의 당위를 제시한다면 통일의 현재성은 통일과 관련된 구체적인 문제들이며 위험요인들이다. 통일을 둘러싼 국제환경, 통일비용 등 경제적 문제점, 남남갈등과 같은 매우 구체적이고 현실적인 어려움들이다. 이런 의미에서 우리의 통일정책은 다음 두 가지 방향에서 검토되어야 한다.

첫째, 통일외교를 가동해 모든 외교적 역량을 동원해 통일에 유리한 국제환경을 조성하는 것이다. 한반도를 둘러싼 국가(미·일·중·러)에게 통일이 동북아 평화에 기여할 것을 설명하고 모든 국가에게 정치·경제·사회·문화 모든 면에서 이익이 될 것임을 설득하는 것이다.

둘째, 통일에 부정적인 대내환경을 극복하는 것이다. 전통적으로 통일을 타협할 수 없는 절대가치로 받아들였던 우리 사회의 통일의식이 최근 급변하고 있다. 혐오스럽고 가난한 북한과 통일해야 할 이유가 무엇인지 모른다는 반응이다. 특히 김대중·노무현 정권을 거치며 북한을 흡수통일할 경우 남과 북 모두 망할 것이라는 소문이 확대되고 있다. 이런 부정적 인식을 되돌리는 일이 무엇보다 시급하다.

통일의 위험요인과 관련해 우리는 독일 통일을 주목한다. 독일 통일이야말로 리허설과 같다. 개척자의 길을 뒤따라가는 것만으로도 행운이다. 독일 통일을 거론할 때마다 어깃장을 놓는 사람들이 있다. 독일과는 문화가 다르고 분단의 역사도 다르다며 외면한다. 독일의 경우 분단을 자초한 것이고 한반도는 강대국이 일방적으로 그은 3·8선이 분단을 초래했다며 그 배경과 결과가 다르다는 주장이다. 그렇다고 독일 통일이 무가치한가?

독일의 "다이믈러-벤츠"는 한국 땅에서도 명차다. 레오파드는 우리 지형에도 탁월한 전투력을 보인다. 문화가 다르고 습관이 달라도 기능은 사라지지 않는다. 독일과 한반도는 상반된 체제와 이념으로 분단된 나라다. 이보다 더 큰 공통점이 어디 있는가. 사회주의를 극복하고 동독을 재건해 나가는 과정이 배워야 할 것들이다. 독일 통일은 이념적으로 대립된 두 체제가 자유민주주의와 시장경제를 토대로 통합된 역사상 최초의 사례라는 점이 핵심이다.

이미 알려진 대로 동서독 통일의 과정은 시행착오의 연속이었다.

확고한 신념과 국가관으로 통일을 이루어낸 헬무트 콜(Helmut Kohl) 총리는 시행착오로 시민들의 불만이 고조될 때마다 "역사적으로 이런 통일의 전례가 있었다면 본인은 많은 시행착오를 되풀이하지 않았을 것입니다"12)라고 고백해 국민들의 이해를 구했고 국민들은 이를 받아들였다. 흔히 독일 통일과 관련해 후유증과 문제점만 거론하고 있으나 이는 '장맛'은 못 보고 '구더기'만 바라보는 모습과도 같다. 이미 독일 통일 20주년을 맞아 공영방송 ZDF에서 실시한 설문조사 결과에 따르면 통일에 대해 서독인 84%, 동독인 92%가 긍정적이었다고 응답한 바 있다.

2. 대내 통일정책

가. 통일거부담론의 비판

2012년 9월 26일 서울대 통일평화연구원은 "2012 통일의식조사" 결과를 발표했다. 2007년부터 해마다 실시하는 이 조사에 따르면 국민들의 통일 열망이 식어 가고 있다. "통일이 필요하다"는 응답이 2008년 63.8%에서 2012년 53.7%로 10% 포인트나 급락했다. 20대는 무려 53.3%에서 40.8%로 하락세가 더 가파르다.13) 이렇듯 국민들의 통일에 대한 거부감이 확산되는 이유는 무엇보다도 통일비용 때문이다.

본 글은 통일비용의 실체와 함께 통일편익도 살펴봄으로써 맹목적으로 확산되고 있는 통일의 거부감의 허구를 비판하기로 한다.

---

12) 독일연방공보처, "Herausforderungen fuer den Einigungsprozess in Deutschland und Europa", *Bulletin des Presse- und Informationsamts der Bundesregierung*(No.75, 1991.7.2).

13) ≪조선일보≫, 2012.10.13.

(1) 통일비용의 실체: IMF 위기처럼 극복하는 것

통일비용은 무엇일까? 독일의 경우에서 보듯이 통일비용을 명확하게 정의하기는 어렵다. 독일의 경우 여러 민간 연구소의 통계치를 이용해 통일비용을 대략 1조 6천억 유로로 파악하고 있다. 하지만 정부 차원에서 통일비용을 공식적으로 발표하지는 않는다. 그 이유는 통일비용을 상당부분 투자의 개념으로 파악해야 하기 때문이다. 또한 통일로 인해 얻게 되는 편익도 함께 고려해야 하기 때문이다. 통일비용은 초기에 많은 비용이 들어가지만 일정한 시간이 경과한 뒤에는 이익과 함께 환수될 수 있다는 의미이다.

한반도 통일과 관련해 국내외 연구기관들은 통일 후 10년간 적게는 2천억 달러에서 최고 1조 8,600억 달러의 비용이 소요될 것으로 파악하고 있다. 최고치와 최저치의 차이가 10배에 달한다.[14] 이것은 어느 연구기관의 발표도 신뢰할 수 없다는 의미이기도 하다. 이런 과다한 통일비용과 불명확한 산출근거가 통일에 대한 국민들의 의식을 부정적으로 만들고 있다.[15]

하지만 통일은 역사적 기회이다. 기회는 잡는 것이고 잡지 못하면 날아가는 것이다. 통일비용에 대한 막연한 두려움보다는 통일비용을 어떻게 최소화할 수 있으며 통일에 따른 편익은 어느 정도인지도 꼼

---

14) 홍성국, 『평화경제론: 분단비용, 통일비용 그리고 평화비용』, 서울: 다해, 2006, pp.238-241.

15) KDI는 850억~2,400억 달러가 필요한 것으로 추산했으며 대통령 자문기구인 정책기획위원회는 4,400억~1조 2,000억 달러로 추산했다. 통일부는 외부 전문기관 용역을 통해 20년 후에 통일이 이루어질 경우 연 55조 원에서 249조 원의 비용이 들 것으로 예상하고 있다. 지난 1월 피터벡 미국 스탠퍼드 대학교 아시아 태평양센터 연구원은 『월스트리트저널』 기고를 통해 남북한 통일비용이 적어도 2조 달러(약 2,300조 원)에 달할 것이라고 주장했다. 3월에는 미국 랜드연구소의 국제경제 전문가인 찰스 월프가 북한을 남한 수준으로 끌어올리는 통일비용을 1조 7,000억 달러(약 2006조 원)로 추정했다. 반면 북한을 남한과 같은 수준으로 끌어올릴 필요가 없다면 남북한 통일 비용은 620억 달러(약 73조 원)면 가능하다고 주장했다. 한국조세연구원은 2011년 남북한의 급속한 통일을 전제로 향후 10년간 남한 국내총생산(GDP)의 12%, 2009년 기준으로 한다면 127조 원이 통일비용으로 투입될 것으로 전망했다.

꼼히 따져 볼 필요가 있다. 독일이 통일 과정에서 범했던 시행착오들을 연구한다면 비용을 최소화할 수 있음도 염두에 두어야 한다.[16)

비용을 줄이고 혼란을 최소화하기 위해 우선 통일 후 북한 지역을 일정기간 '특별관리구역'으로 지정해 관리해야 한다. 물론 이 기간은 짧을수록 좋다. 이 기간 중에는 북한의 행정, 입법, 사법 등 제도적 인프라와 북한의 경제재건을 위한 산업 인프라를 집중적으로 구축해야 한다. 인구 이동은 북한 재건에 필요한 이동에 국한해야 하며 노동력의 이동은 제한해야 한다.

통일비용은 대개 다음과 같은 세 가지 유형으로 구성되며 안정화비용, 제도통합비용, 투자수요이다.[17)

첫째, 안정화 비용은 급변에 따른 북한 사회의 충격을 관리하는 비용이다. 비상식량, 치안 및 질서유지비와 같은 기본적인 생활을 위한 비용이다. 식량 등 만성적인 생필품 부족에 시달려 온 북한 주민들의 동요를 막고 무작정한 탈출행렬을 저지하는 데 소요되는 비용이다. 무엇보다 이 시기는 공산세력에 대한 주민들의 불만이 폭력화하지 않도록 주의해야 한다. 주민들에게 미래 통일국가의 비전을 보여 주고 동참을 유도하는 독일식 정치교육을 가동해야 한다.

둘째, 제도통합비용은 북한의 파괴된 정치적·사회적·경제적 제도를 재건하는 비용이다. 비효율적인 제도를 효율적이고 생산적인 제

---

16) "대략 1조 6천억 유로가 지금까지 동독지역에 투입되었다. 대다수는 도로건설, 전화시설, 도시재건이나 연구소에 쓰이기보다 동독주민의 주머니로 흘러들어갔다(Rund 1.6 Billionen Euro sind (⋯) bisher in die ostdeutschen Bundeslaender gesteckt worden. Das meist davon wurde allerdings nicht in den Bau von Strassen, Telefonanlagen, den Wiederaufbau ganzer Innenstaedte oder in Forschungsinstitute gesteckt, sondern floss direkt in die Tasche der Ostdeutschen)." *manager magazin* 09. November 2009.

17) ≪매경 이코노미≫, 2010.9.1.

도로 개선하는 것이다. 제도통합은 북한 재건의 성패를 가늠하는 이 시기 가장 핵심적인 과제이다. 남한의 행정, 사법, 입법 등 모든 분야의 유휴인력을 확보해 단기 내에 북한에 민주적 시스템을 구축해야 한다. 이와 함께 구축된 시스템을 운영할 인력 및 소프트웨어를 길러내는 작업도 병행해야 한다.

셋째, 투자수요는 북한 경제재건에 필요한 자금이다. 북한의 경제회복은 통일의 키워드이다. 도로, 철도, 항만 정비 등 산업 인프라를 구축하고 민간 투자유치에 필요한 조건들을 충족시키는 비용이다. 특히 투자수요는 고용을 창출하고 투자의 선순환을 유도해 통일의 부작용을 가장 실질적으로 해결해 주는 역할을 하게 될 것이다.

(2) 재원조달방안

통일비용 논의는 통일을 회피하거나 거부하는 쪽으로 발전되지 않도록 해야 한다. 통일비용을 산출하는 연구기관들은 보다 신중하게 임해야 한다. 통일비용도 분단 상황에서 지불해야 할 정신적·물질적 비용과 같은 분단비용을 감안하고 통일편익까지 고려해 적어도 국민들이 통일의 자신감을 상실하도록 하는 일은 없어야 할 것이다.

통일비용은 추정치에 불과하다. 우리 사회에도 하루 생활비가 1만 원인 사람도 있고 50만 원인 사람도 있다. 일일 생활비가 50배 차이가 난다고 사회가 붕괴하는 것은 아니다. 이런 의미에서 통일비용은 최소비용을 산출해야 한다. 통일의 가치가 크다는 의미이다.

이와 함께 통일재원에 대한 검토도 필요하다. 통일재원은 세금, 국채, 기금 등 가능한 방법을 총동원해 마련할 수 있다. 통일세는 물론이고 필요에 따라 국채 발행과 기금도 적립해야 한다. 또한 기운용되고 있는 남북협력기금의 잔액을 통일재원으로 활용하는 방안도 검토해야 한다. 남북협력기금은 1990년 8월 1일 제정된 남북협력기금법에 따라 현재 남북한의 상호신뢰와 동질성 회복을 위한 인적교류 및 경제협력을 촉진할 목적으로 설치된 기금이다. 재원은 정부 및 민간의 출연금, 재정융자특별회계 및 금융기관 등의 장기차입금, 국채관리기금의 예수금, 기금의 운용수입금 등으로 구성된다.

남북협력기금은 위에서 기술한 목적으로만 사용되며 미사용액은 전부 국고로 환수하도록 했다. 남북협력기금은 기금이 도입된 첫해인 1991년 250억 원에서 2010년 1조 1,189억 원에 이르고 있다. 2000년 이후 남북협력기금 집행률은 2000년 81.0%, 2001년 56.1%, 2002년 50.0%, 2003년 92.5%, 2004년 65.9%, 2005년 82.9%, 2006년 37.0%, 2007년 82.2%를 기록했으나 현 정부 들어 집행률이 하락해 2008년 18.1%, 2009년 8.6%를 기록하고 있다. 2010년 천안함 폭침과 연평도 도발 이후 남북협력기금은 제대로 집행되지 못하고 있다. 통일비용 준비를 위해 사용되지 않은 남북협력기금은 특별법을 만들어 통일재원으로 축적해 둘 필요가 있다.

이와 더불어 서둘러 통일기금을 조성하는 방안도 진지하게 검토해야 한다. 남북관계를 위해서도 해마다 1조 원 이상의 남북협력기금을 마련해 왔는데 통일기금을 조성할 수 없다는 사고는 납득할 수 없다. 지도자의 역량과 자질의 문제이며 통일에 대한 지도자의 신념에 관한 사항이다. 문제는 국가 지도자가 어떤 통일비전을 갖고 어떻게 국민들을 설득할 수 있느냐이다.

독일의 주요 통일재원은 통일 직후부터 5년간 설치했던 독일 통일기금(Fond der deutschen Einheit)이다. 독일 통일기금은 통일원년인

1990년부터 94년까지 5년에 걸쳐 총 1,607억 DM(약 86조 원)의 기금을 조성해 동독을 재정적으로 지원했다. 자금은 연방과 주 정부가 657억 DM, 외부차관으로 950억 DM을 조달키로 했다. 외부차관으로 조성한 950억 DM은 추후 연방과 주 정부가 각각 50%를 상환할 것을 합의했다.

이 기금은 통일 후 서독연방에 편입된 동독 5개 주와 동베를린에 배당되었다. 기금 배분은 각 州에 거주하고 있는 주민 수를 기준으로 해 인구수가 가장 많은 작센 州에 최고액인 연평균 103억 DM이 배당됐고 최북단 메클렌부르크-포어포메른(Mecklenburg-Vorpommern) 州에는 연 41억 DM이 배분되었다. 이에 비해 동베를린은 동독 중앙집권체제하의 수도이기는 했지만 주민 수가 130만여 명에 불과해 재정지원이 메클렌부르크-포어포메른 州보다도 12억 DM 정도가 적은 27억 DM 정도가 지원되었다.

독일 통일기금이 해체된 이후에는 연대세가 도입되었다. 연대세는 소득세와 법인세에 부과토록 했는데 초기 7.5%에서 98년부터는 5.5%로 낮추어 시행하고 있다. 부가가치세도 기존의 14%에서 15%로 올렸고 실업보험료와 연금보험료도 2.5%에서 6.5%, 17.7%에서 19.2%로 각각 4%와 1.5%로 높여 통일재원으로 충당하고 있다.

또한 동독의 대내외 채무를 변제하기 위해 채무청산기금(Kreditabwicklungsfond)과 1995년부터는 채무청산기금이 해체되면서 남은 부채와 신탁관리청이 남긴 부채를 청산하기 위한 상속부채청산기금(Erblastentilgungsfond)이 마련되었다.

<표 6-1> 독일의 주요 통일재원

▲ 독일 통일기금(Fonds der deutschen Einheit): 1990~1994년

단위: 10억 DM

구분	1990	1991	1992	1993	1994
기금규모	22.0	35.0	33.9	35.2	34.6
누계	22.0	57.0	90.9	126.1	160.7

▲ 채무청산기금: 1990~1994년
   동독 국가채무 규모 ⇒ 1,410억 DM
   기금조달: 통일조약에 따라 연방과 5개 동독편입주가 각각 50%씩 부담
▲ 상속채무청산기금: 1995~
   동독 국가채무 잔여분 + 신탁관리청 부채(2,500억 DM)
▲ 통일연대세(Solidaritaetszuschlag)
   부과대상 ⇒ 소득세 및 법인세부과대상
   세율 ⇒ 7.5%(도입 1991.7~1992.7, 재도입 1995~1998년),
   5.5%(1998년부터 인하)
▲ 부가가치세: 14% ⇒ 15%
▲ 실업보험료: 2.5% ⇒ 6.5%
▲ 연금보험료: 17.7% ⇒ 19.2%
▲ 기타

(3) 통일편익: 한반도 도약의 기회

막대한 통일비용으로 인해 통일에 대한 국민 인식이 부정적으로 변하자 이제는 통일편익이 비용보다 크다는 주장이 봇물을 이루고 있다. 하지만 통일비용 및 편익과 관련된 정확한 주장은 통일 초기 막대한 비용과 투자가 필요하지만 중장기적으로는 이익이 환수된다는 것이다. 또한 통일비용은 써 버리는 비용이 아니라 상당부분 투자의 개념으로 간주해야 한다.

통일편익도 통일비용과 같이 규모를 정확하게 산출하기는 어렵다. 가장 중요한 통일편익은 북한이 보유하고 있는 지하자원이다. 북한의 지하자원 매장량은 남한의 30배에 달하며 그 가치는 거의 7천조 원에 육박하는 것으로 알려져 있다. 이런 북한의 지하자원과 남한의 자본·기술 등이 결합해 시너지 효과를 내어 통일비용으로 매년 700억 달러가

든다면 통일편익은 10년 동안 누적규모로 1조 달러에 이를 것이라는 주장도 있다.

이 외에도 경제 외적인 통일편익도 적지 않다. 이산가족의 고통이 사라지고 북한 내 인권이 보장되며 전쟁 위협이 사라져 불필요한 국방비나 안보비용이 급감하게 될 것이다. 골드만삭스는 2009년 9월 21일 「통일한국, 북한 리스크에 대한 재평가」라는 보고서에서 남북이 통일된다면 30~40년 내에 독일과 프랑스를 앞지르는 경제대국이 될 것이라고 전망했다.

나. 통일한국의 비전

통일한국은 동북아 지역의 정치적 안정과 경제적 번영을 가져다줄 최소한의 조건이다.

(1) 희망의 땅 북한

북한 지역은 통일한국의 희망이다. 120만 평방킬로미터의 영토가 확장되고 2천3백만 인구가 늘어나 흔히 말하는 강대국의 조건에 한 발 다가서게 되었다. 대한민국은 2012년 6월 23일 전 세계에서 일곱 번째로 일인당 연소득 2만 달러에 인구 5,000만 명을 갖춘 '20-50 클럽'에 가입하게 됐다. 우리나라의 '20-50 클럽' 가입은 1996년 영국 이후 세계에서 처음으로, 기존에 '20-50 클럽'에 가입한 나라는 일본(1987), 미국(1988), 프랑스·이탈리아(1990), 독일(1991), 영국(1996) 등 6개 선진국뿐이다.

'20-50 클럽' 가입은 우리나라가 확실한 선진국 대열에 진입했다는 신호라는 점에서 의미가 깊다. 먼저 '20-50 클럽'에 가입한 국가들은 예외 없이 '30-50 클럽(국민소득 3만 달러, 인구 5,000만 명)' 진입에도 성공했다.

북핵이나 장거리 미사일 문제도 통일이 되면 저절로 해결된다. 북한의 대량살상무기는 한반도는 물론 동북아 지역에 늘 긴장을 불러오는 요인이었다. 미소 강대국의 이해가 충돌해 왔고 한반도는 분쟁지역이라는 오명을 써 왔다. 세계의 주목을 끌어왔던 탈북자와 관련된 현안들도 통일과 함께 해결될 것이다. 탈북자에 대한 중국의 강제송환으로 대중 관계가 악화되었고 난민이 되어 아시아, 유럽 등 전세계를 유리방황하는 일도 더 이상 없을 것이다.

최근 중국에 진출한 기업들이 인건비 증가와 당국의 각종 규제로 다른 곳에 투자처를 물색하는 일이 증가하고 있다. 북한은 이런 기업들에게 새로운 대안이다. 저렴하고 양질의 노동력이 풍부하다.

북한에 매장된 천연자원은 대략 7,000조 원에 달할 것으로 추정된다. 이는 남한이 보유하고 있는 자원 289조 원의 24배 규모에 이른다.[18] 200여 종의 광물자원이 매장되어 있으며 특히 희토류 및 희귀 금속광물이 풍부하다. 그동안 남한의 광산물 수입규모는 해마다 증가하고 있다. 2005년 130억 달러에 불과하던 수입액이 2010년에는 340억 달러에 육박해 5년 만에 거의 3배에 달했다. 전체 수입규모 중 광산물이 차지하는 비중도 2.5%에서 7%로 급증하였다.[19]

---

18) 현시세로 1경 원에 달한다는 주장도 있다. 한국광물자원공사, 『북한 광물자원 현황 및 개발실태』, 2011.
19) 한국지질자원연구원, 『2010년도 광산물 수급현황』, 2011.

〈표 6-2〉 주요 광물자원의 경제적 가치 남북 비교

구분	잠재가치(억 원)		북/남
	남	북	
금	13,093	613,274	46.8
은	5,162	19,124	3.7
동	1,631	92,791	56.9
철	22,717	3,045300	134.1
아연	6,892	260,680	37.8
몰리브덴	7,470	16,669	2.2
인상흑연	732	12,049	16.5
인회석	0	388,326	-
마그네사이트	0	26,797,320	-
무연탄	1,569,848	5,194,320	3.3

자료: 광물자원공사, 2011.

비무장지대(DMZ)는 유일한 자연보전지역이다. 수백 종의 고유식물이 자라나고 있는 생태계의 보고이다. DMZ의 생태적 가치는 특이한 자연생태계와 생물종 다양성에 있다. 인간의 출입이 통제된 DMZ는 산악지대 생태계, 내륙 습지, 그리고 담수 및 해안 생태계가 공존한다. 태백산맥 동쪽의 해안성 기후, 태백산맥 서쪽의 내륙성 기후, 그리고 다시 서해안에서 해안성 기후가 만나는 지역이다. 이 때문에 국제적 보호종, 위기종뿐만 아니라 많은 천연기념물과 멸종위기종 및 보호 야생동식물이 서식하고 있다.

1970년대 이후 DMZ 일원에 대한 생태계 조사 자료 70여 건을 취합하여 분석, 정리한 자료에 의하면, 이 지역에서 2,716여 종의 야생동식물과 67종의 멸종 및 보호야생동식물이 서식하고 있다. 대표적으로 동쪽 동해안 유역은 반달곰, 산양, 수달 등 멸종 위기종의 주요 서식지이며, 철원 부근의 민통선 지역에는 반달곰, 산양, 사향노루, 두

루미, 재두루미, 저어새, 독수리 등이 살아 가고 있다. 물새나 두루미 과의 서식처이기도 한 DMZ는 이러한 생물종다양성 때문에 국내외에 큰 관심을 불러일으키고 있다. DMZ의 경제적, 학술적 가치는 지대하다.

(2) 경제영토의 확장

남북을 잇는 철도와 수송로가 갖춰지면 한반도는 수륙연계형 물류의 중심지로 도약할 수 있다. 무역대국 중국의 수출입 상품의 중간기지로서 역할을 감당하게 된다. 한·중 FTA 및 러시아와의 경제협력은 북방의 광활한 영토를 우리의 경제영토로 만들게 될 것이다.

특히 중국의 동북 3성은 두 자릿수의 성장률을 보이며 고도성장을 지속하고 있다. 이 지역은 지리적 특성상 한반도를 통해야만 바다로 나아갈 수 있다. 한·러 가스관 사업은 통일이 되면 즉시 추진할 수 있는 사업으로 두 나라 모두에게 윈-윈이다.[20] 액화 천연가스를 대신해 저렴한 천연가스를 안전하게 수입하게 되며 러시아는 신뢰할 수 있는 수출지역을 확보하는 것이다.

시베리아는 천연가스, 원유, 석탄 등 주요 자원의 세계적 보고이다. 남한의 기술과 자본 그리고 북한의 노동력이 결합된다면 시베리아는 우리의 경제영토가 확실하다. 현재 시베리아 개발을 둘러싸고 국제사회의 각축이 치열하다. 중국은 유럽행 신루트 개척에 박차를 가하고 있고 일본의 시베리아 진출도 오래전에 시작됐다. 통일이 될 경우 한·러 가스관 연결사업은 물론이고 우리 기업의 시베리아 진출도 활기를 띠게 될 것이 분명하다. 가스관 사업이 성사되면 전체 천연가스 소비량의

---

20) 우리나라 에너지 자급률은 3% 미만이다.

20%를 러시아로부터 싼 가격에 공급받게 된다. 극동지역 농지 확보도 가스나 석유만큼 중요한 일이다.

북방 경제영토 확장은 통일과 함께 추진하게 될 시베리아횡단철도(TSR)와 한반도종단철도(TKR)의 연결로 더 구체화될 것이다. 일본에서 부산 그리고 한반도를 거쳐 유럽에 이르는 운송수단이 확보됨에 따라 본격적인 북방 진출이 가속화될 것이다.

3. 통일외교전략

통일외교는 외교통상부가 이명박 대통령에게 보고한 2011년 업무계획에서 처음 등장했다. 우리 외교에 통일외교란 개념이 제시된 것은 이례적이다. 북한을 자극하지 않겠다는 과거식 해법을 초월해 이제는 보다 적극적으로 국제무대에서 한반도 통일 상황을 준비하고 주변 환경을 정비하겠다는 의지다.

특히 한반도 문제에 대해 시각차를 드러내고 있는 중국을 비롯해 러시아, 일본 등 주변국들을 설득하는 것이 중요하다. 통일한국은 주변국과 정치, 경제, 사회 모든 분야에서 윈-윈하게 될 것이라는 공감대를 불러일으켜야 한다.

가. 통일외교의 의미

언급했듯이 통일외교는 통일을 역사적 기회로 인식하고 통일의 여건을 적극 조성한다는 의미의 반증이다. 통일부는 통일외교의 필요성을 공감하고 독일과 러시아에 주재관을 파견하고 있다.

북한 김정은 체제의 미래는 아직 불투명하다. 군당 간의 암투가 지속되고 있고 김정은의 후견인 김경희의 건강이상설도 불거져 있다. 국내외 많은 전문가들이 북한의 급변사태 가능성을 제기하고 있다. 이런 상황 속에서 적극적인 통일외교는 불가피하다. 무엇보다 서독의 통일외교를 차분히 분석해본다면 우리에게 시사하는 바가 클 것이다.

첫째, 통일된 한국이 중국, 러시아, 일본의 국가 이익에 부합한다는 논리를 개발해야 한다.[21] 통일한국은 어떤 나라에게도 정치적, 경제적으로 피해를 끼치지 않을 것이라는 뜻이다. 예를 들어 중국, 통일한국과 일본이 NAFTA와 같은 자유무역지대를 조성하는 사업들이다. 이렇듯 통일된 한국은 대륙과 해양의 교두보로서 동북아 발전의 커다란 계기를 마련하게 될 것이란 점을 부각해야 한다. 또한 통일된 한국은 동북아 평화에 기여하게 될 것이라는 구체적인 내용도 포함시켜야 한다. 통일한국은 핵, 미사일 등 대량살상무기를 독자적으로 개발하지 않는다는 것들이다.

둘째, 통일 의지를 분명히 한다. 탈북자와 같은 분단이 원인인 문제에 대해 정부가 적극 나서 해결을 주도해야 한다. 현재 탈북자로 피해를 보는 나라들은 중국이나 몽골에 국한되지 않는다. 태국, 베트남 등 동남아 국가에 이어 영국, 독일, 네덜란드, 벨기에, 노르웨이, 덴마크 등 유럽 국가에도 탈북자가 모여들고 있다. 미국, 캐나다에 이어 호주와 러시아도 수십 명의 탈북자를 보호하고 있다.

통일외교를 내세우며 이런 상황을 방관하고 있는 정부의 태도는 비판받아 마땅하다. 전 세계를 향해 모든 탈북자는 우리 정부가 전원

---

21) 조선일보는 러시아 싱크탱크인 국가에너지안보재단이 주최한 세미나에서 러시아 학자들이 "한국 주도 통일이 우리 국익에 부합한다"고 발표했다고 보도하고 있다. 2011년 11월 러시아 국제관계연구소 IMEMO의 특별보고서에서도 한국 주도의 통일이 바람직하다는 내용이 담겨져 있다(≪조선일보≫, 2012.10.29.).

수용한다는 사실을 공개 천명해야 한다. 탈북자로 인한 피해도 100% 보상함이 마땅하다. 이런 노력도 없이 통일의 주도권을 잡기는 어렵다. 참고적으로 세계 여러 나라들의 탈북자 보호현황을 살펴보면 다음과 같다.

〈표 6-3〉 탈북자 보호 현황

영국	581명
독일	146명
네덜란드	32명
호주	25명
미국	25명
캐나다	23명
벨기에	22명
노르웨이	14명
러시아	14명
덴마크	9명

출처: ≪조선일보≫, 2011.7.15.

나. 주변국 통일외교

미국은 통일과 관련해 비중이 가장 크다. 한미관계는 지난 60년 이상 한미동맹을 바탕으로 꾸준히 성장해 왔다. 한미상호방위조약은 미국과의 안보동맹으로 국가 발전의 대들보였다. 북한의 끊임없는 위협에도 우리가 경제발전에 매진할 수 있었던 것은 상호방위조약 덕분이다. 이제 우리나라는 무역규모 1조 달러를 넘어선 경제강국으로 성장했다. 한미관계는 정치, 경제, 군사 등 모든 분야에서 급속한 발전을 거듭해 왔다.

일부 전문가들 중에는 통일외교는 미중 간의 균형외교를 지향해야 한다는 주장이 있다. 하지만 우리와 영토를 접하고 있는 중국과 태평양 건너의 미국의 이해는 전혀 다르다. 미국과는 지리적 특성상 영토분쟁이 없지만 국경을 맞대고 있는 중국과는 늘 영토분쟁에 시달려 왔다. 최근에는 동북공정에 이어 이어도 관할권을 주장하고 있다. 서해상에서 중국 어선들의 불법조업은 많은 국민들을 분노하게 만든다.

이런 차별적 성향을 직시하며 우리의 통일외교전략을 수립해야 한다.

(1) 대미외교

우리나라 통일외교의 축은 대미외교이다. 최근 한중일 간에는 오랫동안 잠재되어 있던 영토분쟁이 격화되고 있다. 센카쿠 열도를 둘러싼 일·중 간의 분쟁에 이어 독도, 이어도를 둘러싼 이해가 대립하고 있다. 일본과 중국에 비해 상대적으로 열세에 있는 우리의 대응은 당연히 한미공조를 강화하는 것이다.

1990년 통일을 달성한 서독의 통일외교는 미국을 중심으로 추진되었다. 1989년 11월 9일 베를린 장벽이 해체되고 동독인의 반(反)공산 시위가 고조되는 가운데 콜 총리는 미국의 조지 부시 대통령과 핫라인을 24시간 가동했다. 시시각각으로 급변하는 동독의 상황을 일일이 부시에게 보고하고 조언을 구했다.

미국은 다른 유럽 국가들과 달리 동독 사태를 객관적으로 바라볼 수 있었다. 강한 독일에 거부감을 갖고 있는 유럽국가들은 동독의 급변 상황에도 아랑곳하지 않고 통일에 반대하였다. 하지만 미국은 라이프치히의 월요데모(Montagsdemonstration)를 심상치 않게 바라보고 있었다. 월요일마다 기하급수적으로 늘어나는 시위대와 전국 규모로 확산되는 시위현장을 보며 동독 붕괴를 예견했다. 체코와 폴란드 주재 서독 대사관으로 몰려드는 동독 탈출자와 헝가리를 경유해 서독으로 탈출하는 동독인을 보며 가장 객관적으로 통일을 직감했다.

독일 문제는 독일민족 스스로 해결할 사안이라는 시각도 미국에서 시작되었다. 영국, 프랑스 등 대부분의 유럽 국가들이 터부시하는 문제를 제기했다. 냉전의 양극 체제를 허물기 위해 소련의 최대 위성국가였던 동독을 서독에게 맡기는 것이 유리하다는 판단이기도 했다. 동독의 회생이 불가능한데 적극적으로 서독의 국가이익에 부합하는 것도 필요했다. 이렇듯 미국은 앞장서서 독일이 완전한 주권을 회복하도록 지원해 주었고 결과적으로 통일의 가능성도 열어 준 셈이다.

또한 미국은 소련의 개혁 개방을 주도하고 있던 고르바초프와 몰타에서 정상회담22)을 열고 군축과 평화의 분위기를 만들어 주었다. 국제사회에 평화 무드가 조성되며 영국, 프랑스, 폴란드 등 유럽 국가들의 독일에 대한 우려도 반감되었다. 서독의 콜 총리는 이 기회를 놓치지 않고 불가능해 보였던 통일을 이루어냈다.23)

다음은 1989년 10월 24일 독일 문제에 대한 부시 대통령의 기자회견 내용의 일부이다.24)

기자: 대통령각하, 독일의 국가 지위에 대한 변화에 동의하십니까?
부시: 나는 독일 통일에 대한 일부 유럽 국가들의 우려에 동의하지

---

22) 몰타 미·소 정상회담은 미국의 조지 H. W. 부시 대통령과 소련 공산당 서기장 고르바초프가 1989년 12월 2일과 3일, 이틀 동안 지중해 몰타에서 가진 정상회담이다. 회담을 끝낸 두 정상은 공동기자회견에서 '동서가 냉전 체제에서 새로운 협력시대로 접어들고 있다'고 선언하였다. 또한 핵무기 감축 등 군축협정 체결을 위한 논의에 진전을 보았으며, 지역분쟁 해결원칙에 합의했음을 밝혔다. 또한 미국은 소련의 경제 개혁정책에 광범위한 지원 조치를 취할 것을 약속하였다.

23) 유럽 국가들의 우려에 대해 미국의 ≪뉴욕 타임스≫는 부시 대통령은 동독의 급변사태로 독일에 '제4제국'이 형성될 것이라는 유럽 이웃국가들의 기우와 달리 독일 통일을 낙관적으로 바라보았고 독일 민족에게 통일의 길을 열어 주었다고 쓰고 있다. *New York Times*, 1990.10.25.

24) 부시 대통령은 1989년 10월 24일 기자회견을 개최해 독일에 대한 미국의 지지를 선언했다.

　　　않습니다. 독일이 동맹을 유지하고 북대서양 조약 기구의 틀
　　　을 벗어나지 않으리라 확신합니다.
기자: 호네커에 이어 등장한 크렌츠가 주민들의 민주화와 통일의
　　　요구를 거부하고 변화의 흐름에 역행할 것이라고 생각하지
　　　않습니까?
부시: 크렌츠도 시간을 거꾸로 되돌릴 수 없을 것입니다. 개혁과
　　　변화의 바람을 막을 수 없을 것입니다.

독일에 대한 미국의 신뢰가 잘 드러난 기자회견이었다. 이런 독일의 외교적 경험으로부터 얻는 교훈은 한반도 통일도 미국, 중국, 일본, 러시아 등 주변 국가들의 이해를 조정할 수 있어야 가능하다는 사실이다. 전통적인 한미동맹을 바탕으로 중국의 우려를 불식시키고 일본, 러시아의 지지를 이끌어내는 전략을 강구해야 한다.

(2) 대중 외교

한반도 통일 과정에서 대중외교는 가장 민감하다. 중국은 1950년 6·25전쟁에 참전해 북한을 구했다. 순망치한(脣亡齒寒)은 중국이 기대하는 북한의 역할이다. 2010년 3월 26일 천안함 사태와 11월 23일 연평도 도발에서 보여 주었던 중국의 북한 감싸기는 더 이상 비밀이 아니다. 더욱이 통일 문제와 관련해 중국은 일방적으로 북한 편을 들거나 남한 주도의 통일을 방해할 가능성이 농후하다. 분단의 직접적인 원인인 6·25전쟁을 '정의로운 전쟁'으로 이해하는 중국 지도부를 설득해야 한다. 중국과의 한판 힘겨루기도 불사한다는 각오가 필요하다.

대 중국 통일외교는 두 가지 트랙을 병행할 필요가 있다. 즉, 네거티브와 포지티브 전략이다. 북한 급변사태를 가정할 때 중국의 대응 여부는 한반도 미래에 대단히 중요하다. 통일의 기회가 공염불이 될

수도 있다. 중국은 한반도에 친중 통일조선25)을 세우는 것을 염두에 두고 있을 가능성도 있다.

이런 상황 속에서 대 중국 통일외교는 모든 시나리오를 염두에 둔 전략이어야 한다. 무엇보다 한반도 통일이 중국의 이익에 부합할 것이라는 논리를 적극 개발해야 한다. 중국의 지한파 교수인 주펑은 올해 초 한중수교 20주년을 맞아 ≪조선일보≫와 가진 인터뷰에서 "한국 주도 통일은 필연이나, 중국은 우려하는 게 있다"고 말했다. 한반도 통일 과정에서 중국의 안보에 불이익이 되는 일이 생겨서는 안 된다는 것이다. 통일 후 한미동맹이 강화될 것에 두려움을 갖고 있다는 것으로 중국을 포함한 주변국들의 걱정을 잠재울 만한 명확한 비전을 제시해야 한다는 주장이다. 북한이 혼란상황에 빠져 대량의 탈북난민이 중국으로 유입되는 것도 방관할 수 없다는 것이다.

분단된 한반도는 오늘날 동북아 지역의 평화적 번영을 저해하는 요소로 작용하고 있다. 북한의 핵, 미사일, 생화학무기 등 대량살상무기는 비밀리에 해외로 수출되고 있다. 대량살상무기 관련 기술의 암거래가 어떻게 이루어지고 있는지 감시의 대상이다. 독일의 ≪슈피겔≫은 2005년 2월 14일 북한과 파키스탄의 핵물리학자 압둘 카디르 칸 박사의 핵 커넥션을 커버스토리로 보도했다.

북한의 이러한 잠행은 한반도는 물론이고 동북아 지역의 평화와 안정을 저해하고 있다. 북한이 핵 개발을 지속하는 한 일본이나 우리

---

25) 통일조선은 포스트 김정일 시대, 북한에 친중정권을 수립하고 친중정권으로 하여금 남한과 통일협상을 추진해 통일을 이룬다는 시나리오다. 통일한국과 대립되는 개념으로 통일한국이 자유민주주의와 시장경제를 전제로 하는 반면, 통일조선은 중국의 체제와 유사한 형태가 될 것이다. ≪사피오≫, 2006.11.8. 2006년 10월 6일 독일의 일간지 *Die Welt*는 "Nordkoreas Heimliche Freunde(북한의 비밀친구들)"이라는 제하의 북한 보도에서 중국, 러시아, 일본은 물론이고 남한 내에도 북한의 존속을 바라는 사람들이 다수 있다고 보도한 바 있다.

나라의 핵 무장도 불가피하며 언젠가 동북아 지역 군축경쟁이 가속화될 위험도 배제할 수 없다. 주펑 교수의 주장에 따르면 중국은 1993년 북핵 위기가 발발하자 미국의 대북 공격을 반대하지 않았다.[26] 이런 상황을 정확히 바라본다면 남한 주도의 통일을 거부할 이유가 없다.

통일한국은 국제사회의 규범과 인류 보편적 가치를 준수하게 될 것이고 동북아 지역의 안정에 기여할 것이다. 북한을 둘러싼 미중 갈등도 사라질 것이며 한·중·일 경제벨트가 형성되어 경제적 시너지 효과가 나타날 것이다.

네거티브 전략은 중국이 한반도 통일을 방해하고 나설 때를 가정한 대응책이다. 중국의 동북공정은 심각한 역사 왜곡으로 우리 민족은 절대로 방관하지 않을 것임을 대내외에 지속적으로 전달해야 한다. 분단 고착화나 북한 속국화 전략은 반중 정서를 자극해 중국의 발전을 저해할 것임을 분명히 해야 한다. 중국의 합리적인 지한파 학자들과의 학술적·문화적 교류를 확대해 공감대를 넓혀가는 것도 중요하다.

오랫동안 중국의 간접적인 지배를 받아온 우리 민족이 통일을 이루려면 중국의 기를 한 번쯤은 꺾는다는 자세로 임해야 한다. 중화사상을 내세워 사대주의를 강요했던 중국의 오만함에 맞서야 한다. 인권, 민주화 등 중국의 약점을 이용할 수도 있다. 티베트나 신장 위구르에서 벌어지고 있는 독립화를 지지하고 공산당 일당 독재의 폐해를 지적하는 등 중국의 아킬레스건을 활용해야 한다.

중국이 물리적 힘을 내세워 압박한다면 한미동맹을 적극 내세워

---

26) 《조선일보》, 2012.1.4.

대응해야 한다. 주한미군을 증강하고 전술핵을 다시 들여올 수밖에 없음을 알려야 한다. 중국의 힘에 끌려만 간다면 통일은 물론 북한재건 과정도 순탄치 않을 것이다. 대중외교에서 우리가 쓸 수 있는 카드는 다음과 같다.

첫째, 탈북자 문제이다. 중국의 최대 딜레마는 소수민족 문제와 인권침해이다. 최근에는 중국 정부의 탈북자 강제송환이 드러나 국제적인 반발을 불러일으키고 있다. 우리는 탈북자 문제해결에 적극 나서는 한편, 중국에서 벌어지고 있는 인신매매와 같은 인권침해에 침묵할 수 없다. 몽골이나 제3국에 탈북자를 위한 수용시설을 설치하는 문제도 공론화해 대중국 압박 수위를 높여야 한다.

둘째, 핵 카드이다. 북한이 플루토늄에 이어 농축 우라늄 처리시설까지 보유하고 있음이 드러난 상황에서 대한민국도 핵 주권을 확보할 것임을 경고한다. 또한 중국이 북한 핵에 대해 무관심으로 일관한다면 1991년 한반도 비핵화 공동선언에 따라 철수한 주한미군의 전술핵을 다시 들여올 수밖에 없음을 경고한다. 또한 일본 핵 무장의 책임론을 강하게 물어야 한다.

셋째, 인권, 민주화이다. 인권과 민주화는 중국의 가장 큰 약점이다. 56개 소수민족 문제는 중국 당국이 가장 꺼리는 주제이다. 공산 집권층의 부정부패, 농민공 문제, 사회적 동요와 같은 문제도 중국을 움직이는 변수가 될 수 있다. 2012년 11월 8일 중국의 지도부가 교체되는 제18차 공산당 대회는 중무장한 공안의 삼엄한 경비 속에 치러야 했다. 베이징 곳곳 사람들이 모이기만 하면 달려들어 해산시킨다. 원자바오 총리를 비롯한 집권층의 비리와 축재로 인민들의 불만이 치솟고 있다.

(3) 대러시아 외교

우리 정부는 지난 1988년 서울 올림픽을 계기로 국제사회에 탈냉전을 선언했다. 1984년 LA 올림픽이 공산권이 참가하지 않은 채 치러진 반쪽 올림픽이었다면 서울 올림픽은 공산권은 물론이고 역대 최다국가가 참여한 최대 규모의 평화적 행사였다. 이를 계기로 대한민국은 거의 모든 공산권 국가들과 외교관계를 수립할 수 있었다. 러시아의 개혁 개방을 지원하기 위해 30억 달러를 지원해 주기도 했다. 체코, 헝가리 등 동유럽 국가들과의 경제적 교류도 활발하게 이루어지고 있다. 러시아를 포함한 카자흐스탄, 우즈베키스탄 등 구소비에트 연방 및 모든 과거 공산국가와도 외교관계를 맺고 경협도 확대하고 있다.

특히 시베리아 개발은 해외로부터 많은 자본과 기술을 필요로 한다. 중국과 일본이 우리에 앞서 이 지역 개발에 뛰어들고 있으나 러시아 정부는 언제든지 우리의 진출을 바라고 있다. 한·러 가스관 사업은 통일이 되면 가장 먼저 추진될 사업이 될 것이다. 이렇듯 통일된 한반도는 러시아와의 관계를 한 단계 업그레이드시킬 것임을 설명하고 러시아의 지원을 요청해야 한다. 중국보다 러시아가 통일에 우호적인 점을 감안해 적절한 전략을 마련해야 한다.

서독은 동독의 급변사태가 발생하자 대소 외교를 강력하게 밀어붙였다. 고르바초프의 개혁 개방 정책을 지원하는 데 초점을 두었다. 당시 개혁을 강력히 추진하던 고르바초프는 국내 보수 공산권력과 심각하게 갈등을 빚고 있었다. 페레스트로이카(경제적 개혁)와 글라스노스트(정치적 개방)의 효과가 소련 국민들에게 전달되지 않으면 안되었다. 서독 정부는 많은 재정지원을 통해 고르바초프의 개혁정책을 도와주었다. 미국도 몰타 정상회담을 통해 힘을 보탰다.

(4) 대 동남아 외교

일반적으로 태국, 캄보디아, 베트남 등 동남아 국가는 한반도를 둘러싼 주변 4국(미·중·러·일)에 비해 소홀히 다루기 쉽다. 하지만 최소의 비용으로 최대의 효과를 거둘 수 있는 나라들이 동남아 국가들이다.

동남아에는 비교적 친북성향을 보이는 국가들이 많다. 북한 인사들이 자유롭게 활동할 수 있으며 대남공작의 본거지이기도 하다. 마카오의 방코델타아시아(BDA) 은행은 북한 자금을 세탁하는 창구로 유명하다. 1973년 상업은행으로 인가받은 후 북한의 은행 및 무역회사들과 거래하면서 사실상 북한의 유일한 외환결제 창구 역할을 했다. 1994년 방코델타아시아는 북한이 예치한 16만 달러 중 100달러짜리 위조지폐를 다량 발견해 마카오 경찰에 이를 신고했고, 이후 미국 정부는 북한의 위폐와 마약, 금괴밀수 등 불법행위를 감시해왔다.

북한을 테러지원국으로 지정하여 경제적 제재를 가해온 미국은 2005년 9월 「미국 애국법(PATRIOT Act)」 311조에 의거, 방코델타아시아(BDA)를 북한의 돈세탁 창구로 지목했다. 미국의 금융기관과의 거래를 중단하고 다른 나라들에 대해서도 BDA의 불법 금융활동에 유의하도록 통보한 바 있다.

1983년 10월 9일 전 전두환 대통령의 미얀마 방문 때에는 북한 첩보원들의 테러로 서석준 부총리 등 수행원 17명이 사망했다. 미얀마 정부는 그해 11월 북한과는 단교하는 강경한 조치를 내렸다. 물론 2007년 4월 외교관계를 복원하기는 했지만 전통적으로 군사교류를 통해 우호관계에 큰 상처를 입었다. 2012년 10월 방한했던 세인 미얀마 대통령과 29년 만에 아웅산 국립묘지에 추모비를 건립하기로 한 것도 외교적 성과이다.

태국에서는 1999년 3월 9일 북한 대사관에서 참사관으로 근무하던 홍순경 일가를 북송하려다 실패한 사건이 발생했다. 북한 공관원들은 방콕 시내에 숨어 있던 홍순경(61)과 처 표영희, 아들 원명(20)을 붙잡아 두 대의 밴에 나눠 태우고 라오스로 향했으나, 방콕 북부 400마일 지점인 나콘라차시마 주 고속도로에서 홍 씨 부부를 태운 차가 전복되는 바람에 홍 씨 부부를 놓쳤다. 그러나 북한이 아들 원명 씨를 계속 억류함에 따라 이 사건은 태국과 북한 사이에 외교문제로 비화되었다. 태국 정부의 강경 입장에 따라 아들 원명 씨는 추후 석방되었으며, 북한 외교관 6명이 추방되었다.

이런 북한의 공작거점이 동남아를 주축으로 이루어지고 있다. 최근 동남아에서 일어나고 있는 여러 사건에서 보듯이 북한은 동남아 국가들로부터 외면당하는 것을 더욱 우려스럽게 여기고 있다. 그동안 동남아 외교는 한반도 주변국가들에 비해 지나치게 소홀했던 점을 인식하고 한반도 평화와 동북아 안정을 위해 통일된 한반도의 필요성에 초점을 맞추어야 한다.27)

---

27) 북한 민주화 위원회 홍순경 위원장의 증언에서도 동일한 답변을 들을 수 있다.

다. 서독의 교훈

(1) 대(對) 헝가리 외교

급변기에 서독 정부가 추진했던 외교적 업적 중 가장 성공적인 것은 대 헝가리 외교이다. 헝가리 정부를 설득해 대(對) 오스트리아 국경을 개방토록 한 것이다. 동독과 치열한 외교전을 벌여 승리한 이 사건으로 두 달간 무려 2만 4천여 명이 이 통로를 경유해 서독 땅을 밟았다. 본인은 이 사건을 20세기 최대의 외교전쟁이라고 부른다.

1989년 8월 19일 헝가리 정부는 범유럽 유니온(동유럽 민주단체)이 오스트리아 국경지대에서 개최키로 한 평화축제 행사를 위해 국경을 3시간 개방할 것을 허락했다. 이 행사에 참여했던 600여 명의 동독인들이 오스트리아로 탈출해 국제사회의 주목을 받았다. 이 소식을 접한 서독 콜 총리는 즉시 특사를 파견해 헝가리 정부와의 외교적 담판을 시작했다. 동독 역시 헝가리 정부를 압박하며 서독과의 외교적 일전을 불사한다는 입장이었다. 서독 콜 정부는 헝가리 네메츠 총리를 향해 고르바초프의 페레스트로이카와 글라스노스트의 물결에 동참해야 함을 역설했고 동독의 호네커 총서기는 사회주의 형제국임을 내세워 서독의 요구를 거부해야 함을 압박했다.

이러한 외교전은 헝가리 정부가 9월 11일 대(對) 오스트리아 국경을 개방할 것을 선언함에 따라 서독의 승리로 끝났고 이 루트를 통해 두 달 만에 무려 2만 4천여 명의 동독인이 서독으로 이주하게 되었다. 이 소식은 국제사회에 널리 알려졌으며 동독 내 공산정권에 대한 저항은 더욱 거세졌음은 물론이고 주민들의 요구도 서독과의 통일이라는 적극적인 입장으로 전환되게 되었다.

(2) 주변국 외교: 영국, 프랑스, 폴란드

영국과 프랑스는 역사적으로 독일의 라이벌이었다. 양국의 강한 독일에 대한 거부감은 동독이 붕괴되는 과정에서 서독이 주도권을 잡으며 팽배해졌다. 호네커가 망명하고 동독 내 여론이 서독과의 통일을 소원하는 것으로 드러나자 양국의 초조감은 더 커졌다. 영국의 대처 총리는 독일 통일에 대해 가장 부정적이었다. 서독의 콜 총리와 고르바초프 대통령의 코카서스 정상회담 후에 독일 문제는 독일민족의 자율에 맡길 것이라는 두 정상의 합의사항이 알려지자 대처는 곧바로 모스크바로 날아갔다. 독일 통일에 대한 걱정으로 고르바초프의 내심을 알고자 했다. 미테랑 대통령이 베를린 장벽 붕괴 후인 1989년 12월 20일 동독을 방문하고 돌아와 독일 통일은 거스를 수 없는 대세라는 입장을 보이자 "미테랑이 정신분열을 일으켰다"고 할 정도였다. 고르바초프의 의중을 확인한 대처는 그렇다면 통일된 독일은 나토의 회원국이 되어야 한다는 조건을 달았다.

프랑스의 거부감도 컸다. 미테랑 대통령은 1990년 3월 18일 동독 최초의 자유선거에서 동독 공산당 사통당이 다수표를 득표하기를 바랐다고 할 정도로 서독 주도의 통일에 알레르기적 반응이었다. 하지만 통일이 대세임을 판단하고는 서독이 통일을 이유로 그동안 추진해 왔던 유럽연합 결성에 소극적이어서는 안 된다는 조건을 내걸고 통일에 동의해야 했다.

역사적으로 독일로부터 가장 큰 피해를 입어온 폴란드의 우려는 심각한 수준이었다. 특히 국경 문제는 폴란드의 초관심 분야였다. 독일이 통일된다면 또다시 과거 영토에 영유권을 주장하는 것은 아닌지에 대한 우려가 컸고 독일에 통일을 조건으로 당시 독일과의 국경

인 오더-나이세 강을 공인해 줄 것을 요구했다.[28]

헬무트 콜 총리는 폴란드의 요구에 따라 오더-나이세 국경을 받아들였고 국제사회를 향해 독일 통일은 유럽의 평화는 물론이고 세계 평화에도 기여할 것임을 강력히 천명했다.

(3) 우리 통일외교에 대한 교훈

독일의 외교적 경험은 우리에게 통일된 한반도가 중국, 러시아, 일본 등 주변국에 절대로 손해가 되지 않는다는 논리를 개발해 내도록 요구한다. 예를 들어 중국, 통일된 한국, 일본의 FTA라든가 국가 간 윈-윈이 되는 사업들을 개발하고 글로벌 차원의 홍보를 추진해 나갈 필요가 있다.

이렇듯 통일된 한국은 대륙과 해양의 교두보로서 동북아 발전의 커다란 계기를 마련하게 될 것이란 점을 부각할 필요가 있다. 또한 통일된 한국은 동북아 평화에 기여하게 될 것이라는 구체적인 내용도 포함시켜야 한다. 예를 들어 통일한국은 핵 등 대량살상무기를 독자적으로 개발하지 않는다는 것들이다.

독일은 주권을 회복하고 통일의 기회를 포착한 후 이웃과 국제사회에 대해 다음과 같은 약속을 통일의 전제로 제시했다. 그중 대표적인 것들은 첫째, 통일된 군대는 37만 명을 넘지 않는다, 둘째, 폴란드와의 국경인 오더-나이세 국경을 인정한다, 셋째, 통일된 독일은 핵·생물·화학 무기를 만들고 보유하지 않는다, 넷째, 통일독일은 나토에 잔류한다 등이다.

---

28) 이 문제로 독일 내 찬반 논쟁이 벌어질 정도로 양국 간의 영토 문제는 주요 현안이었다.

한반도의 모든 문제는 우리가 감당한다는 적극적인 자세로 주변국들의 우려를 불식시킬 필요가 있다. 탈출자 전원을 서독 사회가 책임지고 수용한다는 적극적인 외교를 통해 주변국들의 우려를 불식시킨 서독의 외교전략을 배워야 한다. 「헌법」 3조는 "대한민국 영토는 한반도와 그 부속 도서로 한다"이다. 탈북자도 대한민국 국민으로 보호해야 한다는 것이 헌법정신이다. 자국민을 보호하지 못하고 중국 등 제3국에 맡기며 어떻게 통일을 거론할 수 있는가. 탈북자 문제가 터지면 중국은 대한민국 정부가 그들은 수용할 자세도 보이지 못하면서 강제송환 문제나 인권문제를 거론한다고 비아냥거린다.

이제는 통일을 주도하게 될 우리나라가 북한발 문제에 적극 대처해 주변국에 피해를 주지 않아야 한다. 북한을 탈출한 주민들은 우리가 모두 수용한다는 점을 다시 한번 확인시키고 행동으로 옮겨야 한다. 이와 함께 중국, 몽골, 베트남 및 러시아 등 탈출루트를 위한 외교적 노력도 강화해 통일의 의지를 분명하게 인식시킬 필요가 있다.

4. 통일조약[29]

통일조약은 통일의 과정을 평화적으로 추진하고 통일로 인한 혼란과 부작용을 최소화하기 위한 사안이다. 다시 말해서 통일정책의 최종목표는 남과 북이 평화적으로 통일조약을 체결하는 것이다.

---

29) 통일조약이라는 용어를 둘러싸고 논쟁이 예상된다. 하지만 궁극적 목적이 평화적 통일임을 감안할 때 북한 엘리트들의 최소한의 자존심마저 깨트린다면 통일 자체가 무산될 가능성도 있다. 이런 의미에서 통일조약은 북한을 통치해온 권력자들에 대한 최소한의 배려이다.

가. 민주적 권력창출[30]

남과 북이 평화적으로 통일조약을 체결하기 위해 선행되어야 할 과제는 북한에 민주적 권력을 창출하는 것이다. 합법적이고 민주주의 권력이라야 통일을 주도적으로 추진할 수 있으며 외부의 간섭에서 벗어날 수 있다.

북한 사회가 동요하고 정치적 혼란이 초래되어 우리의 개입이 가시화된다면[31] 가장 우선적으로 추진해야 할 일은 사회적 폭력사태를 방지하고 서둘러 북한 주민들이 참여하는 자유선거를 실시하는 일이다. 이 일은 북한 내 민주적 정치세력을 창출한다는 명분으로 비교적 거부감 없이 주변국들의 동의를 얻어낼 수 있다. 오히려 북한의 공산당 세력들이 이에 대해 강력히 거부할 것이다. 공산당은 스스로 김정일을 축출하고 개혁과 개방의 주도권을 선점하려 할 가능성이 매우 짙다.

하지만 이를 방관할 경우 북한의 민주화는 오랫동안 불가능할 것이고 사회주의 개혁파들이 득세해 통일의 기회도 무산될 가능성이 농후하다. 결국 중요한 것은 우리의 북한 민주화와 통일에 대한 의지일 것이다.[32]

동독의 경우 대량탈출과 시민들의 저항으로 위기에 처한 동독공산당이 스스로 호네커를 축출하고 에곤 크렌츠를 총서기로 선출해 당 주도의 개혁과 개방을 추진하려 했다. 하지만 동독인들은 크렌츠는

---

30) 독일의 학자들은 과거 동독을 "Ein Staat ohne Legitimitaet", "정당성 없는 국가"라고 정의하며 통일독일의 건전한 발전을 위해서는 정당성의 결함을 보완해야 한다고 주장하고 있다. Karl Wilhelm Fricke, "Ein Staat ohne Legitimitaet", E. Jesse/ A. Mitter(ed.), *Die Gestaltung der deutschen Einheit*, 1992, 44~48쪽.

31) 가시화된다면 모든 수단을 동원해 개입해야 하며 우리의 국익을 실현하도록 해야 한다.

32) 동독의 경우 공산당의 독재정치가 사라지게 되자 주민들의 의견이 중요한 변수로 대두된 것으로 보아 북한에도 대동소이한 일이 전개될 것이다. 이런 혼란기에 북한주민들의 아래로부터의 힘을 이용해 북한에 민주화를 정착시키고 통일의 기회를 부여잡아야 한다.

물론이고 이후 등장한 개혁공산주의자 모드로브의 개방개혁에도 동의하지 않았다. 동독인들은 오로지 "우리는 하나의 민족(Wir sind ein Volk)", "독일, 통일된 조국!(Deutschland, einig Vaterland!)"을 외쳐댔다.33) 이런 상황 속에서 서독은 동독 정치지도자들에게 폭력사태를 막기 위해서는 자유선거를 실시해 민주적 절차로 선출된 합법적인 권력이 필요하다는 사실을 설득했고 국민의 힘을 두려워한 지도부는 1990년 3월 18일 자유총선을 실시하게 되었다.34)

민주적 절차에 따른 권력은 국민을 두려워한다. 임기가 지나면 국민에 의해 권력이 상실되기도 하고 유지되기도 한다. 민주적 권력은 모든 통일논의의 주체로서 정당하게 권력을 위임받게 되며 이때부터 진정한 통일협상이 가능하다.

나. 구 공산권력에 대한 정치적 사면

통일조약은 구 공산권력에 대한 정치적 사면을 전제로 해야 한다. 이것은 북한 구 집권세력의 반대가 극렬할 경우 평화적인 통일이 불가능하다는 것을 암시한다. 자유선거에 의해 창출된 민주적 정권은 남한과 통일조약 체결을 원해도 60년이 넘도록 일당 독재권력을 누리던 공산 엘리트들이 반발한다면 평화적으로 통일을 추진하기 힘들다. 예를 들어 통일 후 구 공산권력에 대한 가혹한 심판이 예상된다면 이판사판식 폭력적 대응35)도 있을 수 있으며 중국에 기대어 통일의 과정을 방해할 수도 있다. 만약 중국이 북한 지배세력의 공식적인

---

33) 동독인의 요구는 40년 억압정치에 맺힌 한을 푸는 절규와 같았다.

34) 박상봉, 『독일통일 통일한국』, 진리와 자유, 1999, 97쪽 이하.

35) 1990년 4월 부활절 연휴 중 동독 비밀경찰의 지령을 받은 적군파(RAF) 요원이 동독 자산을 관리하던 트로이한트의 로베더 대표를 암살한 사건이 대표적이다.

요구에 따라 북한에 진입한다면 사태는 생각보다 어려워질 것이다.

이런 부작용을 해소하기 위해 서독의 통일 과정을 면밀히 살펴볼 필요가 있다. 서독은 통일조약을 체결하는 과정에서 구 공산세력에 대한 처벌을 최소화하며 그들의 우려를 달랬다. 과거 통치행위를 인정하고 범법 사항에 대해서는 동독의 법을 적용해 심판토록 했다. 이에 따라 호네커 서기장, 밀케 슈타지 총수들과 같은 핵심 권력에 대해서도 동독 법에 따라 서독 탈출자들에게 발포명령을 한 죄만을 물었다.

서독 콜 정부는 모스크바로 망명한 호네커를 불러들여 법정에 세웠고 재판 후 칠레로의 망명을 허용했다.

통일정책은 통일시점까지의 정책으로 대북정책의 콘텐츠이다. 대북정책의 제1목표는 분단의 평화적 관리이고, 제2목표는 북한의 강요된 개혁 개방이며 최종목표는 북한에 민주정권을 수립하는 것이다. 민주정권은 통일을 위한 최소한의 조건이다. 하지만 통일의 완성은 북한 재건을 성공적으로 마무리하는 것이다. 통일 후 정책이 중요한 이유이다.

제7장

통일 후 정책: 북한 재건

통일의 성패는 북한 재건의 성공 여부에 달려 있다. 북한 재건의 두 축은 정치적 재건과 경제적 재건이다. 이 두 축은 상호 보완적이다. 정치적(경제적) 재건이 없이 경제적(정치적) 재건은 불가능하다.

1. 북한 재건의 전제

정치적 재건은 북한 사회에 자유민주주의 기본질서를 이식하는 데 있다. 이를 위해, 첫째, 구 공산체제를 청산하고, 둘째, 민주적 제도를 정착시켜야 한다. 정치적 재건의 목적은 비효율적 구습의 자리에 효율적인 제도를 이식해 지속적인 사회 발전의 토대를 마련하는 데 있다.

가. 제도 청산

통일한국은 지속적인 발전을 위해 우선 과거 공산주의 체제하에서 제도화된 것들을 청산해야 한다. 김일성·김정일·김정은 3대 세습 독재를 통해 정착된 기형적인 제도들이 고쳐져야 한다. 우선 김씨 3대 세습의 비밀공작 정치가 청산되어야 한다. 독재자의 공작정치는 추종세력과 인민을 가른다. "억압을 수단으로 정권을 유지하는 정치

는 억압자와 그 추종자들에게 그만한 보상을 해주어야 한다"1)라는
말은 독재자의 속성을 잘 보여 준다. 인민으로부터 분리된 추종세력
에게는 과도한 보상을 해주는 반면, 인민들의 생활에는 무감각하다.2)

김정일은 생전에 당과 군의 엘리트들을 관리하기 위해 서방으로부
터 호화 사치품을 수입해 이들에게 선사했다. 독일의 최고급 승용차
"메르세데스 벤츠"는 216xx 번호판을 달고 독재자 추종세력에게 주
어진다.3) 중국에서 떠도는 탈북자를 방치하고 정치범 수용소를 운영
해 체제 반대론자들을 재판 없이 처형하는 것도 김정일 독재정치의
전형이다. 독일이 통일을 이룩한 후 당의 창과 방패(Schild und Schwert)
라고 하는 슈타지(Stasi)를 청산하는 일에 심혈을 기울인 것도 시사하
는 바가 크다.

둘째, 국가가 주도하던 계획경제를 청산해야 한다. 계획경제의 두
축은 국가의 계획과 사유재산을 불허하는 재산공유제이다. 계획은 시
장의 기능을 대체하는 사회주의적 조정기능으로 경쟁을 배제한다. 경
쟁은 효율성을 창출하기 위한 필요악이다. 경쟁에는 여러 사회적 부
작용이 뒤따른다. 하지만 국가경제가 경쟁을 배제하지 못하는 이유는
효율성 때문이다. 경쟁을 죄악시하고 평등만을 강조해온 사회주의 국
가의 열악한 삶의 질이 그 반증이다. 즉, 삶의 질을 염두에 두지 않는
평등의 가치는 이론적으로는 가능하나 현실적으로는 불가능하다.

사유재산제도는 경제정의를 실현하는 데 장애요소라며 터부시하

---

1) *Frankfurter Allgemeine Zeitung(FAZ)*, 2006.10.13.

2) "김정일 정권은 인민들의 기아와 고통에는 무감각하다(Das Regime ist unempfindlich gegenueber der Armut der Bevoelkerung)." *Spiegel-Online*, 2006.10.11.

3) "메르세데스 벤츠"의 주주총회에서는 북한과 같은 독재국가에서 자차를 수입하는 것을 거부해야 하는 것 아니냐는 질문이 제기되기도 했다.

는 태도도 청산되어야 한다. 사유재산을 불허하는 재산공유제가 지니고 있는 결함을 살펴본다면 그 이유를 납득할 수 있을 것이다.4)

마지막으로 정치적 독재와 경제적 독점을 가능케 하는 제도들이 청산되어야 한다. 여기에는 일당 독재를 가능케 하는 군사제도, 정치적 도구로서의 교육, 이념의 홍보수단으로서의 문화와 스포츠 등이 속한다. 독일은 통일 후 소위 정치교원들을 교육현장에서 추방했다. 동독의 사회과학, 인문과학을 전공한 교원들은 재교육을 받아야 했고 관련 과목은 폐강되었다. 위대한 사회주의 역군을 길러내는 동독 스포츠 육성 프로그램은 수정되었다.

또한 공공재산이란 명목으로 당이 은닉했던 불법재산도 청산의 대상이다. 불법재산의 청산은 신속하고 철저하게 추진되어야 한다. 독일의 경우 1990년 내무부 산하에 정당재산위원회(UKPV)를 설립해 동독 공산당과 대중조직이 은닉한 재산에 대한 조사에 착수했다. 정당재산위는 1998년 3월까지 8년 동안 활동하며 공산당 조직과 18여 개의 대중조직을 대상으로 6천여 건의 위장된 부동산과 해외도피 재산들에 대해 조사해 반환하는 활동을 벌였다. 이와는 별도로 검찰청은 통일관련범죄중앙수사대를 설립해 공산당과 관련 조직들의 불법재산 은닉과 도피범죄에 대한 수사를 지휘한 바 있다.5)

---

4) 재산의 공유제는 이론적 측면과는 달리 비효율성은 물론이고 인민재산의 남용, 불법거래 등 많은 부작용을 낳고 있다. 박상봉, 『남북경제통합론』, 2004, pp.56-64.

5) 박상봉, "동독과 북한의 외화벌이: KoKo와 중앙당 39호실", 〈국제이슈해설〉, www.cfe.org(2005.2.1.); 박상봉, "동독 사회주의통일당(SED)의 재산도피".

나. 사회주의적 행동양식의 청산

제도 청산에 이어 성공적인 북한 재건을 위해서는 사회주의적 가치관과 행동양식도 청산의 대상이다. 가장 먼저 청산해야 할 행동양식은 공짜인생, 즉 더부살이 인생(Trittbrettfahren)이다. 더부살이는 사회주의적 행동양식 중 최악의 행동양식이다. 물론 더부살이 인생은 자본주의 사회에도 상존한다. 하지만 사회주의 체제에서 제도적으로 길들여진 더부살이 인생과는 질적, 양적으로 다르다. 전자의 경우 더부살이 인생은 일종의 거지짓이요, 개인의 나쁜 행위다. 제3자에게 피해를 주는 행동이지만 후자는 국가가 조직적으로 더부살이 인생을 조장하고 있는 셈이다.

동독재산의 사유화 담당기관인 트로이한트의 브로이엘 청장은 초대 청장 로베더가 암살당했음에도 불구하고 사유화의 원칙을 고수했다. 브로이엘 청장은 "공짜로 버터빵을 얻을 수 없다(Es gibt kein Butterbrot umsonst)"며 일하지 않는 사람은 풍요롭지 못할 것이라고 선언했다. 평등사회에 익숙한 동독 노동자들에게 잘살려면 열심히 일할 것을 주문했다.

당시 동독 주민들은 재산의 효율성을 강조하며 트로이한트 수장에 오른 로베더 청장이 적군파(RAF)의 테러로 사망하자 사유화 원칙이 다소 유연해질 것으로 예상했다. 적군파는 동독 공산당으로부터 지원을 받았고 로베더 청장은 동독 해체의 핵심인물로 인식되었다. 하지만 후임 브로이엘은 생명의 위협에도 불구하고 이 원칙을 더욱 강력히 추진했다.6)

---

6) 박상봉, 「테트레프 카르스텐 로베더의 죽음」, 『위드 IUED』, 1996년 1월호, 독일 통일정부연구소, pp.16-17; Detlev K. Rohwedder erschossen, *Der Tagesspiegel*, 1991.4.1; *Die Welt*, 1991.4.1.

둘째, 수동적 태도를 고쳐야 한다. 수동성은 사회주의적 행동양식의 두 번째 특성이다. 사회주의 체제는 "공산당을 노동자 계급과 공장노동자들의 의식화되고 잘 조직된 선군"으로 규정하고 당이 인민대중의 정치적 의지와 이해를 대변한다.7) 당의 정치적 명령에 따라 인민들은 복종할 수밖에 없는 체제이다. 당의 명령을 거부하는 인민은 개조의 대상이다. 이런 정치적 시스템 속에서 인간의 적극성은 퇴색되기 마련이다.

정치로 유발된 소극적이고 수동적인 태도는 경제 및 사회생활로 전이되어 직장인이나 조직구성원들은 모두가 상부의 지시와 명령이 없이는 움직이지 않는다. 특히 북한은 신적 존재인 김일성·김정일 절대권력만이 유효한 체제이다.

북한에 배급제가 끊겨 2, 3백만 명이 아사한 후 장마당이 들어선 것은 의미가 크다. 장마당을 통해 수동적 행태가 변화되고 있는 것이다.

셋째, 사회주의적 기업관을 해체해야 한다. 기업활동의 목표가 이윤의 극대화라는 목표와 달리 사회주의 기업은 주어진 계획량을 차질 없이 실천하는 데 목표를 둔다. 사회주의 기업은 경쟁을 두려워하지 않는다. 경영의 합리화, 구조조정, 노동생산성과 같은 개념은 불필요하다. 사회주의적 기업관을 가진 사람들은 자본주의 기업은 자원을 낭비하고 과소비를 부추기며 노동력을 착취하는 주체라고 인식한다. 이런 기업은 타도의 대상이다.

이런 사회주의 기업관으로는 통일된 한국의 경제적 발전은 요원

---

7) Ruediger Thomas, "DDR: Politisches System", W. Weidenfeld/K.-R. Korte(ed.), *Handbuch zur deutschen Einheit*, 1993, p.114.

하다. 공정경쟁을 통해 생산성, 창의성을 높여 북한 경제를 재건해야
한다.

다. 전환기의 사회·심리적 난제

청산되어야 할 제도와 행동양식 이외에 사회통합을 위해 체제통합
이라는 특수한 상황에서 드러나는 사회심리적 난제들에 대해 검토할
필요가 있다. 무엇보다도 독일의 통일 과정에서 기대 이상의 어려움
을 초래했던 난제들에 대해 알아보고 우리의 사회통합에 대비해야
한다.

정신심리학자인 마츠(Maaz)는 동독 사회의 사회심리적 난제에 대해
"동독 사회는 심리적으로 자주적이고 독립적이며 자유로운 사고를 하
는 사람에게는 출세의 기회를 주지 않았다. 순종적이고 순응하며, 의
존적이며 획일적 사고를 하는 사람에게만 기회가 주어졌다"고 주장하
고 이런 권위적, 억압적 교육이 불러온 사회심리적 결과를 세 가지 개
념으로 설명하고 있는데[8] 바로 소외, 결핍증후군, 감정정체이다.

성장기 아이들이 자아를 계발하지 못하고 억압적인 사회규범에 맞
추어 소외된 자아를 만들게 되며 그 사회심리적 결과가 억제와 불안,
의존과 외부 지향성이다. 결핍증후군은 사랑을 받지 못하고 성장한
사람이 다양한 중독현상에 빠지기 쉬운 사회심리적 결과를 초래하기
쉽다. 일중독, 성과중독, 쇼핑중독, 권력욕, 자기과시 같은 것들이다.
그리고 감정억제와 스트레스의 축적으로 우울, 불안, 강박관념, 알레
르기 등 정서적, 정신신체적 증후군을 야기한다.

---

8) 한스-요아힘 마츠, "독일 통일 과정에 나타난 사회심리적 난제들-감정 정체로부터 마케팅 지향까지-",
   2002년 4월 25일 연세대학교 통일연구원 주최 한독 심포지엄 강연문.

동독의 경우 이러한 사회심리적 결함들이 통합과정의 사회적 문제
와 결합해 파괴적인 모습으로 나타나곤 했다.9) 기업의 구조조정으로
퇴출된 실직자가 실력행사를 하고 재산반환원칙에 따라 평생 가꾸어
왔던 집을 포기해야 했던 한 지방의원은 스스로 목숨을 끊었다. 사회
보장팀장으로 통일 후 이 분야 실무를 맡아왔던 모이슈 팀장은 동서
독 통합과정에서 사회보장제도의 결함이 새로운 이슈로 부각되고 있
다고 주장한 바 있다.10)

독일 통일의 사례는 북한 재건과정에서 나타나는 부작용 및 문제
점들이 패배주의나 낙오심리와 결합되지 않도록 할 것을 교훈하고
있다. 하이너 모일레만에 따르면 동독인들은 통합과정에서 겪는 일들
을 동독의 사회화 경험에 근거해 해석한다. 동독 주민들이 통일 후
시간이 지나면서 결과 평등주의를 점점 더 옹호하며 성과주의에 비
판적으로 변해 가는 것도 이 때문이라는 것이다.11) 독일 통일 22주년
에 동독의 향수를 내세워 정치적 영향력을 확대해 가는 좌파당(Die
Linke)의 성장은 좋은 사례이다.

이렇듯 사회주의적 폐습과 심리적 난제들이 통합의 문제와 결합되
고 이에 대해 정치지도자들이 정치적 포퓰리즘으로 대응한다면 사회
통합은 더욱 많은 어려움에 봉착하게 될 것이다.

---

9) 가이슬러 교수는 동독인들은 통일 후 과거에는 경험해 보지 못한 실업문제에 직면하게 되었고 이로 인해
   사회통합은 실업이라는 부정적 인식을 마음속에 새기게 되었다고 지적하고 있다. Rainer Geissler,
   "Sozialer Wandel in Deutschland", *Info zur politische Bildung*, No.269, 1989, p.2.

10) Andreas Meusch, "Soziale Sicherheit", W. Weidenfeld/K.-R. Korte(ed.), *Handbuch zur deutschen Einheit*,
    1993, p.579.

11) 하이너 모엘레만, "통일독일에서의 가치와 국가정체성", 2002년 4월 25일 연세대학교 통일연구원 주최
    한독 심포지엄 강연문, pp.2-9.

2. 민주제도 확립

사회주의적 구습을 청산한 자리에 새로운 제도가 추진되어야 한다. 이것은 남한과의 제도적 통합을 통해 민주주의 질서에 적합한 제도를 정착시켜야 함을 의미한다. 우선 조선노동당 지배체제가 막을 내린 후 법치를 회복하는 일이 시급하다. 법치국가 회복의 첫 단계는 북한 조선노동당 체제의 희생자들을 찾아 정신적·물질적인 보상을 하는 것이다. 정치범 수용소를 폐쇄하고 정치범을 복권시킴은 물론 공산독재체제의 희생자들을 찾아 보상해야 한다. 사법제도를 구축하고 유휴 법조인을 선발해 북한에 파견, 구습의 피해를 서둘러 개선할 필요가 있다. 법적 인프라를 구축해야 하고 사법질서를 회복해야 한다. 이렇게 초법적 사회주의의 독점적 구조를 해체하고 법치주의를 정착시키는 일이 시급하다.

둘째, 행정체계 확립이다. 신뢰를 바탕으로 한 효율적인 공공인프라 구축은 북한 재건의 핵심이다. 공공인프라는 행정 시스템의 제도적 확충과 함께 능률적인 행정인력을 양성하는 것을 골자로 한다. 남한의 효율적인 행정 시스템을 북한에 도입하고 유휴 공직자들을 파견해 공공업무를 정착시켜야 한다. 독일의 경우 서독의 공직자 중 자원자를 선발해 동독에 파견하는 방법을 택했다. 자원 공직자에게는 별도의 수당을 책정해 지불했고 일정기간 경과 후 서독에 복직하도록 했다. 또한 갓 은퇴한 공직자들을 선발해 공공인프라 구축에 투입했다.

이 밖에도 교육제도, 경제질서, 각종 사회제도를 새로운 체제에 걸맞게 개혁하는 일이 동시 다발적으로 추진되어야 한다. 전혀 새로운 제도를 고안해 내기보다 기존의 남한의 제도를 북한의 상황을 고려해 도입하는 것이 최선책이다.

3. 사유화

북한의 경제 재건의 성공 여부는 시장경제제도의 정착에 달려 있다. 새로운 체제에 걸맞은 경제관련법들이 도입되어야 하며 경제활동 주체들의 재교육 등 여러 가지 제도적 인프라가 필요하다. 하지만 북한식 사회주의를 60년 이상 고수하며 잘못 길들여진 제도와 경제주체들의 왜곡을 바로잡는 일이야말로 핵심과제이다.

이런 의미에서 인민재산의 사유화는 성공적인 체제전환을 바라는 나라들의 필수적 핵심작업이다. 사유화는 재산의 공유제라는 명목하에 당이 독점하고 있던 인민재산을 민간에게 환원하는 작업으로 정의하지만 이를 통해 공산권력을 해체한다는 의미가 더욱 크다. 하지만 사유화는 시대적 의미에 걸맞게 많은 부작용도 숨겨져 있다.

가. 사회주의 산업구조와 개선[12)

경제재건 과정에서 사회주의 기업은 청산 대상이다. 사회주의 기업은 제도적 차원의 결함은 물론이고 가치관에 있어서도 국가의 발전을 저해한다. 사회주의 원칙하에서의 기업활동은 기업의 자율이 아니라 국가나 당 위원회의 지시에 따라 이루어진다. 기업도 사회주의 이데올로기를 실현하기 위한 수단으로 인식되기 때문이다.

사회주의 기업활동의 다음과 같은 특징을 통해 청산되어야 할 것

---

12) 박상봉, 『남북경제통합론』, 나남, 2004, pp.69-78.

들이 무엇인지 살펴보아야 한다. 시장의 동력이기도 한 비교우위가 무시되고 안이한 국가계획을 위해 대기업 위주의 경제를 만들고 완전고용을 표방한 것들이야 말로 사회주의 이데올로기를 위해 경제와 기업을 수단으로 삼은 결과이다.

(1) 대기업 위주의 산업구조

북한을 비롯한 사회주의 국가는 비교우위를 바탕으로 한 국제적 노동분업에 동참하지 않을 뿐만 아니라 국내에서도 기업 간의 노동분업의 혜택을 받지 못하는 구조적인 문제를 안고 있다. 기업은 다른 기업과 수평적·수직적 분업을 맺기보다는 가능한 한 타 기업으로부터 독립성을 유지하려 한다. 만성적인 물자 부족과 자원의 비효율적 배분으로 기업들은 생산에 필요한 원자재와 반제품들을 제때에 공급받기 어려워 약속한 날짜에 납품하지 못하는 것이 상식이다.

이런 구조적 결함으로 기업들은 타 기업의 의존도를 줄이기 위해 모든 공정에 필요한 부품이나 반제품들을 자체적으로 생산해 내는 방법을 택하게 된다. 따라서 기업의 규모가 커질 수밖에 없고 신축적 기업운영은 불가능하다. 통일과 함께 모든 것이 적나라하게 드러난 동독의 기업현황이 이런 사회주의 체제하에서의 기업의 실체를 잘 말해 주고 있다.

〈표 7-1〉 통일 前 동서독 기업현황 비교[13]

회사규모 (고용인력기준) 단위: 명		회사 수(개)		점유율(%)		노동자 수(명)		점유율(%)	
		동독	서독	동독	서독	동독	서독	동독	서독
25 이하	19 이하	120	459,572	3.5	88.2	1,704	2,355,480	0.1	21.5
26~50	20~50	182	37,534	5.3	7.2	6,835	1,116,653	0.2	10.2
51~100		340	12,085	9.9	2.3	25,282	831,007	0.8	7.6
101~200		521	6,252	15.2	1.2	77,068	869,236	2.4	8.0
201~500		859	3,811	25.1	0.7	278,013	1,160,537	8.6	10.6
501 이상		1,401	1,909	40.9	0.4	2,841,791	4,598,806	87.9	42.1
계		3,423	521,163			3,230,693	10,930,919		

위 도표에서 보듯이 동독의 특징은 회사 수가 서독에 비해 현저하게 적다. 통일 직전 서독의 제조업체인 기업 수가 52만 개를 상회하고 있는 반면, 동독의 경우는 3천4백여 개에 불과했다. 기업숫자로만 보아 서독의 1%에도 못 미치는 정도였다. 이것은 동독의 기업이 주로 대기업이라는 사실을 시사하고 있다.

동독의 경우 500명 이상의 대기업 숫자가 1,401개로 전체 기업의 40.9%를 차지하고 있는 반면, 서독은 1,909개로 0.4%에 불과했다. 더욱이 동독의 1천여 개 대기업에 종사했던 인력이 280만여 명에 달했던 것으로 밝혀졌다. 고용인원 19명 이하의 소기업은 서독의 경우 46만여 개로 전체의 82%를 차지했으나 동독에는 25명 이하의 기업이 120개에 불과했다. 비율로 3.5% 수준에 불과한 것으로 예상 밖으로 미미한 수준이었다.

실제로 동독의 대기업은 유치원과 같은 생산과 무관한 부서들을

---

13) 이 통계치는 제조업 분야만 포함하고 있다. 자영업과 서비스업은 통계에 포함되어 있지 않다. 위의 책, p.71.

광범위하게 거느리고 있었고 원자재에서부터 반제품을 거쳐 완제품에 이르기까지의 모든 부품을 자체 생산하는 조직을 갖고 있었다. 북한의 경우, 정확한 통계의 미비로 현재의 기업환경과 규모, 조직의 성격 등을 정확하게 예단할 수 없으나 동독의 경우보다도 더욱 열악한 상황임을 어렵지 않게 유추해낼 수 있다.

이렇듯 사회주의 체제는 대기업 위주의 경제운용을 선호할 수밖에 없다. 경제활동에 대한 조정의 수단으로서 국가계획은 기업의 수가 많으면 불가능하다.

(2) 사회주의 기업경영

기업은 사회주의 이데올로기 실현에 앞장서야 할 조직이다. 이런 조건에서 사회주의 기업의 활동목적은 국가의 계획을 개별경제의 차원에서 수행해내는 데 있다.

첫째, 기업의 전반적인 활동범위는 회사법에 의해 제한되며 기업인은 당과 국가에 대한 책임의식을 지녀야 한다. 이에 대한 근거는 일반재산이나 협동체 재산을 규정하는 사회주의적 재산법에 있다. 모든 회사의 정책적 결정은 감독관청에 의해 주어지며 무엇보다도 회사의 설립, 해체, 생산품목, 투자결정에 있어서 회사의 의지는 반영되지 않는다. 게다가 기업활동을 통해 얻은 이윤도 각종 기금에 출연해야 할 뿐 아니라 사회주의 이념하에 제정된 노동법이 규정하고 있는 각종 부과사항을 준수해야 한다. 따라서 기업이 자율적으로 노동자를 해고하거나 전직 또는 고용하는 것도 허락되지 않는다. 즉, 기업의 경영자들은 회사라는 위계질서 조직에 편입된 국가 공무원과 별 차이가 없다.

둘째, 기업은 구체적인 생산활동에 있어서도 여러 제약을 받는다. 계획량 부과, 가격결정 등 세세한 통제가 이루어진다. 국가계획은 상품의 품질을 고려하지 않는다. 상품에 동일한 가격이 정해진다. 경쟁이 배제된 채 부과된 계획의 달성 여부는 양적으로 결정된다.

만성적인 원자재 부족현상은 사회주의 기업의 또 다른 특성이다. 계획량 달성에 기업의 성패가 결정되는 상황 속에서 기업은 원자재 확보에 비상이다. 기업인은 질 좋은 상품을 저렴하게 공급해 소비자의 선택을 기다리기보다 원자재 공급자와의 관계를 중시한다. 이런 현상은 감독관청과의 관계에서도 나타난다. 기업인의 평가가 상부의 계획량 완수 여부로 판가름 나기 때문에 부과량을 적게 배정받기 위한 여러 노력들이 일어난다. 뇌물이 제공되고 부정부패가 싹튼다.

셋째, 무시된 비교우위이다. 사회주의 체제의 대외무역은 서방의 자유무역에 대한 대안이었다. 국제적 시장가격을 근거로 한 국가 간 무역이 아니라 사회주의 이데올로기의 실현이라는 인위적인 목표를 내세운 정치적 거래였다. 자원은 유한하다. 경제의 효율성은 이 명제로부터 출발한다. 즉, 유한한 자원을 가장 효율적으로 사용하는 방법을 찾아내야 인류의 풍요로움이 극대화된다는 것이다. 경제는 이를 비교우위라는 개념을 사용해 설명하고 있다. 즉, 비교우위가 가장 높은 경제입지를 갖춘 지역에서 특정 상품을 생산해 이를 상호 교환하는 것이 가장 효율적으로 자원을 활용하는 것이자 인류를 풍요롭게 한다는 것이다.

이것이 오늘날 자유무역의 본질이자 WTO 체제가 출범한 이유이다. 하지만 이런 경제질서에 순응하지 못하고 세계시장으로부터 격리된 나라가 북한이며 통일 전 동독이나 구 사회주의권 국가들이었다.

대부분의 사회주의 국가들은 생산에 필요한 주요 설비와 장비, 다양한 반제품들도 스스로 생산해냈다. 사회주의 국가들은 동유럽 경제상호원조기구를 통해 자유무역에 반발해 결속력을 키웠다. 북한은 이런 체제로부터 많은 혜택을 받았다. 사회주의 종주국 소련으로부터 저렴한 가격의 원유가 제공되고 다른 사회주의 형제국으로부터 재화나 기술을 이전받았다.

이와 같은 사회주의 국가 간의 대외무역이 와해되기 시작한 것은 80년대 중반이다. 고르바초프의 페레스트로이카와 글라스노스트라고 하는 개혁과 개방정책을 추진하면서부터이다. 고르바초프는 국가적 경제난을 극복하기 위해 서방의 자본주의 국가들을 중심으로 한 국제분업에 참여키로 하고 동구와 북한에 제공했던 원유나 물자들의 규모를 줄여 가며 이를 달러화나 마르크화를 베이스로 한 국제시장에 내놓았다. 이후 자본주의와 사회주의의 양분되었던 시장은 하나의 거대한 단일시장으로 통합되었고 국가 간 비교우위를 바탕으로 한 대외무역이 이루어지고 있다.

(3) 완전고용과 구조적 태업

사회주의는 은폐된 실업을 특징으로 한다. 고용이 경제나 경영상의 정책적 결정이 아니라 사회정책적 판단의 결과다. 임금도 생산성을 기준으로 한 노동의 대가가 아니라 국가의 정책적 판단에 따라 정해진다. 평등의 가치를 중시하는 사회주의적 판단에 따라 노동의 질적 차원은 무시되기 십상이다.

일반적으로 사회주의는 완전고용을 내세우고 있다. 자본주의의 모순을 극복했다는 사회주의 이론에 따르면 실업은 시장경제의 최대

약점이다. 국가가 인위적으로 완전고용을 실현한 것이었다. 현실적으로 완전고용은 기업이 불필요한 고용을 감수하지 않으면 불가능했다. 기업의 자율적 결정이 배제된 채 국가의 강요에 따라 과다고용을 감수하고 있었다. 기업은 구조적으로 '고비용 저효율'이라는 악순환의 고리를 끊지 못했다. 구조적으로 국제경쟁이 불가능한 상태였고 제품의 경쟁력은 시간이 흐를수록 악화되었다. 이것이 사회주의 체제가 자랑하던 완전고용의 실체였고 사회주의 몰락의 배후에는 이런 정치적 완전고용이 큰 몫을 차지했다. 국가적으로 구조적 태업이 만연된 셈이다.

재화는 사유재와 공공재로 나누어진다. 개인 소유의 주택, 자동차, 부동산 등이 사유재이며 도로, 공원, 지하철 등 공공시설이 공공재에 속한다. 인간의 행동은 재화의 성격에 따라 판이하다. 사유재와는 달리 공공재는 방치한다. 공중화장실은 더럽고 공공시설은 망가지기 쉽다. 통일 전 동독의 생산성이 서독의 20분의 1에 불과했다는 통계는 이런 구조적 결함을 잘 대변해 주고 있다. 전 세계에서 기업환경이 가장 열악한 북한의 경우 노동자 1인당 생산성은 동독에 비해 더욱 열악할 것으로 추정된다.

나. 인민재산의 사유화

사유화는 시장경제체제로의 전환을 위한 핵심작업이다. 시장과 경쟁을 회복하려는 결단이다. 100년이나 지속된 냉전은 자원의 효율성을 높인 자본주의의 승리로 막을 내렸다. 소련과 동유럽 사회주의 국가들은 시장경제를 받아들였다. 인위적으로 만들어낸 평등은 삶의 질에 대한 하향평준을 의미했다.

사유화는 민영화와 다르다. 민영화는 공공재산을 민간에게 이양해 생산성과 효율성을 제고시키는 데 목적이 있다. 공기업의 방만한 경영을 개선하기 위한 수단이기도 하다. 하지만 북한의 체제전환을 위한 인민재산의 민간이양은 역사적 의미가 더 크다. 공산체제를 포기하고 시장경제를 수용한다는 결단이다. 이렇듯 사유화는 역사적 의미가 가미된 민영화인 셈이다. 사유화와 관련해 공산 엘리트들의 반감은 예견된 것이다. 동독 사유화를 담당했던 트로이한트의 로베더 대표가 암살된 것도 이와 무관하지 않다. 이런 의미에서 북한의 공산 기득권 세력, 친북인사, 종북세력 및 좌익인사들이 사유화에 민감하게 반응할 것이 분명하다.

통일 후 독일을 처음 방문했던 소련의 학자들이 "사회주의가 추구했던 평등한 사회가 실현된 곳은 정작 독일이었다"고 고백한 것과 같이 피폐한 나라의 회생을 위해서 사유화는 피할 수 없다.

(1) 북한 재건의 키워드: 시장경제

북한 재건의 키워드는 성공적인 경제재건이다. 북한에 시장경제체제를 확립하는 것이야말로 성공의 첫 단계이다. 하지만 이 일에 대한 감상적 접근이나 적당주의는 경계대상 1호다. 우리 사회에 적지 않은 친북 내지는 종북세력이 존재한다. 북한을 막연히 동경하는 사람들이다. 우리 사회가 각박해지고 인간성이 상실되고 있다는 비판과 함께 북한에 대안이 있지 않을까 하는 바람이 묻어 있다. 90년대 말 중국이 시장경제를 수용해 노동생산성이 급증하는 시기에도 동일한 현상이 있었다. "과거에는 밭에서 일하다가도 달리는 기차를 보면 일손을 멈추고 휴식을 즐기던 낭만이 있었는데 자본주의적 요소가 도입된

후부터 그러한 낭만과 여유는 모두 사라져 버렸다"는 불만이었다. 하지만 이런 불만은 사회주의 체제에서 길들여진 그러한 미적지근한 노동행위가 축적되어 사회주의는 체제경쟁에서 패할 수밖에 없었다는 반론이 제기되며 사그라졌다.

이 현상은 우리에게 두 가지 중요한 점을 교훈하고 있다. 통일의 최우선 과제는 체제선택이며 다음은 배려와 포용이라는 것이다. 통일한국이 자유민주주의, 시장경제체제를 택해야 함은 선택의 대상이 아니다. 다만 이런 체제에 익숙지 못한 북한 동포는 배려와 포용으로 다가가야 한다는 것이다. 기본적인 생필품도 부족한 상황에서 낭만이나 인간성과 같은 단어는 무의미하다. 자본주의 사회가 고도로 발달해 사회가 복잡해지고 삶이 각박해지는 상황 속에서 기찻길, 논두렁과 같은 단어는 휴식이자 위안이다. 의식주조차 해결할 수 없어 옥수수 죽을 먹으며 희망 없이 하루를 살아가는 빈농에게 평야를 가로지르는 기차의 기적소리가 뭐 그리 낭만적이겠는가?

통일에 대한 감상적 접근과 논리는 지양해야 한다. 성장일변도의 경제정책의 그늘을 확대 해석해 대한민국을 폄하하는 편향된 사회주의적 가치관은 불필요하다. 이런 부정적 사고로는 통일의 혼란과 부작용을 극복하기 힘들다. 강한 대한민국을 이루어 만주와 시베리아로 경제영토를 확장한다는 비전이 무색하다. 경제통합의 틀을 짜는 일은 통일한국의 미래를 가늠하는 일이다. 막연한 종북주의보다 우리가 이루어낸 성과의 그늘과 모순을 바로잡아 건강한 나라를 만들어 가는 것이 옳은 길이다.

(2) 북한 재건의 소프트웨어

시장경제체제는 북한 주민에게는 고통이기도 하다. 사유화가 초래할 대량실업은 공포이며 남한에 대한 상대적 박탈감은 쉽게 받아들이기 힘들다.

독일의 예를 보자. 통일 22돌이 되었지만 동서독 간 이질감은 아직도 여전하다. 베를린 장벽의 자리에 '머릿속의 장벽(Mauer im Kopf)'이 들어섰다는 것이다. 이것은 아직까지도 오시즈와 베시즈(Ossis und Wessis)14)를 가르고 동독 노스탤지어를 내세워 정치적 영향력을 확대하려는 좌파당(Die Linke)의 부각에서도 잘 드러나 있다.

좌파당은 동독 사통당 SED의 후신인 민사당(PDS)과 사민당 내 극좌세력인 노동과 사회정의당(WASG)이 연합해 만든 당이다. 2012년 현재 좌파당(Die Linke)은 자민당(FDP)에 이어 연방하원 4당의 지위를 얻었다.15) 더욱이 좌파당은 동독 지역에서 주정부에 연정으로 참여하고 있는 등 5개 주 중 4개 주에서 제2당이 되었다. 물론 서독에서의 좌파당의 인기는 서서히 식어 가고 있지만16) 동독 내 좌파당의 지위는 확고하다.

더욱이 주 차원에서의 좌파당의 영향력은 가히 혁명적이다. 브란덴부르크(Brandenburg),17) 작센(Sachsen),18) 작센안할트(Sachsen-

---

14) 이 두 단어는 단순히 동독인과 서독인을 지칭하는 의미를 지닌 것 이외에도 이 단어 속에는 건방지고 잘난 척하는 서독인, 뻔뻔스럽고 염치없는 가난뱅이 동독인이라는 냉소적 의미들이 포함되어 있다.

15) 2009년 선거에서 좌파당은 득표율 11.9%를 얻어 제4당이 되었다. 8.7%를 얻었던 2005년에 비해 3.2%나 더 많은 표를 얻었다.

16) 2009년 주 선거에서 서독 10개 주 가운데 7개 주에서 원내에 진출해 있었던 좌파당이 2012년 5월에 치러진 노드라인-베스트팔렌과 슐레스비히-홀슈타인 주의회 선거에서 득표율 5%를 확보하지 못해 원내 진출에 실패했다.

17) 2009년 브란덴부르크 주의회 선거 결과 사민당 33.0%, 좌파당 27.2%, 기민련 19.8%, 자민당 7.3%, 녹색당 5.7%의 득표율을 기록했다. 독일 양대정당의 신화가 깨지고 좌파당이 제2당으로 올라서는 성과를 거두었다.

18) 2009년 작센 주의회 선거 득표율은 기민련 40.2%, 좌파당 20.6%, 사민당 10.4%, 자민당 10.0%, 녹색당

Anhalt),[19] 튀링겐(Thueringen),[20] 메클렌부르크-포어포메른(Mecklenburg-Vorpommern)[21] 등 동독 5개 주에서 좌파당(Die Linke)은 제2당 또는 제3당의 지위로 올라섰다. 좌파당은 메클렌부르크-포어포메른 주 의회 선거에서만 제3당이고 나머지 4개 주에서는 지지율 20%를 넘어서서 2위를 확보하고 있다.

좌파당의 선거전략은 통일 후 상대적 박탈감에 시달리고 있는 동독 주민들의 향수를 불러일으키는 한편 서독 주민들에게는 통일 후 기독통합당의 정책 실패를 비판하며 표를 확보하는 데 주력하고 있다. 이런 좌파당의 약진은 과거 공산당이었다는 이유로 백안시했던 풍조를 바꿔놓았다. 이미 동독 브란덴부르크 주는 역사상 최초로 사민당과 좌파당이 연정을 구성해 주 정부를 이끌고 있다.

동독인들의 이러한 노스탤지어는 사유화 과정이 진척됨에 따라 더욱 가중되고 있다. 사유화로 대량실업이 발생하고 과거 동독의 자산들이 사유화와 함께 사라졌다는 비판에 맹목적으로 가세하고 있다. 독일 통일의 이러한 경험으로부터 우리는 북한의 공산체제를 실질적으로 해체하는 사유화 작업은 보다 철두철미하고 확실한 이론적 무장 없이는 감당하기 힘든 작업임을 감지하게 된다.

북한은 막강한 군부를 중심으로 유지되어 오고 있는 체제이며 권

6.4%, 민족민주당 NDP 5.6% 등이다. 양대 정당이었던 사민당이 좌파당에 밀려 3당이 된 것과 극우파 민족민주당의 원내 진출이 특징적이다. 서독에서 1964년 창당된 민족민주당은 나치의 전통을 이어받은 극우세력으로 그동안 미미한 지지를 받아 왔다. 하지만 통일 후 동독 지역(메클렌부르크, 작센)에서 세를 불리고 있다.

19) 2011년 주의회 선거에서 기민련 32.5%, 좌파당 23.7%, 사민당 21.5%, 녹색당 7.1%의 득표율을 기록했다. 자민당과 민족민주당의 원내 진출이 무산됐다.

20) 튀링겐 주의 2009년 주의회 선거결과는 기민련 31.2%, 좌파당 27.4%, 사민당 18.5%, 자민당 7.6%, 녹색당 6.2%이다. 기민련과 사민당의 대연정으로 연합정부가 구성되었다.

21) 메클렌부르크-포어포메른의 2011년 주의회 선거 득표율은 다음과 같다. 사민당 35.6%, 기민련 23.0%, 좌파당 18.4%, 녹색당 8.7%, 민족민주당 NDP 6.0%.

력해체 작업에 대한 이들의 반발 역시 매우 클 것으로 사료된다. 통치자의 투철한 의지가 요구된다. 통일 전문가의 책임 있는 행동, 국민들의 배려와 포용이 남북 갈등을 풀어 줄 것이다.

4. 사회문화적 재건

북한 재건의 최종 단계는 자유민주주의 시장경제 체제를 능동적으로 선순환 시킬 수 있는 사회 문화적 역량을 확보하는 것이다.

가. 시민사회단체의 육성

사회문화적 재건의 핵심은 시민사회의 육성이다. 시민사회단체(市民團體)는 공동선과 공공의 이익을 위해 봉사나 구호활동을 펼치고 기본적으로 국가나 자본으로부터 독립해서 활동하는 비정부기구(Non-Government Organization, NGO)를 뜻한다. 시민사회단체의 특징은 국가나 자본에 종속되지 않은 자율적인 조직이며 사회주의 체제하에서는 존재할 수 없었다.

북한은 1당 지배에 익숙한 체제다. 김일성 부자의 교시는 헌법 위의 절대 가치이다. 동독이 혼란기에 많은 시민단체가 만들어져 발전 과정을 능동적으로 만들어 갔던 경험은 좋은 예이다. 80년대 중반 고르바초프의 글라스노스트와 페레스트로이카를 시작으로 동유럽 국가들은 앞다투어 개혁 개방을 추진하게 되었다. 동독에서는 월요데모를 시작으로 다양한 시민단체들이 만들어졌다. 대표적인 시민단체는 뉴포럼(Neues Forum),[22] 민주주의 지금(Demokratie Jetzt), 민주봉기(Demokratischer Aufbruch) 등이었다. 시민단체들은 원탁회의를 구성해 국가 운영에 참여하며 공산당 1당 독재를 허물고 민주적 제도들을 만들었다. 이런 시민단체들의 적극적 활동으로 1989년 11월 9일 베를린 장벽이 무너져 내렸고 90년 3월 18일에는 동독 최초의 자유선거가 실시되었다.

공산당의 위성정당이었던 동독 기민련(CDU), 민주농민당(DBD), 자민당(LDPD)과 국가민주당(NDPD)에도 일대 변화의 바람이 불었다. 서독 정당의 개입이 본격화되며 과거의 꼭두각시 정당에서 민주정당으로 변화되었다.

'민주주의 지금(Demokratie Jetzt)'이라는 시민단체는 "우리 일은 우리가"라는 주민의 정치참여를 부르짖으며 민주적 개혁운동을 펼쳤다. 이러한 다양한 시민단체들은 동독 공산당(SED)의 주도적 역할을 규정하고 있는 동독「헌법」1조를 개정하기 위한 서명운동을 전개해 두 달 만에 7만 5천 명의 서명을 모았다.

동독 급변기에 조직된 시민운동 중 가장 두드러진 단체는 뉴포럼(Neues Forum)이었다. 뉴포럼은 '항아리를 넘치게 한 마지막 물 한 방울(Tropfen, der das Fass zum Ueberlaufen brachte)'이라는 정의에서 나타나듯이 89년 동독 민주화운동의 절정으로 공산당을 몰락시키는 데 최후의 일격을 가한 반체제 모임이었다. 니콜라이 교회와 겟세마네 교회에서 시작된 평화기도운동이나 민주화 운동이 교회로부터 시작된 운동이라고 한다면 뉴포럼은 교회 밖에서 시작된 최초의 전국 규모의 민주화 운동이었다.

---

22) 뉴포럼(Neues Forum)은 동독 내 전국적인 조직을 갖춘 교회 밖 최초의 재야운동이다. 1989년 9월 19일 Neues Forum은 내무성에 정치단체 신청서를 제출했으나 동독 호네커 정권은 '반국가단체'라는 이유를 들어 수용하지 않았다.

뉴포럼은 동독의 전환기인 1989년 9월 9일 전국 11개 지역에서 30명이 참가한 가운데 결성됐다. 참가자들은 "봉기 89(Aufbruch 89)"[23] 선언을 채택하고 공동서명하는 형식으로 진행됐다. 이 모임은 결성 초기부터 당과 슈타지의 표적이 되었고 모든 과정이 9월 9일자 슈타지 보고문서에 자세히 기록되었다. 이 기록에는 당시 창설과정에 대한 상세한 내용과 함께 참석자들의 인적사항이 포함되었다.

이 모임에는 슈타지의 감시가 뒤따랐고 참가자들은 블랙리스트의 위험에도 불구하고 이 역사적 현장에 가담했다. 이들은 소련의 페레스트로이카와 글라스노스트 그리고 폴란드 솔리다르노시치와 같은 개혁 및 시민운동에 크게 고무되었다. 뉴포럼 초기 참가자들의 집에는 연일 사람들이 모여들었고 더 많은 체제비판 세력과 민주화 세력들을 응집해냈다. 30명의 창립 발기인들의 집에는 연인 동참을 원하는 사람들이 모여들었고 창립 선언 'Aufbruch 89'에는 두 달 만에 20만 명이 서명하게 되었다. 이 중 1만여 명은 정회원이 되었다. 창립 선언에는 국가와 사회 간의 소통이 이루어지지 않는 사회주의를 개혁하고 이제 새로운 사회 건설을 위해 모두가 나서 달라고 주문했다.

이런 동독 내 시민단체의 활동처럼 북한에 급변사태가 발발할 경우 시민단체가 결성되어 국가의 미래를 능동적으로 만들어 가는 일이 시급하다. 북한의 경우 시민단체를 결성할 수 있는 유일한 집단은 무엇보다도 장마당을 통해 새롭게 형성된 상인들이다. 상인들은 장마당을 통해 중국, 한국 등 다양한 정보를 접한 집단이기도 하다. 상인

---

23) 봉기 89는 국가(Staat)와 사회(Gesellschaft) 사이 소통이 이루어지지 않아 주민들이 고통을 당하고 탈출하는 상황에서 동독 「헌법」 29조에 따라 대중의 정치적 이해를 하나로 모아야 한다는 기본적인 권리를 찾고자 시민들이 일어서야 한다고 선언이다.

들과 함께 일단 유사시 북한을 주도할 또 하나의 집단은 남한 사회에 정착한 탈북자들이다. 북한 출신 탈북자가 북한 사회가 나아가야 할 방향을 제시하며 시민단체를 이끈다면 기대 이상의 효과가 예상된다. 특히 통일한국이 북한 재건을 추진하는 과정에서 북한 주민들의 자존심을 세워주는 것도 매우 중요하다.

나. 도덕적 인프라

통일은 우리에게 위기이자 기회이다. 통일로 초래된 부작용과 혼란을 잘 극복해 내면 선진국으로 한 단계 도약할 수 있다.

도덕적 인프라는 이 과정에서 우리 사회가 갖추어야 할 문화적 소프트웨어다. 통일한국은 북한을 재건하는 것 이외에 우리 사회가 성숙된 자본주의로 도약해야 할 출발점이기도 하다. 북한 재건은 물론이고 통일된 우리 사회가 성숙한 자본주의로 도약하기 위해서는 허약한 자본주의를 지켜낼 수 있는 도덕적 인프라가 절실하다. 자본주의는 이미 그 체제의 선택만으로 발전이 담보된 것은 아니다. 발전과정에서 드러나는 부작용과 모순들을 제대로 극복해낼 수 있는 역량과 제도적 장치가 동반되지 않으면 지속적인 발전은 어렵다.24) 무엇보다 도덕적 인프라를 구축하기 위해 북한 주민들은 다음 네 가지 자세를 갖춰야 한다.

첫째, "행동에는 책임이 따른다"는 마음가짐이다. 북한 주민들은 "당이 명령하면 우리는 따른다"는 구호에 익숙하다. 모든 생활이 타율적으로 이루어진다. 개인의 자율성이 희박하며 당의 명령에 따라

---

24) 신제도학파 학자들의 주된 관심사항이다.

움직인다. 그 결과 개인이 책임질 일도 별로 없다. 당이 명령한 것을 따르면 그만이다. 이와 반대로 통일한국은 개인의 자율적인 결정을 중시한다. 따라서 결정에 대한 책임도 온전히 개인의 몫이다. 이런 책임의식을 갖고 자유의 오남용을 막아내야 한다.

남한에 정착한 탈북자들이 오히려 자유가 주어지는 바람에 당황한다. 모든 일을 혼자 결정해야 함에 따라 잘못된 결정을 내리기 십상이다. 이로 인해 적지 않은 탈북자들이 피해를 보는 사례는 허다하다. 결정을 도와주는 상담과 자문기관이 필요한 이유다.

둘째, 결과에 승복하는 자세다. 통일한국은 자유민주주의와 시장경제를 근간으로 한다. 자유민주주의는 국민 주권과 다수결의 원리로 요약할 수 있다. 국민 주권을 가장 잘 표현한 개념은 "국민의, 국민에 의한, 국민을 위한" 정치이다. 민주주의를 실현하는 수단은 다수결의 원리다. 다수결의 원리는 소수의 의견을 반영하지 않는 약점이 있다. 하지만 결과에 승복하고 다수의 결정에 따르는 것이 성숙한 자세다.

시장의 기능인 경쟁도 우등과 열등을 결정하는 수단이다. 시장은 모든 개인의 참여를 요구한다. 하지만 선택은 소비자의 특권이다. 누가 창의적인 아이디어를 만들어 시장에 참여하느냐에 달려 있다. 질보다는 양에 초점을 두는 사회주의 체제에 익숙한 개인이 적응하기 힘들다. 독재권력에 복종을 강요받고 지시나 명령에 순복하도록 정해진 사회에서 성장한 북한주민들은 자율적이고 창의적인 행동에 미흡하다.

셋째, 인권보호이다. 북한주민들은 일당 독재체제에 익숙하다. 정치범 수용소가 존재하고 공개처형이 자행되는 체제 속에서 살았다. 공권력이 인간의 기본적 권리마저 박탈하는 장면을 보고 성장했다. 하지만 통일된 사회는 인권을 중시한다. 인권의식이 없이 국제사회의 일원이 되기도 어렵다. 인권이 인류의 보편적 가치라는 인식 없이 중국이나 일본과 경쟁할 수 없다.

넷째, 상품화 현상을 극복해야 한다. 냉전이 끝나고 소련과 동유럽 사회주의 국가들의 체제전환이 시작됐다. 모든 것에 가격이 매겨지고 시장에서 거래됐다. 하지만 부작용도 만만치 않았다. 거래될 수 없는 것들이 상품으로 둔갑하게 된 것이다. 이웃에 대한 도움에 금전적 보상을 요구하게 되었다. 여러 문화재들이 시장에 등장하고 사람들은 돈을 챙겼다.

동구권이 붕괴되는 시절, 로마 교황청은 이례적으로 시장의 맹신을 경고하고 나섰다. 자본주의가 승리했지만 시장을 맹신한다면 또 다른 재앙이 닥칠 것이라는 경고였다. 상품화에 대한 극단적인 예는 독일과 체코 국경지역에서 찾을 수 있다. 냉전 후 이 지역으로 젊은 여성들이 모여들었다. 가슴을 드러내고 성매매를 하려는 여성들이다. 성을 상품화해 돈을 챙기려는 현상이다.

북한 재건 과정에서 이런 맹목적인 상품화 현상은 독이 든 성배다. 북한 주민들의 순수한 마음, 이웃 간의 정, 배려심, 사랑과 헌신이 금전으로 환전되는 현상은 막아야 한다. 통일은 완성이 아니라 강한 대한민국으로 향하는 첫발걸음이다. 만주와 시베리아를 우리의 경제영토로 만들고 이 지역 모든 나라들이 평화적으로 공존하는 시대를 열어야 한다.

조영기

건국대학교 경제학과에서 학사, 동 대학교 대학원에서 경제학 석사 및 박사를 취득하였다. 현재는 고려대학교 북한학과 교수, 한반도선진화재단 선진통일연구소 소장으로 활동하고 있으며, 통일부정책자문위원, 자유민주연구학회장으로도 활동하고 있다.

주요 저서로는 『북한의 경제제도와 관리』(공저, 2006), 『선진화시대의 사회통합』(2009) 등 다수의 저서가 있으며, 「새로운 통일방안의 모색: 선진화통일방안」(공저, 2009), 「북한경제의 정상화방안」(2010), 「계획적·균형적 가치법칙에 대한 소고」(2010) 등 다수 논문이 있다.

홍성기

서울대학교 인문대학 독어독문학과에서 학사, 뮌헨 대학교에서 철학 석사, 자를란트 대학교에서 철학 박사를 취득하였다. 현재는 아주대학교 기초교육대학 교수, 데일리NK 칼럼니스트, 계간 『시대정신』 편집인으로도 활동하고 있다.

주요 저서로는 『용수의 논리』(2006), 『불교와 분석철학』(2006), 『시간과 경계』(2006), 『거짓과 광기의 100일』(공저, 2006), 『인권이란 무엇인가』(공저, 2012) 등이 있으며, 「괴델의 정리, 증명된 신화?」, 「데데킨트 절단, 배중률, 관계」, 「A Look at the Debate Structure in Korea through the Candellight Vigils」 등 다수 논문이 있다.

박상봉

연세대학교 독문과에서 학사, 독일 베를린 자유대학교에서 경영학석사, 강원대학교에서 박사학위를 취득하였다. EBS 라디오 기획특강, 극동방송 통일을 향하여 MC, 미래한국 이사 편집위원, 통일교육원장을 역임하였고 현재는 명지대학교 방목기초교육대학 객원교수로 재직하고 있다. 주요 저서로는 『독일통일 통일한국』(1999), 『남북한 경제통합론』(2004), 『북한 급변사태와 한국의 대응전략』(공저, 2011), 논문으로는 「독일 통일비용 분석과 남북통일 방향」(2011), 「남북한 사회통합을 대비한 우리의 과제」(2006), 「통일한국의 민주적 정당제도 발전방향」(공저, 2012) 외 다수 논문이 있다.

손광주

고려대학교 문과대학 불문과를 졸업하고 현재는 경기개발연구원 선임연구위원과 데일리NK 통일전략연구소 소장으로 활동하고 있다. 동아일보 신동아부, 뉴스+부 기자, 통일정책연구소 연구위원(황장엽 선생 연구비서)과 국제문제조사연구소 이념연구센터장과 데일리NK 편집인과 편집국장 등을 역임하였다. 주요 저서로는 『김정일 리포트』, 『다큐멘터리 김정일』, 『決定版－김정일 리포트: 日本 randomhouse-kodansha』, 『주체사상과 인간중심철학』(공저) 등 다수 논문이 있다.

한반도 블루오션,
선진통일

5년 준비, 10년 완성

초판인쇄 | 2013년 2월 15일
초판발행 | 2013년 2월 15일

엮 은 이 | 한반도선진화재단
펴 낸 이 | 채종준
펴 낸 곳 | 한국학술정보㈜
주   소 | 경기도 파주시 문발동 파주출판문화정보산업단지 513-5
전   화 | 031) 908-3181(대표)
팩   스 | 031) 908-3189
홈페이지 | http://ebook.kstudy.com
E-mail | 출판사업부 publish@kstudy.com
등   록 | 제일산-115호(2000. 6. 19)

ISBN   978-89-268-4091-7 93340 (Paper Book)
        978-89-268-4092-4 95340 (e-Book)

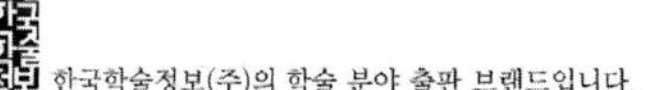 한국학술정보(주)의 학술 분야 출판 브랜드입니다.